文字的记忆

Writing in Diverse
Systems

中国的文字

国家图书馆中国记忆项目中心 编

非遗中的文字书写与传播口述史

天津出版传媒集团

天津人民出版社

图书在版编目(CIP)数据

中国的文字 / 国家图书馆中国记忆项目中心编. ––
天津：天津人民出版社, 2019.4
（文字的记忆：非遗中的文字书写与传播口述史）
ISBN 978-7-201-14398-9

Ⅰ. ①中… Ⅱ. ①国… Ⅲ. ①文字–历史–中国
Ⅳ. ①H12

中国版本图书馆 CIP 数据核字(2019)第 072785 号

中国的文字
ZHONGGUO DE WENZI

国家图书馆中国记忆项目中心编

出　　版	天津人民出版社
出 版 人	刘　庆
地　　址	天津市和平区西康路 35 号康岳大厦
邮政编码	300051
邮购电话	(022)23332469
网　　址	http://www.tjrmcbs.com
电子信箱	reader@tjrmcbs.com

策　　划	黄　沛　任　洁
责任编辑	张　璐　杨　莉　霍小青
装帧设计	世纪座标

印　　刷	河北鹏润印刷有限公司
经　　销	新华书店
开　　本	787 毫米×1092 毫米　1/16
印　　张	30.5
插　　页	6
字　　数	380 千字
版次印次	2019 年 4 月第 1 版　2019 年 4 月第 1 次印刷
定　　价	216.00 元

文字的记忆

苏美尔楔形文字、古埃及圣书字、中国汉字、玛雅文字,世界最古老的四大文字系统,为何唯有汉字传承至今仍被广泛使用,并历久弥新?在中国文字大家庭中,灿烂的少数民族文字又是如何发展和传承的?

在非物质文化遗产中,你能找到答案!

微信扫描二维码
获取以下服务

1.加入读者交流圈,与图书主创们一起品味非遗中的文字之美。
2.观看非遗项目专题片和传承人口述片,开启别开生面的文化之旅。

· 非遗项目专题片

蒙古文书法
藏文书法
维吾尔文书法
彝文书法
满语文
满文、锡伯文书法
哈萨克文书法
傣绷文
纳西东巴古籍文献
仓颉传说
王羲之传说

· 非遗传承人口述片

斯琴毕力格(蒙古文书法内蒙古自治区代表性传承人)
嘎玛赤列(藏文书法,西藏书法家协会副主席)
卢拉伙(彝文书法四川省代表性传承人)
格吐肯(满文、锡伯文书法国家级代表性传承人)
黑扎提·阿吾巴克尔(哈萨克文书法新疆维吾尔自治区代表性传承人)
尚三果(傣绷文云南省代表性传承人)

出版说明

　　口述史书籍与其他书籍的编辑原则略有不同,口述文本是将录音、录像转录为文字之后,再经过整理和编辑的文本,我们希望文本能够反映采访情境下受访者表达内容的原始性和真实性,最大程度地还原受访者在讲述过程中的风格和状态。在此,我们对"文字的记忆——非遗中的文字书写与传播口述史"丛书的编辑原则和方法进行简要说明:

　　一、受访者的年龄、背景和经历各不相同,表达方式也各不相同。有些口语化的表达和重复语句恰恰体现出受访者的个性和特征,也能让读者感受到讲述的语气和节奏,因此我们没有将其全部转化成书面用语。

　　二、我们尽量保留受访者原有的语言特色,让读者感受到语言的丰富性,在不妨碍读者理解的前提下,保留部分方言词句,必要时进行标注、解释。

　　三、本书涉及傣语、满语、维吾尔语等少数民族语言,我们邀请少数民族语言的相关研究者或当地工作人员进行翻译,但难免存在对原意翻译不完善的情况,因此我们在审校环节邀请了相关学者审读把关,尽力做到语义还原。

　　四、受访者在讲述时可能存在多次叙述同一件事的情况,为使内容表达清晰,避免重复,我们会综合几次叙述整理成一段文字,但为了真实表达受访者的思路和逻辑,不做颠覆性的叙述顺序调整。

不同受访者在讲述同一项非物质文化遗产代表性项目时,存在不同的观点和看法,属于学术争鸣的范畴,我们均予以保留。

五、为了方便读者阅读,整理者在文中添加了标题,有的是选自受访者的某一句话,有的是根据内容所提炼的段落大意。

六、因各种原因,受访者口述的内容可能有口误或明显与史实不符,我们查证后进行了修改,并交与受访者本人审阅确认。

七、部分涉及受访者隐私或非遗项目核心技术的内容,我们尊重受访者的意愿,删除了其不愿公开发表的部分。

　　非物质文化是人类创造的，不以物质载体形式呈现的文化事象。我们生在这个世界上，物质仅仅提供给我们一个最基本的生存条件。但人之所以成其为人，就是因为非物质文化在我们身上有所体现。非物质文化遗产虽不被列为精英文化，但却是我们广大民众日常生活中须臾不可离开的，是我们普通老百姓的生活方式。它不仅能够调节我们的生活，让我们的生活有更丰富的内容，提升我们生活的幸福感，还对我们民族身份的认同、彼此关系的协调，以及与其他民族的文化交流，都具有非常重要的意义。

　　非物质文化遗产存在于传承人的身上、手上、头脑里。传承人，是非物质文化遗产保护的核心，很好地保护传承人，就是很好地保护非物质文化遗产。

　　国家图书馆中国记忆项目中心的同志们深知这些道理，他们从 2013 年开始建设非遗专题资源库以来，一直重视为传承人做口述史，还拍摄了传承人的技艺、作品，以及如何授徒等方方面面的内容。这几年，他们已经做了大漆、丝绸、文字等几个专题，除了为传承人做口述史和拍摄影像资料，还举办了展览和讲座，出版了一系列出版物。

　　"文字的记忆——非遗中的文字书写与传播口述史"丛书分为《中国的文字》《书写的工具》《文字的传播》三册，是到目前为止中国记忆项目中体量最大的一套口述史出版物,涉及与文字有关的四十个非遗项目,集合了七十一位传承人和相关专家学者的口述史。参与这项工作的是一群有学养、有强烈责任心和一定工作经验的青年工作人员。这些文字和图片都很珍贵,是他们跋山涉水到各地采集到的一手资料,具有重要的文献价值。其中很多受访者使用的是少数民族语言,因此书中涉及大量少数民族语言的翻译工作,在这方面他们也积累了相当成功的经验。

本丛书有几个突出的特点:首先,它在非遗项目的选择上能够跨类别、跨级别,整体考虑我国所有的非遗项目,以一个大文化的主题来加以梳理,内容涵盖精当而全面。其次,这些非遗项目涉及文字的书写方法、书写艺术、工具制作技艺、民间习俗、民间传说等多个方面,在具体项目和传承人(受访人)选择上体现了我国多民族文化的丰富性和多样性。再次,它充分考虑到了各民族文字的书写和传播过程,特别关照了这些各自产生而又共同分享的民族瑰宝。《中国的文字》这一本里面,很多都是少数民族文字的非遗项目,《书写的工具》《文字的传播》这两本中也有少数民族造纸等内容。现在各民族之间的文化交流越来越频繁了,这个时候更需要加强对各民族非遗的保护,提倡民族文化复兴,这样才能保证文化的多样性,让各民族丰富多彩的文化传承下去,并且不断巩固、不断发展。最后,书中的口述史不仅有传承人的,也有相关学科学者的,两者可以相互补充、互为印证,这样读者就可以从多个角度更为全面地了解非遗项目。

这些口述史不仅记录了传承人对各自非遗项目的认识、理解和传承,更从一个侧面反映了我国非遗保护的现状和发展方向。本丛书编者为国家图书馆中国记忆项目中心,代表着国家层面对口述文献的保存与服务。无论从文献的原生性、丰富性,还是资料的学术性、严谨性,乃至文本的可读性来看,本丛书都是不可多得的非遗口述史读本,具有重要的研究价值,也是了解非遗的一个很好的窗口。这些就是"文字的记忆——非遗中的文字书写与传播口述史"丛书的意义所在!

北京师范大学资深教授

王　宁

序二

　　文字是超越时空传递语言信息的符号系统，在一切信息载体中，它具有无可取代的作用。文字是历史传承的载体，没有文字，历史无法传衍。文字更是一切民族文化的基石，它负载着文化向前发展，又以自己独特的形式与文化互证。东汉许慎作《说文解字》，在书叙里对文字的功用做了十分经典的阐释："盖文字者，经艺之本，王政之始。前人所以垂后，后人所以识古。"这不仅仅是对汉字说的，还适合于所有的文字。

　　自源文字的产生是一个民族从蒙昧走向文明的重要标志，而一种文字的生灭、发展和传衍，是靠着多种自然和社会历史条件来推动的。世界上很多古老的文字产生在大河或多河流域，例如古巴比伦的苏美尔楔形文字(Sumerian Cuneiform)、古埃及圣书字(Egyptian Hieroglyphics)、古希腊克里特岛线形文字(Linear)等，大部分产生于公元前 4000 年至公元前 3000 年，但是这些文字都没有发展到今天，它们在之后的历史时期里不再使用，有些甚至至今已无法识读。唯有与这些文字在大致相同历史阶段产生的汉字，一直没有中断，至今还在继续使用和延续发展。那些文字发展中断有很多原因，而汉字能够不停顿地发展，与国家的统一、文化的认同、书写工具和书写载体的不断改进，有着直接的关系。

汉字是我们的骄傲，而更使我们骄傲的是，在中国境内还在使用的文字，绝不止汉字一种。在"文字的记忆——非遗中的文字书写与传播口述史"丛书里，可以看到维吾尔文、哈萨克文、蒙古文、藏文、东巴文、水书、彝文等十余种文字的书写与传承状态，而且是由传承人用活生生的语言加以描述、进行演示的真实记录。想到那些古老文字的衰落，想到那些只在字典或不完整的典籍片段里留下的文字遗存，我感到，国家图书馆现在所做的关于文字的口述史工作，意义实在太重大了。

一种文字的存活必须具有书写和识读两个方面的推进，从个人的书写到印刷和文书制作，是使文字广泛传播并产生更大社会效应的一个重要转折，这个过程起初都是发生在民间的。尽管现在已经到了信息时代，很多文字符号已经进了计算机，甚至有了国际编码，但把原初的传播过程保存下来，仍然是研究和改进文字的非常必要的条件。文字是一种实用的符号系统，从原初形式走向现代化要靠几个内在和外在的条件：首先是使用文字的共同体在交流中的约定俗成，其次是具有重要影响的传承者凭借威望和比一般人更高超的技能，使文字的记录和传播专业化。文字发展到一定程度，会产生书法艺术，在实用的基础上具有鉴赏价值，并在这个过程中促进符号形式的规整和构形要素的系统化，并将单字书写的规则和文本书写的范式固定下来。文字的传承速度和信度，与书写工具和载体的改进分不开。书写工具和载体的制作技艺，也就成为推进文字发展的重要因素。本丛书所收录的口述史中，这些过程都被生动地记录下来，让我们目不暇给、惊喜不断。

在我国学术界，20世纪70年代后开始发展出各种文字字符的收集和整理研究、多种文字的历史发展研究、出于跨文化需要的比较文字学研究，都有很好的成果出现。现在非物质文化遗产的整理和保存有了如此大的进展，不但使得文字历史发展的脉络更为清晰、更加真实，而且对文字理论的研究一定会有更大的推动。一种文字的发展、成熟、推广、传承，是上层文化、中层文化、底层文化共同成就的，更是各个民族相互渗透、相互影响、相互对译、相互交流才能走到今天的。所以，本丛书是最真实的史料，是文字研究的重要资源。

口述史关于书法的记录，是非常宝贵的资料。汉字是两维度构建的"音节–语素文字"，有它书写的规则。古彝文的书写与汉字大致相仿；回鹘式蒙古文用八思巴字书写，拼写时以词为单位，上下连书；藏文属于辅音为基字、元音为附标的文字，形制与汉字有很大的差别；纳西东巴文则是一种表意和表音成分兼备的图画象形文字，形态比甲骨文还要原始……各种文字的书写规则不一，手法各异，遵循着不同的习惯，形成了不同的审美意识，也带给我们太多的启示，大大拓宽了书写文化研究的思路。我们要庆幸这次口述史的及时完成和成功录制，丛书里被采访、录制的传承人，不仅是书法艺术的大家，很多还是民族文字书写字体的首创者。有些传承人年纪比较大了，记录他们的成果带有抢救的性质。很多传承人的作品还没有向国际传播，这次出书定会获得世界各国文化学者的普遍关注。关于书写工具的制作流程，不仅具有文化价值，而且具有科技保护方面的价值。

在这里我们还必须说明，关于文字方面的非物质文化遗产，指的是那些书写、制作、传说的过程和成果，它们与其他非物质文化遗产一样，具有一旦消失就不会重现、不可复制的特点，是属于全世界的宝贵财富，是展现世界文化多元化，形成文化平等观的最好教科书。由于与政治、经济的发展息息相关，与时代的进步和科技的发达不可分离，所以文字永远要随着社会的前进而系统化、严密化，要不间断地寻找现代化传播的新形式，并且要随着国际社会信息交流的需要而建构彼此对译的最佳方式。历史遗迹在记忆里的存留意义重大，它让我们看到各种不同类型的文字长期并存、各具特色、互相扶持,是中国境内各民族团结友爱、共同发展的象征,它让我们对多民族共同缔造的中华文化的发展充满自信,让我们对文字发展的规律有更深的了解和更好的把握,使我们的文字走向现代、更健康、更精彩地为国家的富强和文化的传播做出新的贡献。我想,这是本丛书出版的更深刻意义。

国家图书馆中国记忆项目负责人
副研究馆员

田　苗

前言

　　文字，也许是人类文明发展过程中最重要的一件事了。文字的诞生，是人类开启文明时代的标志。有了文字的持续记载，人类才进入信史时代；随着造纸术和印刷术的发明，人类的知识借由文字得以广泛传播，人类最终步入现代文明。可以说，整个人类文明的历史，就是一部文字产生、使用与传播的历史。

　　文字，又是你我最熟悉不过的一件平常小事。我们每个人的童年，都是在认字、习字中度过的。而我们的一生，也一直伴随着写字、打字、读字、念字。翻开书报，是字；打开手机，是字；出门上街，还是字。我们被文字包裹，也被文字牵引。

　　文字，还是最丰富、最多样、最有趣的事。那么多种文字，有象形文字，有拼音文字，它们是如何书写的？湖笔、宣纸、徽墨、端砚，这些文字的书写工具，又是怎样制作出来的？雕版、活字、拓印、篆刻，文字又是怎样被复制、传播的？仓颉造字、蒙恬制笔、蔡伦造纸、羲之习字，这些故事又是如何被传承至今的？这些古老的传说、伟大的发明、精湛的技艺、不朽的艺术，被一代又一代人记忆着、实践着、传承着。这是我国伟大的非物质文化遗产，这是几千年累积而成的精神宝库。

　　图书馆是书的故乡，文字的家。图书馆人最爱文字。国家图书馆中国记忆项目中心的图书馆员们，广泛地访问了我国与文字相关的非遗项目的代表性传承人和研究者。我们走进他们的家门，叩开他们的心门，聆听他们的故事，保存他们的记忆。历时五年，成书三部。

一、《中国的文字》

书法，既指书写的方法，又指书写的艺术。在祖国广袤的大地上，在中华民族的大家庭中，不止孕育出了汉字书法，很多少数民族还拥有基于本民族文字的灿烂的书法艺术。在本书中，我们广泛地查询了我国各级非遗名录，尽可能多地访问了我国各民族书法艺术的传承人，为读者展现出了我国书法艺术的悠久与多样。在此，需要说明的有三点：

1.汉字书法，被联合国教科文组织于 2009 年列入人类非物质文化遗产代表作名录，由于汉字书法流传过于广泛，传承人群庞大，目前我国并未认定汉字书法的代表性传承人，但我们访问了两项和汉字书法息息相关的非遗项目——仓颉传说和王羲之传说的代表性传承人。在这两个至今仍然流传的传说故事中，我们能看到民众对"文祖"和"书圣"的尊重与崇拜。

2.东巴文是双遗产。一方面，在我国国家级非物质文化遗产代表性项目名录中，东巴文因其原始象形、亦书亦画的特点，被纳入"纳西族东巴画"这一项目之中。另一方面，东巴古籍文献还被联合国教科文组织评为"世界记忆遗产"。

3.我国有些少数民族，例如朝鲜族，有着本民族的书法艺术；还有些历史上的少数民族文字，例如契丹文、西夏文，也有着对应的书法。但由于它们未被列入非遗名录，故未能采访收录。这是本书的一个遗憾。

二、《书写的工具》

纸是文字的载体，而墨、笔、砚则是文字书写的工具。它们的出现，都是人类科技史和文化史上的大事。正因为文房四宝的发明与使用，文字的广泛书写才变为可能。在我国的非遗宝库中，有着大量笔、墨、纸、砚的制作技艺。单是造纸技艺，国家级非遗项目就有二十一项之多。由于工作周期有限，我们未能对所有项目的传承人进行访问，相信通过我们所选择的这些项目，已经足以展现出我国笔、墨、纸、砚制作技艺的发达与丰富。我们还访问了两个很有特色的非遗项目——蒙恬会和龙亭蔡伦造纸传说。蒙恬，这位传说中毛笔的发明人，被制笔工匠们视为行业神，千百年来对他的祭祀从未停歇。蔡伦，他造纸的故事也被蔡氏后人世世代代流传下来，至今他们仍然以自己的祖先为傲。此外，我们还特别收录了论文《维吾尔族桑皮纸制作技艺》。

三、《文字的传播》

为了让文字能够更广泛地传播，我们的祖先发明了和造纸术同样伟大的印刷术。有了印刷术，才有了真正意义上的书籍，才有了知识与文化的普及。本书着眼于那些复制、保存与传播文字的非物质文化遗产，还关注了那些基于文字的传播而产生的艺术现象和文化习俗。这一类型的非物质文化遗产十分丰富，项目数量也相对较大，例如雕版印刷术，国家级非遗项目就有七项之多。由于工作周期有限，我们未能收入所有的项目。此外，还有三点需要说明：

1.贝叶经制作技艺是一种特殊的傣文书写技艺，用铁笔将傣文刻写于贝多罗树叶之上。西双版纳地区气候潮湿多雨，纸质文献无法长期保存，经过特殊处理的贝多罗树叶却可以长期保存，而不会霉变。因此，贝叶经制作技艺更多的是满足文字长期保存的需要，故将该项目收入本书。

2.古琴传统的记谱法有文字谱和减字谱两种。其中，文字谱直接使用汉字记谱，减字谱则是借鉴汉字的笔画和结构而发明的一种独特的记谱系统。作为一种特殊的文字应用，我们也将我国最年轻的古琴艺术国家级非遗代表性传承人——林晨的口述史收入本书。

3.惜字习俗是一种曾经在我国广泛存在的文化现象。它充分表现出中国人对文字的尊重与喜爱，是敬文字、惜文字这种独特文化心理的最好体现。但十分遗憾的是，惜字习俗随着社会的发展，已被淹没在历史中，未能流传下来。因此，我们特别收录了论文《惜字与惜字塔》，作为拓展阅读，以弥补这个缺憾。

因为文字，我们的文明从未中断；因为文字，我们的记忆从未消失。通过文字，我们认识了世界；借由文字，我们记载了自己的一生。

文字在谁手中？又由谁写就？

他们右手握的，是笔，是刷，是刀；他们左手扶的，是纸，是木，是石。

纤纤的笔，薄薄的纸，故事被一笔一笔写就。

一刀刀刻，一张张刷，记忆被一页一页印记。

人类的文明，就这样被载于这如此脆弱，却又如此顽强的文字里。我们应该感谢那些创造者和艺术家，那些劳动者和匠人，也要感谢每个书写文字的人！

让我们记住他们！

目录

蒙古文书法

蒙古文字字符是在粟特文或古回鹘文的基础上创造出来的,蒙古文字以"竖立着""有头有尾"的构形特征(字符在词中表现形式分为"字头""字身""字尾")和独特的书写方式(自上而下、从左到右)逐渐发展成为具有民族风格的一种文字。

蒙古文书法是蒙古族创造自己文字以后慢慢形成并传承发展的书法形式,印刷术传入蒙古族聚居的地区以前,蒙古文书法在书面记载、沟通交流、庆典祭祀、婚丧嫁娶等活动中发挥着重要作用。

蒙古文书法在发展中先后出现了楷书、行书、草书等多种书写体,在工具使用上主要采用软笔(毛笔)、硬笔(竹笔)书写。现主要分布于我国的内蒙古自治区、青海省、甘肃省、新疆维吾尔自治区、辽宁省、吉林省、黑龙江省等地的蒙古族聚居区域,以及蒙古国、俄罗斯境内的布里亚特共和国、图瓦共和国、卡尔梅克共和国等地。

蒙古文的竹板笔书法,是用竹板笔等书写工具表现蒙古文字的线条书写和造型艺术。其"线条书写"即用竹板笔表现蒙古文字的各种笔画的方法,其"造型"即蒙古文字的结构和章法。因此,竹板笔书法跟钢笔书法一样由三个最关键的基本因素组成,即线条(笔画)、结构、章法,这称为书法的三要素。竹板笔笔尖从大自然中获取,是游牧民族适应环境的代表性创作之一,竹板笔字不能修改,因此要求一次性写好,非常庄重、整洁、着墨均匀而整齐美观,对研究蒙古族历史文化和书法有重要意义。

2014 年,蒙古文书法经国务院批准入选第四批国家级非物质文化遗产代表性项目名录。

包金山

国家级代表性传承人

包金山（1967—　　），男，蒙古族，内蒙古鄂托克旗人，1990年毕业于内蒙古蒙文专科学校，国家级非物质文化遗产蒙古文书法代表性传承人，内蒙古自治区蒙古文书法协会副主席。

他自幼酷爱书法艺术和文学创作，经过多年的苦心钻研，蒙古文书法造诣颇深，他的字体被称为『金山』体。

为了继承和弘扬民族文化，十多年来，他利用业余时间，把世界名著《蒙古秘史》先后用玉石、牛皮、绸缎、红木、瓷、黑檀木、金、银、紫铜、黄铜、驼骨、珊瑚、绿松石、宣纸等不同载体制作成精美的艺术作品展现给世人，堪称中国文化史上稀世之作。2010年5月，他创作的《蒙古秘史》一百四十八米书法巨幅长卷作为内蒙古自治区赠送给上海世博会的唯一礼品，被上海世博会永久珍藏。2010年9月，包金山在蒙古国举行的纪念《蒙古秘史》著作七百七十周年国际学术研讨会上，展出了其创作的《蒙古秘史》书法作品，引起蒙古国的轰动和世界各国媒体的关注，为国家争得了荣誉。

采 访手记

采访时间：2017 年 11 月 8 日
采访地点：内蒙古自治区鄂尔多斯市鄂托克旗
受 访 人：包金山
采 访 人：范瑞婷

　　他嘴里唱着自己作词的书法歌曲 Bosgoo Mongol Uran Bichilg（汉语的意思是"蒙古书法之韵"）走进了我的视野，像一位风趣的智者，似相识多年的老友，他带领我参观蒙古文书法博物馆、《蒙古秘史》博物馆，里面陈列着他的那些作品，给我们以极大的震撼！虽然我们看不懂那些蒙古文字，但从艺术的角度来欣赏，就足以让我们叹为观止。

　　在包金山老师的讲述中，我们可以体会到他对《蒙古秘史》系列作品付出的心血和汗水。这些作品是他经年累月创作出的财富，他把元青花瓷技法、刻瓷艺术、驼骨雕字技术等传统工艺技术非常成功地应用到作品当中，同时采用多样性综合手段，为艺术品赋予了时代感。

　　相处的时间很短暂，还没来得及好好地品味他那朴实的话语，便匆匆告别。每每想起，脑海中都浮现出一张对蒙古文书法执着、坚毅的脸庞。

包金山口述史

全根先　整理

成长经历

1967 年 8 月 21 日，我出生于内蒙古自治区鄂尔多斯市鄂托克旗①查布苏木②一个普通的牧民家庭。父母亲文化水平都不高，我是老大，还有两个妹妹和三个弟弟，我的祖父母、外祖父母在父母亲很小的时候就去世了，是他们的姑姑、叔叔、舅舅等亲戚把我的父母亲抚养长大的，父母亲含辛茹苦地把我们六人抚养长大。

1990 年，我毕业于内蒙古蒙文专科学校。毕业后，分配到乡镇工作，先后从事过乡镇的文秘、组织、宣传等工作，后来担任副乡长、乡长、乡党委书记，在乡镇工作了十八年。2004 年，我调到旗林业局工作，担任林业局局长。2012 年，我调任政协副主席、统战部部长（2017 年转任政协副调研员）。

① 旗，内蒙古自治区特有的县级行政区。
② 苏木，蒙古语，是高于村级的行政单位，与乡处同一区划层次。

在基层工作期间,大部分时间都是了解群众困难诉求,并妥善解决难题。比如说,沟通协调有关部门解决人畜饮水问题、引进优良品种的牛羊、提高牲畜出栏率等。其间,难以忘记的一件事情是植树造林。生态环境是农牧民赖以生存的基础,保护和改善生态环境就是改善他们的生活条件、提高他们的生活水平。在苏米图苏木工作期间,我组织广大农牧民于每年春、秋两季造林治沙,造林面积最大的一年达到了十万亩。通过治理,生态环境明显改善,草牧场利用率得到提高。总的来说,在基层这些年,就是做了基层干部应该做的一些服务群众生产、生活上的事情,只要农牧民的生活一天比一天好,我们就会由衷地感到欣慰,他们的笑容就是我们工作的动力。

获得的荣誉证

在林业局工作期间,全旗累计完成林业重点工程建设二百多万亩,全旗森林覆盖率由我上任时的 12.51% 提高到 22.36%,超过全国平均水平;植被覆盖率由 30% 提高到了 75% 以上,彻底改变鄂托克旗"年年造林不见林"的被动局面,实现了"人进沙退"的历史性转变。2009 年,鄂托克旗被国家林业局授予"中国绿色名旗"称号。全旗农牧民每年的收入增幅中 10% 来自林业生产，户均达到 3000 多元。

任鄂托克旗政协副主席、旗委统战部部长以来，强化了全旗民族宗教和统一战线工作，规范了全旗蒙古语言文字的学习和使用。加强部门的调查研究，近两年写了二十多篇调研报告，并在自治区、市、旗及各类报刊上发表，2014 年荣获统战理论调研优秀组织奖。

这些年，我先后被评为全区防沙治沙先进个人、全国防沙治沙先进个人、全区优秀共产党员、内蒙古自治区三北防护林建设先进个人、上海世博会先进个人、鄂尔多斯市优秀共产党员、鄂尔多斯市"撤盟设市"十佳突出贡献人物等荣誉称号。这些成绩的取得，离不开各级领导的关心、指导和同事们的付出与努力。我将铭记在心，感恩他人，以更好的成绩来回馈社会。

书法启蒙

小时候，同龄的孩子都不想上学，但是我不一样，从小就爱学习，我的理想就是一定要好好学习，通过学习考出去，不要再像父母亲那样做牧民。

我们上小学的时候，情况比较特殊，老师采用的是流动式教学。小学三年级以前，因为村里没有学校，老师在小队里要挨家挨户地授课，我们就挨家挨户地跟着学习。比如，老师在这户讲三天，再到下一户讲一个星期，我们就骑马或者骑骆驼每天往返，对一个八九岁的孩子来讲，实属不易。三年级以后，情况好多了，我们就到大队去学习。当时，大队附近的一个算是很富裕的牧民家里被改造成了学校，我们就住在他们家学习。现在每次回老家，我最想做的事就是到上过学的地方走一走，看一看。那里有我的童年，还有我的"起跑线"。

九岁的时候，我开始跟着我的姑姥爷米日嘎拉学习写字。我的姑姥爷为人谦和质朴，是我们队里最有文化的人。他曾是鄂托克旗王爷府的秘书，字写得特别好。当时，队里只要需要写字，都找他帮忙。比如，队里要杀一只羊，必须得写清楚原因，需要写字条，因为队里养的羊、马、骆驼等都是集体的，是不能随便宰杀的。还有牧民出去看病或者办事情等，都需要写字条，这些字条都是我姑姥爷给写的。

父母亲也常常带着我去写字。那时候，家家户户都有《毛主席语录》，我的姑姥爷把当时用的那种很粗糙的毛边白纸裁成《毛主席语录》大小的尺寸，夹进《毛主席语录》里，人们来找他写字的时候，他就从《毛主席语录》里面拿出一张毛边白纸，往他的小黄铜墨汁盒里倒点茶，然后把硬墨在里面转几圈，就开始写了。我看着小小毛笔写出来的字满心羡慕，一再央求姑姥爷给我也写上几个字。经不住小孩子的软磨硬泡，姑姥爷就在《红旗》杂志上为我写了七个基础蒙文字母。我如获至宝，每天照着这七个字母悬腕临摹。可以说这七个蒙文字母在我日后从事书法的道路上产生了很大的影响。现在我教学生的时候，常常对他们讲要在某一领域有所作为，有所成就，就要从最简单、最基础的学起、做起，并且要持之以恒，万丈高楼平地起，只有打好了根基，高楼才能拔地而起。学习蒙古文书法也是一个道理，要想学好，就必须从这七个简单的字母学起。

我们是从高中开始学习汉语的。记得一次作文课上，我的作文只写了两行，第一行是题目，第二行写了六七个字。汉语语文老师没有因为我写得少就批评我，而是给我打了六十分。我特别高兴，觉得汉语也不难，我也能学会，这给了我莫大的鼓励。这件事情到现在我都记忆犹新，也给我树立了一个榜样，我现在指导学生时，也会不断地鼓励和激励他们，让学生们在鼓励和激励中把潜能发挥出来。同时让他们知道别人能做好的事情，他们一样能做好，甚至做得更出色。高中毕业后，我就考到了内蒙古蒙文专科学校。

崭露头角

受姑姥爷的影响,从小学开始,我就一直用毛笔写语文作业,一直到高中毕业,从简单的字母到三四百字的作文,我就这样一直向前努力着。真正进入书法的学习阶段,是我在内蒙古蒙文专科学校的时候。在那里我进行了系统的学习,两年的时间里,我几乎天天在练习书法。毕业的时候,在学校举办的蒙文书法比赛上我获得了一等奖,这个奖对我以后坚持写毛笔书法是莫大的鼓舞。

中专毕业后,我回到了乡镇工作。1990 年,全国进行第二次人口普查工作,我在的乡镇也不例外。人口普查工作开始后, 我和苏木里的一名老干部承担着一个嘎查①的人口摸底工作。因为刚毕业分配到乡里,又没有基层工作经验,到了嘎查里,我的主要工作就是协助老干部和嘎查长登记人口信息。人口信息登记完后,需要用红色的纸把名字写好进行公示。由于是工作后第一次把毛笔派上用场,我用了一个晚上的时间把这个嘎查里的人名用毛笔写得规规矩矩、漂漂亮亮。当我们把写好的红纸贴出去后,嘎查里的牧民都夸赞写得好。

> ①嘎查,蒙古语,一级行政单位,相当于行政村。

这件事情,当时在苏木里反响很大,大家认为新分配来的这个年轻人是个有文化的人,可以好好地培养使用。在苏木达和党委书记的推荐下,我从事了当时大家都很看重、很有前途的文书工作。从这件事情开始,人们就接纳了我。每每逢年过节或有婚庆喜事,干部群众都找我写对联。这期间我主要是照着对联集写,写春联、寿联、婚联、赠联、新居联,等等。

就这样,我的书法水平一点一点提高起来。虽然自己学的不是书法专业,从事的工作也和书法没有多大的关系,但是,书法对我的工作,特别是在刚参加工作的时候,影响还是很大的。

蒙古文书法从 20 世纪 90 年代开始慢慢地进入了艺术的领域,不经意间,我也成为比较早从事蒙古文书法艺术的一名探索者。2007 年,我从成吉思汗箴言里选出一百多条经典语句,并翻译成汉语、日语和英语三种语言,用一年半的时间写成书法作品,编辑出版《成吉思汗箴言》,里面有楷书、行书、草书等字体。随着书法文化的沉淀,我又陆续写了行书和草书结合的代表作《蒙古人》①、伟人毛泽东写的《沁园春·雪》《蒙古秘史书法作品集》《蒙古族民俗箴言书法集》,等等。

在书法艺术的道路上,我其实走得不是那么容易。四十岁以前,我的创作可以说是一无所成,大家都知道我是写蒙古文书法的,写得也比较好,但是我没有自己的代表作品,便闷闷不乐之极,于是萌发了用楷书书写《蒙古秘史》的想法。《蒙古秘史》是一部记录蒙古民族形成、发展、壮大历程的历史典籍,是蒙古民族现存最早的历史文学长卷,也是蒙古族文学历史的最高峰,被中外学者誉为解读草原游牧民族的"百科全书"。联合国教科文组织(UNESCO)已将其列为世界名著,并将英译本收入了世界名著丛书。第一个版本在书写的过程中,我感觉写得不尽如人意,就放弃了。第二个版本写好后,感觉也不是很满意,但是不想让自己的辛苦付之东流,就到呼和浩特市进行了装裱。正好遇上内蒙古自治区在全区筛选具有民族特色的代表性作品到上海世博会参展,我就把装裱好的《蒙古秘史》书法艺术品带到自治区有关部门争取参展。

2010 年,我书写的《蒙古秘史》书法系列长卷被上海世博会永久收藏,这是我书法事业的一大转折点。一次与自己内心的较劲,让我获得了内蒙古第二届蒙文书法比赛特等奖以及内蒙古自治区"萨日娜"文学奖。现在回想起来,其实这不是偶然,这是量变引起

① 《蒙古人》是蒙古国一位著名诗人写的一首传统诗歌,共69行。

质的飞跃,是常年累月辛劳付出的报偿。

十月怀胎备辛苦,一朝分娩皆欢喜。从此以后,我自认为找到了最能表达自己艺术构思的手段,打开了我探索书法艺术的新天地。当我有了这样明确的想法后,思绪一发不可收拾。我取物质之精华,显民族文化之精蕴,陆续创作了红木书型雕刻、丝绸绣、汉白玉石刻、双面皮雕、单面皮雕、银箔阳刻、景德镇瓷盘烧制、景德镇仿元青花刻瓷瓷柱、驼骨手工骨雕等书法艺术作品。第三个书法长卷现展于《蒙古秘史》博物馆。

文化传承

传承蒙古文书法,弘扬民族文化,这是我筹划蒙古文书法博物馆和《蒙古秘史》博物馆的初衷,其间,因为有了各级政府的大力支持,设想现在变为了现实。

蒙古文书法发展至今,涌现了如尹湛纳希、哈旺加卜等书法大家,也有众多遗留和传承下来的蒙古文书法作品以及文物、名物,

《蒙古秘史》博物馆

蒙古文书法当代书法家也层出不穷。为更好地保护和传承蒙古文书法这一璀璨的民族文化、更好地展现蒙古文书法发展史，我就想建设一座现代化的蒙古文书法博物馆，来填补全国蒙古文书法博物馆的空白。

经过多方的呼吁和努力，在各级政府的大力支持下，2016 年，蒙古文书法博物馆终于在内蒙古自治区鄂尔多斯市鄂托克前旗民族职业高中校园内建成开馆。博物馆占地总面积两千零三十二平方米，分上下两层建筑。博物馆主要由序厅、北方民族文字沿革展厅（主要展出直立文、胡书等二十种文字，以及一些文字沿革珍本）、哈旺加卜作品展厅（主要展出"文房四宝"和哈旺加卜生前书写的真迹）、当代蒙古文书法家作品展厅（主要展出全国八省区书法大家的作品）、成吉思汗箴言展厅（主要展出各类大家书写的成吉思汗箴言）五个展厅组成。

2010 年 5 月，包金山创作的《蒙古秘史》148 米书法长卷，经内蒙古自治区党委和政府广泛挑选，确定为赠送给上海世博会的唯一礼品，被上海世博会永久珍藏。图为时任内蒙古自治区党委书记、自治区人大常委会主任胡春华（左四）将长卷交给上海市市长韩正（右三）现场图

《蒙古秘史》是从 13 世纪开始由内廷史官编纂的皇家秘籍，自明洪武年间重译刊刻后流布朝野，至 19 世纪又传播到海外。它以

编年的体例记载了"一代天骄"成吉思汗的先祖谱系和他本人一生的业绩，即削平群雄、统一蒙古诸部以及开创世界帝国的一生伟业，同时也记载了太宗窝阔台汗统治时期的历史。它对于古代蒙古社会生产活动、社会组织机构、氏族部落变迁、部落战争、社会心理、民间信仰习俗等诸多方面的生动描绘，又使其成为古代蒙古社会历史的百科全书。如今在国际学术界已形成了一个独立学科——"秘史学"，研究《蒙古秘史》的专家学者已遍布数十个国家和地区，研究论著、相关的艺术品难以尽数。

《蒙古秘史》这部蒙古民族世袭恭奉的"圣书"（元朝时期为皇家秘藏）、世界蒙古学领域最为根基性的典籍，在现今有关元朝时期的文物中堪称最为珍贵而稀有的藏品。目前，在世界范围内尚无《蒙古秘史》专题博物馆、展览馆。我国又是《蒙古秘史》的故乡，也是最早从事《蒙古秘史》研究的国度，为此我萌发了兴建一座《蒙古秘史》博物馆的想法。

经过多方努力和各级政府的大力支持，《蒙古秘史》博物馆于

《蒙古秘史》丝绸艺术品

《蒙古秘史》瓷艺术作品

《蒙古秘史》驼骨艺术作品

《蒙古秘史》景德镇仿元青花刻瓷瓷柱艺术作品

《蒙古秘史》汉白玉石刻艺术作品

蒙古文书法博物馆正面照

成吉思汗箴言展厅

当代蒙古文书法家作品展厅

北方民族文字沿革厅

哈旺加卜作品展厅

2017 年在内蒙古自治区鄂尔多斯市鄂托克旗建成。馆内主要以《蒙古秘史》系列艺术品为展品，以《蒙古秘史》书法长卷为母版，采用红木书型雕刻《成吉思汗箴言》、丝绸绣《蒙古秘史》、汉白玉石刻《蒙古秘史》、双面皮雕《蒙古秘史》、单面皮雕《蒙古秘史》、宣纸书写《蒙古秘史》、单面皮雕《蒙古秘史》画卷、银箔阳刻《蒙古秘史》、景德镇瓷盘烧制《蒙古秘史》和《成吉思汗箴言》、景德镇仿元青花刻瓷瓷柱《蒙古秘史》、驼骨手工骨雕《蒙古秘史》等十三种不同材质创作而成系列艺术作品，总数达 3491 件，总长度达 1457.31 米。

薪火相传

书法工具对书法的发展及传承具有重大意义，汉文书法发展至今，其书法工具及配套用品已经非常完善，而专用于蒙古文书法的工具则还是空白。虽然各种文字的书法有相通之处，但由于每种文字的书写方式不同，所以对笔、纸等工具用品有各自特殊的要求。

针对蒙古文书法的特点，我研发了"哈旺"系列蒙古文书法练习纸、毛笔、砚台、墨盒、水写布、书画毡、笔挂、笔架、笔筒、笔洗等工具用品，创新研发了蒙古文书法专用五线纸，获得三项发明专利。针对小学、初中、高中学生及成人对毛笔规格的不同要求，确定了四种型号的毛笔，并根据笔头羊毫、狼毫的不同比例制作了三十种、三百只样品，组织鄂尔多斯市蒙古文书法家、蒙古文书法教师六十余人对毛笔进行选择，最终每一种规格确定了两种、共十六支适用于蒙古文书法的毛笔。

在过去，由于没有出版条件，当时优美的诗歌、文学作品、历史典籍都是通过手抄的形式传承下去，现在蒙古族手抄文化基本上丢失了。在这种情况下，2012 年内蒙古人民出版社计划出版蒙古文手抄书，由我负责牵头，协调全国八省区北京市、黑龙江省、吉林省、辽宁省、内蒙古自治区、青海省、甘肃省、新疆维吾尔自治区的蒙古文书法名家,用蒙古文楷书抄写蒙古族古代和近代的文学、历史名著六十二本。在四十多天的时间里,我先后到全国八省区进行了学习交流,拜访了一百一十名书法名家。目前成书一百一十部,共使用一万四千多张四尺宣纸,累计二百三十多万字,现已全部出版发行。

包金山先生编写的教材

当前,蒙古文书法存在的一个问题就是教学不统一,蒙古文传统书法有悠久的历史,其间也产生了很多的书法家,我们现在学习哪位大家的书法没有统一的标准,都是各自学习,不成规矩。就像汉文书法的学习,学习楷书就要从颜真卿、柳公权、欧阳询、赵孟頫四大名家学起,这样写出来的字才神形俱备。因此我开始着手编写小学、初中、高中蒙古文书法系列教材,通过学校教育和培训基地,将蒙古文书法传承下去,这是一名传承人义不容辞的责任。

2014 年,我深入全国八省区调研和了解当前蒙古文书法发展情况。调研发现状况堪忧,特别是蒙古文书法教学方面更是落后,没有统一的教材、没有统一的标准和规范。于是我决定利用我在蒙古文书法上的特长,编写一套小学至高中的全国统一的蒙古文书法教材。2015 年,我们与内蒙古非物质文化遗产保护中心签订编写协议,承担了编写全国统一蒙古文书法教材的工作。

编写过程中,首先成立了教材编写委员会,组建了专家组,邀请中国书法家协会会员、著名蒙古文书法家哈斯朝鲁,内蒙古人民出版社编辑、书法家哈斯毕力格,内蒙古教育出版社资深编辑诺日吉玛等为专家组成员。我本人担任主编,聘请多年从事蒙古文书法教学的基层教师苏雅达来、宝木其其格、赛因满都呼、尹巴特尔等为编写人员,委托专业的团队编辑、设计教材。其次,确定蒙古文书法教材编写大纲,按照《国家中长期教育改革和发展纲要(2010—2020 年)》要求和教育部 2013 年印发的《中小学书法教育指导纲要》精神制定总体方案,合理编排内容,科学安排课时。再次,树立蒙古文书法标准,将当代最著名的蒙古文书法家哈旺加卜先生创立的"哈旺体"作为蒙古文书法最基础的标准体,教材的范例、注释均采用"哈旺体"作为规范。最后,多次召开研讨会,反复修改完善。教材编写以来,多次召开专家组研讨会和编委会会议进行论证和修改完善。教材全套共十一本,其中小学阶段两本(上、下册),初中及高中阶段分别三本(上、中、下册),作品欣赏册三本。目前,教材编写及视频教材录制工作已经全部完成,正在由自治区非物质文化遗产保护中心相关专家审定、验收。

党和国家领导人多次强调,要保护和传承传统文化,我们要响应党的号召,传承发扬民族传统文化。在编写教材过程中,我们先宣传普及楷书，要一笔一画地书写，不能字迹潦草，现在流传下来的经典，大部分都是用楷书来书写的。哈旺加卜、伊德信、额尔敦布和、宝山、白布和、巴音胡、朝鲁孟等蒙古文书法名家字体就是我们学习蒙古文书法的基础。学习完这些大家的作品，我们再进行自己的创作。

如何创作出有生命力的作品？现在很多人看了我写的欧阳询字体，都说很像，写得好，但是我清楚，我的文化、学问和字体生命力与欧阳询比起来还差得很远，需要终身去研究和学习。正如范曾老师所说，教育的目的是使知识能成为独创的工具，但知识本身的积累性，是任何人也无法回避的，先得站到前人的肩上，然后才能言创作、言前进。

包金山先生在创作书法作品

读万卷书，行万里路。书法的创作，要有生命力，禁得起时间的考验，创作出属于自己风格的作品。一件作品，现在觉得是件挺好的作品，过上几年再看的时候，虽然形式是好的，古色古香的装饰，但是觉得内涵的东西太少了。这是什么原因呢？这就是文化修养的功夫还不到。我每天都诚惶诚恐，因为我的文化水平有限，总想在有限的时间里，多学知识，创作出更好的作品。

练书法，有几大误区：一是把毡子一铺、纸一放，墨汁倒出来，拿起毛笔一写就完事；二是觉得书法是神秘的，不敢写；三是认为书法是书法家的事情，日常生活里不能写。我现在提倡书法应该融入我们的日常生活中，在我们生活里的各处，都可以展示书法的魅力。比如说，会议标语、学校里挂的名人名言、箴言语录、宣传标语，等等，都可以用书法写出来，不一定都要到电脑里做。润物细无声，当书法与生活结合起来时，大家就明白了书法原来是大众化的，慢慢地体会到书法艺术的美，一定程度上人们的整体素质也慢慢地提升了。

包金山先生在传授书法知识

传承就要融入生活，书法其实应该在日常生活中应用。比如说，在一套新装修的房子里，留出一间房屋作为书房，布置得有书香气息，慢慢来熏陶。孩子结婚的时候，父母亲可以送一幅书法作品，像"吉祥如意""幸福长久"，等等。在蒙古族传统习俗祭敖包的时候举办书法展览，或者是将作品做成艺术品，亲朋好友互相赠送。

传承，不只是简单地将蒙古文书法传承下去，还要创新、继承和发扬。创作要用文化内涵最丰富的东西来支撑，否则就是没有生命力的作品。接下来的时间里，首先要挖掘和培养一部分年轻的书法人才，不能让蒙古文书法文化在我们这一代人手里打折扣。

包金山先生与部分学生合影

天道酬勤。我常常对我的学生讲"水滴石穿，贵在持久"的道理。我希望他们在年轻的岁月里不要闲置时间，要用毅力不断地去战胜自己懒惰的习性，争取早日摘取书法艺术的桂冠。其实我对学生的全部温情和热爱，他们都能体会到，我为他们提供笔墨纸砚，带领他们畅游书法的殿堂，为他们写字题词，与他们谈艺术、谈人生、合影留念，等等，凡是上过我课的学生，不管是学生、教师，还是牧民、书法家，都成为了我的朋友。

通过不懈的努力，全国八省区蒙古文书法教学研究培训基地也成立了，该教学研究培训基地主要由"一校三会五部"组成，即一个蒙古文书法培训学校，三个书法协会（初级蒙古文书法协会，主要吸收在校学生；中级蒙古文书法协会，主要吸收成人书法爱好者；高级蒙古文书法协会，主要吸收达到一定水平、取得一定成绩的书法爱好者），五个管理部（蒙汉双语书法研究部、蒙古文书法名家研究部、蒙古文书法培训部、蒙汉双语书法理论部、蒙古文书法教学部）。主要工作内容包括:开展蒙古文书法教学与研究,主要负责培训老师、学生以及其他爱好书法的群体;研究哈旺加卜、伊德信、额尔敦布和、宝山、白布和、巴音胡、朝鲁孟等蒙古文书法名家字体;开发编撰蒙古文书法系列培训教材;策划与推广蒙古文书法系列艺术品和蒙古文书法"文房四宝";组织开展蒙古文书法等级考试;举办蒙古文书法展览和蒙古文书法论坛,以及承办各类委托培训。依托各种平台,要系统挖掘、培养真正的书法人才,让我们的民族文化传承下去,我有这个决心和信心。

言及此,我对国家图书馆中国记忆项目中心谨表虔诚的敬意,余生我将竭尽全力地在书法传承的道路上呕心沥血,也希望后来者能赶超我,将蒙古文书法这一事业继续向前推进。

斯琴毕力格
内蒙古自治区代表性传承人

斯琴毕力格（1970— ），男，蒙古族，内蒙古自治区巴彦淖尔市乌拉特后旗人，内蒙古自治区非物质文化遗产蒙古文书法代表性传承人。

从小跟父亲学习蒙古文，爱好美术，学习蒙古文竹板笔书法，1990 年毕业于内蒙古师范专科学校，担任过教师，后改行，从事民族装饰工程。多次参加国家、自治区各地书法比赛及展览会，获得了很多荣誉和奖励，历时九年写出长达五百四十六米、宽度一点四四米的蒙古文竹板笔书法长卷《蒙古秘史》2013 年 3 月 23 日获得世界吉尼斯纪录认证，为研究蒙古族竹板笔的起源、发展及研究蒙古族历史文化提供了宝贵的资料。

现任中国书画艺术协会理事，内蒙古自治区蒙古文书法家协会理事、内蒙古自治区书法家协会会员等职务，为蒙古族竹板笔书法的保护、传承与弘扬工作做出了应有的贡献。

采访手记

采访时间:2014年10月29日
采访地点:内蒙古自治区巴彦淖尔市乌拉特后旗
受 访 人:斯琴毕力格
采 访 人:范瑞婷

　　斯琴毕力格老师让人感觉特别亲切,一见到他,初次见面的紧张感顿时消失了。我们访谈的过程也是一次有趣的经历。访谈开始,他先是用蒙语回答,后来为了表达清楚,帮着翻译解释自己的话,又改成汉语;汉语说了几句后觉得还是母语表达更确切些,又改成蒙语;最后为了跟我对话更方便些,还是用了汉语。可见老师处处为他人着想,这也让我反思我们的访谈工作在民族语言地区如何能更好地开展。

　　老师写成了一部蒙古文书法长卷《蒙古秘史》,是用竹板笔花了九年半的时间完成的。竹板笔写字特别慢,基本上写一笔就要蘸一下墨。他有时候早晨四五点钟起床写字,有时候在晚上,因为那时特别安静。完成这样一部耗时费力的作品,可见老师对本民族文化、文字的热爱,以及传承的执着。

中国记忆项目中心拍摄团队正在采访斯琴毕力格

斯琴毕力格口述史

全根先 整理

骑着马儿去上学

　　我叫斯琴毕力格，出生于 1970 年 4 月 8 日，是内蒙古巴彦淖尔市乌拉特后旗巴音温都尔苏木巴音满都拉嘎查人。我出生于一个牧民家庭，祖祖辈辈都是牧民，放过骆驼、山羊、绵羊，还有马。我出生在牧区，从小在牧区长大。我小的时候，我的家乡非常美丽富饶。我很小的时候，就骑骆驼、骑马。我现在还非常向往这种生活，特别美丽，那是一种纯游牧生活。大约从 1983 年、1984 年开始，我上学以后，这种生活才开始改变。

　　我开始上学的时候，是我姥爷把我送到学校的。去上学的过程还是非常有意思的。当时是骑马上学，我姥爷把我送过去，路途中我还差点从马上摔下来。但是，幸好没有真的摔下来，就是帽子掉了。然后在乌拉特后旗乌力吉小学，我开始了追求知识的道路。我上学的时候，我家离学校挺远的，大概有一百多公里，骑马能走一整天，我们就住在学校。我小时候在姥姥、姥爷家生活，是他们把我养大的。

自幼喜欢上美术

上小学的时候，我们就是学数学、语文、体育、美术。我特别爱好美术。那时候，我们学校有扎鲁布特老师和乌云达来老师，他们画得特别好。我看见他们，特别羡慕，所以就开始学画画。上小学的时候，我就开始学画画。那时候，我们老师画北京火柴、盐这些，画得特别好，所以我就跟着他们学画画。上三年级以后，可以自己读书、识字了。识字以后，看见美术体特别好看，我就学写美术体。从那时开始，我学的书法。

这两位美术老师，对我的影响还是挺大的。扎鲁布特老师，又会画画，又会拉手风琴。那时候，我特别羡慕他，觉得这个老师特别有本事。长大以后，我没有音乐方面的爱好，没学会拉手风琴，但是画画方面，印象还特别深。还有一个岁数比较大的乌云达来老师，他特别鼓励我，我画什么画，他都给我打满分，或者说"特好"。我特别想要一百分，又被老师评价"特好"，所以我对美术特别爱好。

① 竹板笔，是蒙古族常用的一种传统书写工具。竹板笔取材于竹，用刀将竹片削刮呈刻刀状，再磨齐笔刃即可使用，大小与宽度等规格则按需而定。

上初中以后，我又学了美术体，学了竹板笔①、竹板美术书法。美术体就是印刷体，直接拿铅笔画出轮廓，竹板笔是直接写出来的那种。我是从小学三年级开始学竹板笔的。我那个书本，现在还有呢，还在这儿呢。这个竹板笔，那时大家都学。但是，美术方面，我特别有兴趣，所以就写得比较好，老师给的评价也特别好。那时候，一般用的是铅笔，钢笔用得很少。写竹板笔的书法，就是学校里面上美术课的时候写。我自己对这个特别爱好，美术字、竹板笔字都是我自己业余学的。

学了美术以后，我就爱好这个，美术字体嘛，也好看。从那以后，我就一直写。刚开始，是拓写，拿铅笔、白纸，在纸上拓写。写着写着，我自己也可以写了，越写越熟练了。那时候，是照着博彦和什格老师编的一个32开的小书本练，是1978年内蒙古人民出版社出版的《蒙文美术字》。这个老师是著名的画家、书法家。刚开始，看到他的书时，其实我并不认识他，并不知道他很有名，就是看见他的书以后，就描着写。后来，课余的时候，有时间我就画画、写一些美术字、竹板笔字。这种业余爱好，一直没有中断。这方面，我的老师也特别支持、特别鼓励，就是上学时的老师，我的美术老师。

自己制作竹板笔

学校里的宣传员

搞美术，跟美术字、竹板笔书法，它们之间是有直接关系的。爱好美术以后，我就出黑板报，在黑板上画画、写字，还布置教室。

当时,我们班是最漂亮的。我写啊、画啊,特别爱好这个方面,自己布置我们班的教室。后来,别的班还邀请我帮他们出板报、画板画。上初中以后,有位奥特根毕力格老师,毛笔字写得特别好,是特别有才的一个老师,他对我影响特别大。他画画也画得特别好,在美术方面指导我,又在毛笔书法方面指导我,所以这方面我进步更大了。

当时写竹板笔字的时候,我们是自己做笔。因为那个书本上,怎么做笔都写着呢,有图案,照着做竹板笔,很简单嘛!所以,就自己学做竹板笔,自己写。刚开始,我写得特别不好,但是,比起别的同学来,也已经很好了。那时候,有点时间的话,我就写一写。有时候,并不是那么坚持的,想起来就写一写,主要是出板报、布置班级,还有出学校外面墙上的板报、画报。在这方面,我写的字、画的画,都特别好。板报的话,用的是粉笔。我就拿粉笔画画、写字,写美术字。

后来,我考上了内蒙古师范专科学校。上师范学校以后,我是学校团委委员,整个学校的宣传工作由我做。整个学校的宣传方面、墙上布置方面,各个活动,都是在大的彩纸上、黑板上写,拿板刷子写。用板刷子和现在用竹板笔的写法,实际上是一样的。所以,那时候有四年时间,特别锻炼人,我写字也特别熟练了。学校每期的活动,都是大字上彩色、广告色,拿板刷写出来,很好看。那时候,我开始用蒙、汉文写了。我又是整个师范学校校报的主编,画画、写字、编辑方面,都是我负责,所以就写得特别多,做得也特别多,也特别专业。学校各个楼顶上的宣传字、校园墙上写美术体字,都是我来写的。

踏上专业创作之路

① 盟,内蒙古自治区地级行政区域。盟下辖区域,包括若干个县、旗、县级市。

我的作品第一次获奖,是参加巴彦淖尔全盟①的一个书法比赛。那是在 1985 年,人家还给我寄过来二十块钱,我也不知道获得什么奖,不太清楚。还有,我们一个校长,叫王布,他的作品也获了奖。主办方给我们每人寄过来二十块钱。作品的内容,我也忘了,是竹板笔写的。

我在蒙古文书法上有点名气,是从 1987 年开始的。1987 年,在内蒙古《向导》杂志上,我写的美术字和竹板笔字的一些作品登在杂志上,特别有影响。那时,我在上中专。毕业以后,我当了老师,是学校的普通教师,美术、语文、数学都教。除了平时带小孩,教他们书法,有一些爱好这方面的学生,我也教他们。过去写竹板笔字的人还挺多,现在写的人太少了。

1990 年以后,杂志上还能看到竹板笔写的一两句、一两行美术字。竹板笔的这种书法,现在已经看不到了。那几个老人也去世了,现在写的人特别少了,几乎没有了。尤其是电脑出来以后,就更没人写了。大部分东西确实现代化了,有的字体,是学生从电脑上打出来的。

我从学校毕业以后,整个我们这个旗、县,所有的商店名字,一些单位名称,蒙、汉文版,那时候全是我写的。我写了以后,刻好版,由他们印刷。那时候,蒙、汉文并用,要求所有牌匾都要写蒙汉两种文字。那时候也没有电脑,只好手写,我是唯一会写的一个人,所以我们旗、县的牌匾全是我写的。我当了几年老师以后,就提前退休了,就开始做民族特色的装饰工程。

那时候,我主要是学博彦和什格老师的字体,照着他的字体学。学着学着,有的字母,我觉得这样写的话更漂亮一点,哪一个漂亮,我就选择哪一个。最后,有些字母、字体的写法,按照我自己的想法变过来以后,就成了我的字体。现在,我的字体和别人的就不一样了。

在我学习书法的经历中,对我影响最大的是博彦和什格老师。先通过学习他的作品,然后才有我自己的一些创造。再看看别人写的书法作品,哪个字母写得漂亮,我就照着那个写,等于是把他们

斯琴毕力格书法作品

写的收集起来，再把他们的写法改变过来。

我参加过很多书法大赛。全区的书法大赛，获得过二等奖、三等奖。1991 年，我参加了全国书法大赛，获得了优秀奖。全盟、全区的书法比赛也挺多，获奖特别多，可能有三四十次吧，一等奖、二等奖、三等奖、优秀奖都有。

书法教学心得

在书法教学方面，我当老师的时候，学校的学生有一部分人学，那是去班级里面教，给学生集体讲课，教他们学习书法。还有是个别对书法有兴趣的爱好者过来，我给辅导，学的人也很多。这些爱好者，一般都比较爱好书画，尤其爱好民族文化这方面。

学习书法的话，用的时间很长，特别费精力，需要下功夫。和学别的东西不一样，不是几天或几个月就能练出来。这个得慢慢地学，写着写着，形成自己的一个字体。比如说，一个字母，写上十遍的话，一模一样的，就形成自己的风格了。跟我学的最长的学生，也有学十多年、二十来年的。他们过来，我给他们指导一下，然后过一段时间再来，我再指导一下，给他们改一改。先按照他们自己的想法写出来,哪儿不对,哪儿好,哪儿不好,我给他们指导指导。过几个月,看一看他们写的怎么样,有没有进步,哪个地方错了,哪个地方有进步,可以辅导他们。

学习写竹板笔字,学习蒙古文书法,也有一定的要求:第一,要特别细心;第二,必须得有耐心。竹板笔写得特别慢,必须有耐心,而且要特别细心。我自己写这个,几乎就没中断过练习,一直爱好,一直在写。我大多是写美术字、竹板笔书法,毛笔字里面,正楷、连笔字都写。

竹板笔书法书写

我个人觉得,竹板笔是最原始的。蒙古文字出来的时候,就是拿竹板笔写。那时候只有竹板笔、木头笔,还有骨头笔,是最原始的。因为竹特别有弹性,又吸墨,所以竹板笔就普及了。至于培训班之类,我没有开过。但是,有学校邀请我给他们讲课、辅导他们。在书法理论方面,现在,我这方面几乎没有形成规模,没有理论,就是我自己的想法,自己怎么写,给他们讲一讲。

竹板笔书法的传承

竹板笔是最原始的书法工具,特别有艺术意义,而且历史悠久,有传承的意义。现在见到的历史上最早的蒙古文书法,是用蒙文写的石碑,那是很早以前写的,那时候就用竹板笔了。它是用竹板笔写在石头上,然后刻出来的。那时候,在那个石头上抹上油、撒上柴火烧出的灰以后,再拿竹板笔写,再影印,完了以后,再刻下来。还有,我们在刻有蒙文的石头上,现在能找到的,专家们认定的蒙文,也都是竹板笔写的。

现在的书法,尤其是蒙古文书法,特别有艺术性。因为蒙文比较特殊,世界上这么多民族、这么多文字里面,它是唯一竖写的。这个很特殊,而且写的速度特别快,尤其写蒙文连笔字特别快。咱们蒙文书法也是从 1987 年开始形成的,过去小学课本都是正楷字,全是拿毛笔写的。那时候,也没想到这个是书法。从 1987 年开始,内蒙古蒙文书法家协会成立以后,办了第一届蒙古文书法展览。那时候,我正好上学,我知道原来这个是蒙古文书法,是有艺术性的。从那时开始,我就对书法特别有兴趣,到现在,对书法里面这个竹板笔书法,我研究了三十多年。书法里面,毛笔写法特别多,但这个竹板笔书法是最原始的、最有历史性和艺术性的,而且现在能写的人几乎都没了,所以必须好好把它传承下来,交给下一代,继承下来。这是咱们每个人的任务。

在竹板笔书法的传承方面,我觉得目前的情况很不好,写的人不多,因为写得特别慢,要特别细心,不练三五年学不会。学得慢、写得也慢,最后的结果就是没人写了。还有那种美术字、那种形象字,写的人也特别少。而毛笔写得特别快,后来,人们基本上就是用毛笔写了。

总体来说，竹板笔书法的应用范围较小，能写、会写的人已经很少了。别人写书法的话，不管蒙古文书法也好，汉文书法也好，都是写毛笔字。毛笔和竹板笔的写法，是两回事，不一样。竹板笔是硬笔，毛笔是软笔。像藏族和回族，他们的书法也是硬笔。我看过回族文字的书法，与我们竹板笔特别相似，也是硬笔写的。我还见过藏族人拿竹板笔写的藏文书法，也特别好看。

2011 年，我去青海省河南蒙古族自治县①搞装饰工程。那个时候，我给他们布置特别高档的饭店，搞室内外装饰，最后在他们的墙上，我布置了这些蒙文。他们本身就在蒙古族自治县，那边百分之九十三的人是蒙古族。但是，现在他们不会说蒙语，说的是藏语，也不会说汉语，身份证上写的是蒙文。所以，我给他们布置的时候，用的是内蒙古的草原风景摄影作品，还有我写的竹板笔、毛笔蒙古文书法，他们都特别喜欢。

① 河南蒙古族自治县，青海省唯一的蒙古族自治县，俗称「河南蒙旗」，是中国蒙古族人口比例最高的县，地处青海省东南部，青、甘、川三省的接合部，素有「青海省南大门」之称。

抄写《蒙古秘史》

我最满意的作品，就是我拿竹板笔写的《蒙古秘史》长卷。《蒙古秘史》长卷，是我用了九年半时间写出来的，总长是 546 米，宽度是 1.44 米，而且是用竹板笔的双排写法写出来的。这个双排写法，就是写出来的蒙古字，要写两次，第一次画上一道，第二次后面再画上一道。写一个字，要用两个字的时间。这样写出来的字，特别好看，有艺术感、有立体感。

当时，为什么我考虑要写这样一个《蒙古秘史》呢？就是想要挖掘民族文化，弘扬民族文化，所以，我必须拿蒙文写出来作品。蒙文书法中，想来想去，最后觉得还是用竹板笔写最有意义，于是就拿竹板笔写。最后,我想写什么内容呢?选来选去,决定还是写《蒙古秘史》。《蒙古秘史》在 1989 年就已经被联合国教科文组织列入世界名著了。《蒙古秘史》是蒙古族的第一部历史著作,作为成吉思汗的后代,拿成吉思汗的语言写出成吉思汗的历史,当时我就是这种想法。

斯琴毕力格《蒙古秘史》作品局部　　　　斯琴毕力格《蒙古秘史》作品

　　竹板笔写起来特别慢,而且要在特别安静的地方写。一张纸如果在最后写完的时候错一个字,这一张就作废了,所以写得特别慢。一开始写的时候,我计划用十年,最后九年半就完成了。2013 年 3 月 23 日,我获得了世界吉尼斯纪录,最长的蒙古文书法长卷《蒙古秘史》,上海吉尼斯纪录总部来到我们乌拉特后旗,现场举行颁证仪式。

　　那时候,有时间的话,我就写上四五个小时,或者三四个小时,再休息一会儿。有时候,早上四五点钟起来写。因为早上起来写的话,特别清静,特别安静。很多次,大年初一,我在家里面独自写。但是,有时候工作忙,急于要处理一些事情,就不能写了。有时间的话,十天半个月,我就天天在家里写,写上几个小时,休息半个小时。

当时写这个,就是我个人的想法。写的时候,我估计应该特别慢。我就是觉得,现在做这个的人太少了,应该留下一些竹板笔书法的艺术作品。你刚才看我写,写一笔,就得蘸一下。拉一道,蘸一下,需要一个特别安静的环境。我刚开始写的时候,计划写十年,写完以后就申请吉尼斯纪录。

家人、老师与徒弟

这些年来,家里人特别支持我。我的爱人和我女儿,她们都比较支持。比如说,我拉尺、拉线,都是她们帮忙,特别支持我。我爱人是我同学,也是当老师的,所以,她对我搞蒙古文书法特别支持。不过,我的孩子没有学书法。

生活中,我从小就跟姥爷在一起,在姥爷跟前长大,所以姥爷在民族文化方面对我影响很大。比如说,那时候我们在牧区,骑上骆驼或者骑上马去上学,交通就靠这个。当时,姥爷就会跟我讲,乌拉特草原是多么美丽、富饶!而且,那时候野生动物也特别多,滩羊、黄羊都有。他就给我讲,哪个脚印是滩羊的,哪个脚印是黄羊的,哪个是绵羊的,都比较得特别清楚。这种游牧文化,给我的教育特别多。姥爷对我说,必须好好学习,要有文化,必须懂历史,做有文化的人。他还说,有文化的人,哪个年代也不吃亏,他最遗憾的就是没有学过文化。因为他自己没有文化,所以就想让我好好学文化,好好学历史。他在这方面对我的影响特别大。

我爸、我妈都没上过学，所以，他们要求让我们上学。我的两个弟弟、一个妹妹，他们也都上学了。我是家里面的老大。后来，他们有的在上班，有的仍在放牧。

除了姥爷，对我影响比较大的，还有我上小学时候的两个老师，扎鲁布特老师和乌云达来老师。再就是上中学以后，我的班主任、美术老师，还有写书法的老通毕力格老师，对我影响也特别大。因为当时刚开始写，他们教我书法。还有，我上师范学校时的老师、现在我们蒙文书法家协会主席白固赫，副主席巴音呼老师，书法家协会主席格尔鲁老师。那时候，他们就教给我书法，给我讲怎么写才对，怎么写不对。这样，理论方面的知识，我就学到了。所以，一方面是自己看作品集，一方面又有很多好的老师教，也算是集众家所长吧。这些老师，也不局限于写竹板笔，他们写毛笔的比较多。

我也考虑过传承这个技艺的问题，有的徒弟，写得比较好的，可以传承。比如说，一个叫斯琴毕力格的，和我的名字一样，他是我的徒弟。斯琴毕力格、吉亚，还有毕力格图、布鲁格特，这样的人很多。他们算是我的徒弟吧，我指导他们，辅导他们。也有一些可以相互切磋交流的人。

蒙古文书法的特点

蒙古文的字体方面，竹板笔字是最原始的。有了竹板笔以后，又在木头上刻版，木版印刷才开始，现在也没有了。那时候，就是拿竹板笔在木头上写了以后，再雕刻出来，成了木版。乌拉特的鄂尼恭达来、诺蒙达来、毕力恭达来，是特别有文化的人，他们在北京开了当时最大的木版印刷厂。他们在寺庙里面进行木版印刷，印刷的内容就是佛经。这些人都是僧人，在寺庙里。他们用竹板笔写了之后，再用木板雕刻。他们刻出来的，都是蒙文。现在的印刷体，是那种木版体改变过来的，木版字体又是竹板笔字改变过来的，所以竹板笔字就是蒙文最原始的字体。竹板笔以后，就是毛笔了，有正楷、小楷，还有形象字。

说到形象字，咱们这个书法中，有一些装饰上的特点。那时候，大部分寺庙的对联都是用蒙文写的。寺庙里面的对联，用蒙文写了以后，要不全是圆形的图案，要不全是方块的图案，表示吉祥如意这个意思。又有很多形象字，如写上骆驼以后，就看见骆驼的形象、图案；再比如画一个马以后，再写个马字。有很多种形象字的写法。这种装饰，跟当地特有的一些植物、动物或者吉祥的图案有关。比如说，这是"圣火"两个字。这个是炉灶，炉灶里面有火，炉灶是蒙古过去刚打造出来的那种，刚造出来的炉灶里面是火，这是火的形状。红的是圣，底下是火，两个形象字。形象字在蒙文里面特别多。还有，乌拉特的戈壁红驼商标是我设计的，看起来是个站着的骆驼。那是骆驼两个字，这种形象字特别多。

刚才说到颜色，在书法方面，除了黑色，其他颜色也都可以用，七彩的都可以用。但是，大部分用墨，黑色的多。如果用红色或者用其他的颜色，在一些特殊的场合会用到。比如说寺庙里面，佛教文化里面，带彩色的、黄色的、红色的比较多，其他颜色都可以用。其实，更多的是跟寺庙里面的内容，跟寺庙相结合。还有"八宝"，是吉祥如意的八种图案。八种图案，上面写美术字或者是竹板笔字，还有毛笔字，各种各样的都有。

书写的内容呢，主要是成吉思汗的警语、名人名句，这方面的比较多。还有自己作的诗，这个也写得比较多，内容特别丰富，各方面都有。比如说成吉思汗的箴言，意思是说，身体再好，也只是一辈子；但是，智慧好的话，是一万辈子。所以，要好好地学知识，箴言就是这个意思。这是成吉思汗亲自写出来的箴言。

"圣火"书法作品

这（左图）是一首诗。我们蒙古人特别信仰火，火永远是兴旺的，所以是吉祥如意的意思。书写的内容，还可以自己写诗，内容特别丰富，写什么都可以。在不同的时期，书写的内容也会不一样。例如，七八十年代，谚语写得特别多；从90年代到现在，主要是写诗，名人的诗写得特别多。所以说，各时代写的内容也是不一样。书写的内容，还与应用的场合有关。

民族特色装饰

我从事民族特色装饰多年。民族图案装饰出来以后，新写出来的书法，如形象字、美术字这种，也特别漂亮。像成吉思汗的箴言这些，主要是用在学校，或者家里面挂上成吉思汗像以后，两面挂起来，再写上有关的内容。尤其是1986年《成吉思汗》电影播出来以后，成吉思汗文化特别普及。那个电影播出之后，对我们这里影响还是挺大的。几乎每家都挂一个成吉思汗像,两边写一副对联,各种各样的,大部分写的是成吉思汗箴言。

还有就是做广告牌,或者什么设计,需要写蒙古文书法。那时候,我是为旗里写所有用蒙文的牌匾,政府的牌匾,必须写蒙、汉两种文字,都是我写的。其他的,如爱好民族文化的人,布置自己的家,每家每户多少也都买些草原文化、蒙古文化方面的摄影作品、书法作品。现在,民族特色装饰特别普及,这方面用到的书法作品特别多,摄影作品也用得特别多。过去是买的别人现成的,现在都是用自己写的,或者是名人写的、名人的摄影作品。

我去过内蒙古的锡林郭勒、鄂尔多斯、阿拉善,还有青海省,去做蒙古民族文化装饰,如新开设的音乐文化一条街、大宾馆、餐厅。蒙古国的文字跟咱们这边不一样,那是斯拉夫语,横着写的。过去他们也写传统竖体,现在是横写的了,不一样了。但是,说话一样,语言一样,就是写法、文字不一样。

心灵手巧多才艺

我特别爱好我们的民族文化。一方面是小时候姥爷对我的熏陶,另一方面,是个人也看了很多相关的书籍。比如马具,马上的东西,怎么做,怎么叠,都有讲究。马头上的那个缰绳,就是怕马跑了,系个缰绳,防止马跑了,脚上拴的脚绊,怎么做,那些都是姥爷教我的。那些东西,都是手工做的。我从七岁开始,就会做这种东西。结婚时,我还给媳妇做了个坎肩,是我自己缝的。这不是什么习俗,就是个人爱好。我特别喜欢这种传统的文化,手艺方面特别爱好。

除了书法,摄影方面我也特别爱好,80 年代在学校时就开始爱好摄影。还有民族装饰方面,我也特别爱好。1994年我去蒙古国,也学会了他们的民族特色文化。摄影方面,我是自学,在学校时,下雨、下雪天,去牧区拍摄草原风景,之后登在刊物上。那时候,我特别高兴,所以慢慢地照。那时候,没有这种数码相机,全是用胶卷,三十六张胶卷,作废二十多张,成功十张,就不错了,就那样学会的。我原来很喜欢画画,其实这个跟拍摄是有关系的,都属于艺术影响。

还有祝颂词①方面,乌拉特祝颂词,我特别喜欢。2012年,我参加了八省区祝颂词比赛,获得了优秀奖。

说到祝颂词,我小时候,我们那边的一个老汉,开那达慕大会时,他就念祝颂词。我经常听他念,慢慢学,没有专门的老师教我,是自学的。念祝颂词的场合,比如刚才说的,那达慕大会赛马的时候,会有这样的祝颂词。还有咱们接待尊贵客人的时候,敬酒的时候,放上羊排的时候,说的祝颂词,特别多。另外,搬新家以后,去蒙古包的祝颂词;结婚的时候,结婚的祝颂词;老人过寿,六十一岁、七十三岁、八十一岁过寿时的祝颂词;娃娃三岁的时候,念祝颂词,内容特别多。但是,各个地方,各有各的特色,比如说乌拉特的祝颂词和鄂尔多斯的祝颂词、新疆的祝颂词,都不一样。这个祝颂词,蒙古族地区都有,但是说法不一样。不过,总的意思几乎是一样的。都是那种从过去传下来的吉祥的话语,可能各地会有一些细微的差别。新疆那边的蒙古族,他们也有祝颂词,只是念法不一样,各有各的风格。

我现在给你们说两段吧。我先献个哈达。刚才我念的祝颂词,是敬酒时说的,尊贵的客人来了以后,敬酒时候说的祝颂词。大意是说:美丽辽阔的大草原,欢迎你们来到我们草原上!我们拿成吉思汗的文化,最高的蒙古礼

① 祝颂词,蒙古族在节日宴庆或竞技比赛等场合,为了增加气氛,由长者或专业人员吟唱的祝词或赞词。吟唱开始时,往往要先交待吟唱祝颂词的原因,然后对所要祝福的事情进行描述与赞颂,最后表达对未来的祝福意愿。

念祝颂词

节欢迎你们！然后,祝你们吉祥如意、万事顺心！说祝颂词时,要穿上民族服装,戴帽子,拿着哈达,还要穿蒙古靴。我再说一段。这也是尊贵的客人来以后,放上羊排时候说的祝颂词。大体意思是:我们在羊群里面,挑出最好的羊,今天杀了以后,煮好以后招待你们,祝你们大家事事顺心、万事如意！说祝颂词时,要敬献哈达。要穿上蒙古服饰,戴上礼帽,献上哈达。敬酒后,拿上银碗,银碗里面必须得放着冰糖,不能拿空碗往里面倒酒,以表示尊重。

祝颂词有很多种,如赛马的、给新娘的、给小孩的。这些祝颂词,在内容上有一定的区别。在乌拉特,每一个地方的都差不多。跟新疆的不一样,那边特别慢,像唱歌一样。各种祝颂词,语速不一样,内容不一样。像赛马的话,就是第一名有,其他人没有。给小孩说祝颂词时,内容与别的人也不一样。我们这边,三岁的孩子,要剪头发。小孩出世以后不剪他的头发,要等他三岁以后,才剪头发。

我再给你们说一段,结婚时候送给新人的祝颂词。大体意思是：祝两位新人白头到老、和和睦睦、孝顺父母，健健康康、快快乐乐、欢欢乐乐！祝颂词中，许多句子都是押韵的。

祝颂词不太好翻译。我就是喜欢、爱好这些东西。练书法与说祝颂词，两者不一样，也是一种调节。一般写书法的人长寿，心里特别放松，对脑子也特别好。

藏文书法

藏文书法是藏族文化艺术的重要组成部分。7世纪初,松赞干布(617—698)统一蕃域高原诸部,建立吐蕃王朝后,规范完善了藏族历史上使用的书写形式,创制了藏文。几代赞普对藏文进行了厘定和规范,逐步形成藏文书法丰富多样的书体。

藏文书法以硬笔书写,笔大多用竹子做成,也有铁制的笔。藏文书法具有较高的艺术价值和文化内涵,为藏族文学、哲学、医学、音乐、绘画等的研究提供了广阔的空间。

2008年经国务院批准,藏文书法列入国家级非物质文化遗产代表性项目名录。

小知识

历史上果洛地区的人只要识字,便会自觉不自觉地学习书写,特别是德昂洒智笔体,人人习之。所以,也可以说果洛文人欣赏书法的水平是极高的。在果洛,要成为一名名副其实的书法家是需要付出超出常人的辛劳的。尽管如此,果洛还是出现了许多优秀的书法大师,为果洛德昂洒智的传承与发展做出了巨大贡献。

(参见红生译著:《果洛德昂洒智》,成都:四川民族出版社,2014年)

桑格达杰

国家级代表性传承人

桑格达杰（1972— ），国家级非物质文化遗产代表性项目藏文书法（果洛德昂洒智）代表性传承人。

桑格达杰自幼酷爱书法，十六岁在青海省果洛藏族自治州久治县建木大寺出家，跟随巴智（1925—2009）大师学习书法。巴智大师对桑格达杰给予极大的肯定，将自己心爱的三支笔送给他，并教授他德昂洒智的制墨、制笔、纸张的处理、边框的制法、包装等系统知识和手艺，使桑格达杰真正成了继巴智大师以后唯一全面系统掌握德昂洒智藏文书法书写技艺知识的传承人。桑格达杰书写的作品有：建木大寺觉囊派全部诵文、白玉寺罗桑索巴活佛的《色究竟天祈文》、藏医学经典名著《四部医典》等。

采访手记

采访时间：2015 年 1 月 1 日
采访地点：国家图书馆(国家典籍博物馆)
受 访 人：桑格达杰
采 访 人：宋本蓉
翻　　译：格桑益西

　　第一次见到桑格达杰是在国家图书馆举办的"我们的文字——非遗中的文字传承"展览布展的时候,桑格达杰和格桑益西带来的展品特别精美,我被吸引住了。在展览期间,我看到他在如潮人流中,安静地写字、整理纸笔;拉着孩子的手,亲吻孩子的额头,为孩子写字。有一次闭馆以后熄灯了,观众因为求字不得,仍不愿离去,格桑益西用手机照亮,桑格达杰为观众写字。我很感动。

　　我们为了在访谈中呈现桑格达杰的自然书写状态,决定拍摄的时候,大家都坐在地毯上。我们的访谈是通过格桑益西的翻译进行的。格桑益西是青海省果洛藏族自治州民族语言文字办公室主任,也是巴智大师的学生,著有《德昂洒智书法》一书。《五部大论》(约一千余张)、藏传佛教各大教派礼赞等作品。得益于格桑益西的翻译,我们的交流顺畅无忧。

2015 年 1 月 1 日在国家典籍博物馆访谈桑格达杰(中)

中国记忆项目中心拍摄

我是德昂洒智的第八代传人，
我爱德昂洒智的书体

我是德昂洒智的第八代传人，我在青海省果洛藏族自治州达日县德昂寺，跟随我的师父巴智大师学习藏文书法。

德昂的藏文书法可以追溯至公元 6 世纪藏王赤松德赞时期。著名大译师、大书法家白如扎纳从西藏前往康区布教，回程的时候，他把自己的三支笔抛向天空，寄存于护法处，同时祈福：将来有

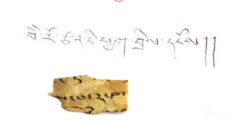

白如扎纳亲笔写在树叶上的文字 格桑益西提供

一个有缘人会得到这三支笔,会把我的书法发扬光大。在我们的德昂寺里,现在还保存有白如扎纳亲笔写在树叶上的文字。

一千多年以后,到了19世纪初的时候,有个叫洒安丹增的人捡到了这三支笔,智慧顿开,传承了白如扎纳大译师的书法。洒安丹增是一个非常吉祥的人,捡到笔以后练习书法,慢慢自成书体。果洛地区有几个出家的和尚到洒安丹增面前学习他的书法,然后这些和尚回到德昂,在德昂寺里传承这种书法。后来这种书法被命名为德昂洒智,"德昂"是地名,"洒"是洒安丹增的洒字,"智"是藏文"书法"的音译。

洒安丹增传给噶托·尖喇,噶托·尖喇传给姜喇·丹增,姜喇·丹增传给查·念智。查·念智大师把修习书法作为毕生的事业,终生抄书无数,收徒无数。在很长的时间里,果洛地区传抄书籍盛行,一部手抄书籍的价格,通常比一个长工一年的工钱要多得多。

夏喇嘛沃赛柔贝多杰(1847—1924)是查·念智大师的徒弟,生于藏历①第十四饶迥火羊年(1847),抄录了很多的书籍,现存的有《旧密》《闻解》《白玉寺诵文集》《生圆次第注解》《入菩萨新论》。夏喇嘛沃赛柔贝多杰大师对书法的理解和感悟是至高至深的,他在德昂洒智原书体的基础上再次创新,现在果洛地区流传的书体以夏喇嘛的书体为主。

我们果洛地区流传着一种说法:如果有人能亲眼看到夏喇嘛的字,就会得到清净涅槃之位。夏喇嘛是佛学大师,他的字写得非常美好,人们见了以后不由自主地产生一种敬仰之情,这种敬仰会产生力量,使人得到解脱,得到涅槃。

夏喇嘛写过一幅作品,字特别小,他有一支特别的笔,这支笔写的字特别小,但是从远处就可以看得很清楚,一个字一个字可以非

① 藏历,中国藏族的传统历法。藏族历书最早出现在13世纪,到19世纪。受到汉历的影响,从9世纪以来,藏历采用干支纪年法,不同之处是以五行代替十干,以十二生肖代替十二地支。譬如农历的甲子年,藏历就叫木鼠年。

常清楚地看出来,但是现在,用我们最好的笔也写不出来那样的字了。

罗喇噶德益西(1906—1985)生于藏历第十五饶迥火马年(1906),六岁起跟随叔父夏智学习文字和藏传佛教宁玛派各式诵文仪轨,十一岁时跟随夏喇嘛沃赛柔贝多杰大师学习,成为夏喇嘛门下无可比拟的高徒和一代书法大师。

果洛解放不久,噶德大师被批斗,五十三岁的时候入狱。后来他的狱友出狱时,噶德大师送给他一首诗,这位狱友把这幅字送给时任青海省政府秘书长的桑热嘉措欣赏,秘书长赞叹不已,就向青海省政府写信推荐,说这样的人才不应该在监狱中埋没,噶德大师才得以出狱。噶德大师出狱后继续写字,他的书法被藏区的名流学者赞赏,他也培养了很多徒弟,现存的作品有《闻解》《诵文集》《桑热大师文集》(三部)。

德昂巴智(1926—2008)生于藏历第十五饶迥火虎年(1926),七岁起跟随舅舅勒智活佛识字、诵文、书法。十六岁时,拜罗喇噶德益西大师为师,学习书法和相关的制笔、处理纸张、研磨颜色等手艺,书写的作品有《闻解》《莲花生大师传》《三身仪轨》《三聚经聚轨》等,2007年被认定为国家级非物质文化遗产代表性项目藏文书法(德昂洒智)代

巴智大师　格桑益西提供

表性传承人。巴智大师就是我的师父。

现在我们果洛地区能书写德昂洒智的人主要在寺院里面。德昂寺是德昂洒智的发祥地，寺里目前有十几个人。巴智老人的学生，还有噶德大师的学生，他们这两代大师的学生都还在。民间的俗人里面也有一些，还有一些还俗的和尚，反正到目前为止零零散散的还是挺多的。

我于1972年出生，喜欢上德昂洒智是在十五岁左右，但是那时候还没有机会跟随巴智大师学习。第一次见到巴智大师，是因为我病了，去巴智大师所在的寺庙里看病。我看完病，在转寺庙的时候，遇到了巴智大师。因为我之前请人带过话给巴智大师，想跟他学写字，巴智大师当时也答应了，但是互相没有见过面。这次在寺里见面以后，巴智大师让我每天下午去跟他学习。

我在跟随巴智大师学习的这段时间里，伺候师父的机会也不多，唯一为师父做过的事情，就是每天把师父的那匹马拴到山上有草的地方。

开始主要学的是尤钦体。学了一个月以后，师父感觉我学得比较好，非常高兴，就给了我三支笔。师父对我说："我收过很多徒弟，但是从来不给笔，因为笔对于我自己来说，用得很顺手，有感情，给人的话，对别人来说只是一根棍子。如果我说我这个笔有多好，人家也不明白，所以我一般不给，但是你学得非常扎实，而且很诚心，所以我要给你三支笔。"

尤钦体书法　格桑益西提供

给了我三支笔以后，师父说："你先回去吧，三个月以后，你必须再到我这里来继续学。"

三个月以后，我来见师父巴智大师。师父让我抄写《格萨尔王修法》，而且他跟我说："从今天开始咱们两个的饭，咱们两个家里的活全部我干，你来抄写，你来完成这个作品，我来伺候你。"

我每天白天抄写，到了晚上，师父一个字一个字地看。看了以后，哪一个字没有写好，他把这个字挑出来，再重新教我写。我练好了，第二天重新写这一部分。就这样写了六个月，才写完《格萨尔王修法》。

写完了以后，最后的包装也要自己做。所以在这个过程当中，我还学习了巴智大师的制墨、削笔、做毛笔、研磨颜色、做打线器、制作刀具、打磨纸这些手艺。

藏文书法的工具 格桑益西提供

第二年，我又到巴智大师那里去学了三四个月，又写了一些作品，同时学习其他的字体。完成了以后，老师非常高兴。他说："从今以后,你不要把德昂洒智放下,你写得很好。"

我也了解和学习除德昂洒智以外的其他藏文字体,到目前为止,学了十几种字体,但是我自己现在最爱写的还是德昂洒智的字体。我第一次学藏文书法的时候,就是因为爱上了德昂洒智的字体,学习这种书法的时间也比较长,很多人找我写德昂洒智,我自己心里对德昂洒智也更喜欢一些。

我对文字是非常敬畏的,把每一个字看成一尊佛

释迦牟尼佛讲过一句话:"百世轮回间,吾身化为字,到时愿敬之。"文字是特别的、神圣的,每一个文字都拥有佛陀的智慧。各自由此所受的恩惠无可比拟,它的光泽独特无比,所以每个人都会对文字满怀敬意。德昂洒智有独特完整的书写方法,写出每一个字一概不得擦除。

整个藏区,每一个人对文字都是特别敬畏的,只要是一个藏族人,不管他懂不懂藏文,不管他说不说藏语,只要有一点点的藏族的风俗习惯的话,对文字都是非常感恩的,而且他不会用印有或者写有文字的纸,去做一些不干净的事情,比如擦碗、擦桌子、擦鞋,那是绝对不会的。我们认为文字是人的智慧的象征,不能随便去玷污它。如果写了文字的纸张落到地面上,这是对文字的不敬,必须要捡起来。不能捡起来的,也会绕着走,不会踩到文字的。我们也不会把文字安排在脚会踩到的地方。

藏族非常敬畏文字。藏族非常信奉佛教,对释迦牟尼佛也是非常信奉,但是如果有一本经书和一个释迦牟尼的佛像放在一起,佛像坚决不能放在文字上面,文字必须要放到佛像上面,以示对文字尊敬,因为文字比佛像更高。

在我们青海果洛地区，藏文书写是一种职业，曾经这个地方有很多有成就的书写大师。那时候，一个会写书法的人，他可以不做其他的工作，也能生活得很好。但是，后来因为咱们出现了印刷业，手抄书就慢慢少了。因为印刷的话，很快可以印出来很多书，但是抄写的话，写上一两个月才能写一本书。

我用心写每一个字，用心削笔，用心制墨，就是为了写完的字能尽量留存的时间长一些。我写字用的墨、金、银、绿松石、朱砂，每一种的调制都会有点不同，朱砂和绿松石研磨好了以后，要用马奶来勾兑。墨要兑牛奶，牦牛的奶脱脂以后用来勾兑墨。这样调制好的墨、颜料和金银，用来写字，写完了以后，哪怕是浸泡在水里几年，这个字也不掉色，不走墨。

我写《四部医典》①之前，先准备墨、纸和笔。我把墨调好了以后，从商店买了画设计图的比较高级的那种纸，然后我在那个纸上写了一句话，把这张纸泡到水里。泡了一年以后，这个纸已经变形了，而且颜色也变了，但是字依然非常清楚，所以我就用这个墨来写《四部医典》。我希望我写的字能长久留存下去。

我见到过夏喇嘛写的一部经文。当时夏喇嘛写了以后，他们放到了佛塔里面。很多年以后这个佛塔有了裂缝，长期进水，在"文革"的时候，人们把这个塔拆了。我后来看到这个经文，纸张大多粘在一起了，然后慢慢掰开的时候，除了那个粘着的地方以外，有墨迹的地方一点没粘，而且字都清清楚楚，还能读。所以我们的墨和纸是很特别的，使用我们的墨和纸抄写的书，能留存很久。

德昂洒智一共有四种书体，尤钦体、朱匝体、尤仗体、尤琼体。尤钦体是比较工整的字，抄经书用得比较多，也是德昂洒智最有成就的书体。然后是朱匝体，朱匝体是草书。尤仗体，比工整的尤钦体书写起来要稍微快一点。尤琼体是比较快、比较小的字体。一部作

① 《四部医典》又名《医方四续》，形成于公元 8 世纪，由著名藏医学家宇妥·宁玛云丹贡布所著，共四部，一百五十六章。1546 年首次将『四部医典』木版印刷，发行到藏区各地，之后出现多种不同版本的木刻版和注释，成为藏医药领域最经典的名著。

品抄出来,里面既有尤钦体,又有尤仗体、尤琼体,还有朱匝体。比如书名,我们用朱匝体写,正文用尤钦体比较多,还会有其他书体,还有缩写,特定的字有特定的缩写方法。

朱匝体 格桑益西提供

尤琼体 格桑益西提供

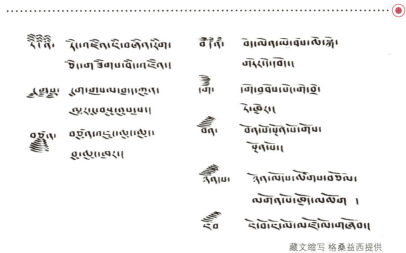

藏文缩写 格桑益西提供

书写德昂洒智的人，要学会制作笔、墨、纸等工具和材料

写德昂洒智的人不只要会写文字，而且要会削笔、制墨、造纸，还要会做打线器，会磨纸，会做毛笔，到写完了以后，最后的包装、装裱这些，要每一个工序都能完成，才能算是一个真正的书法家。

巴智大师教我做笔，因为书写德昂洒智的人，做笔是最主要的一个技能，如果做不好笔的话，你的字怎么也写不好的。我自己寻找做笔的竹条，师父一步一步教我，到最后我自己能够做完一支笔。因为其他的墨啊、纸啊，只要想买是可以在外面买到的，但是笔买不到，所以做笔非常重要。

从四川发到青海的大茶，包装用的毛竹条是最好的制笔材料。包装茶叶的时候，这个竹条是湿的，大茶是含有钙质的，湿的竹条插进去后，从茶叶里面吸收了大量的钙，然后质地变得非常坚硬。

这是我们现在有人研究出来的,但是当时大家只是有这样的经验,知道包装大茶的竹条做笔最佳。

选好竹料,削成竹笔坯,埋在马粪中发酵,过几个月以后取出来晒干,浸泡在液态的油脂中三十天左右,也可以用温火蒸煮几个小时。油脂最好是壮年牦牛的骨髓油,另外旧的酥油和旧的牛羊油也可以用。然后把竹笔坯挂在帐篷的烟道口熏烤,一两年以后就可以进一步加工了。先要把竹笔坯上的一层外皮刮掉,这一层薄的皮,不太好下水,所以必须要把这一层皮刮掉。然后根据书写的要求和个人的运笔习惯,削磨成合适的形状,就可以用来写字了。

竹笔坯经过这样的发酵、晒干、蒸煮、熏烤、削磨以后,非常坚硬,插进木板里面笔尖也不会损坏。这样坚硬的竹笔使用的时间长,写上四五百张的大纸,这个笔最多用到一半。在以前,这种竹笔是非常值钱的,一支竹笔一般可以抵一只羊。

一支竹笔,长度大约是一拃①三寸,这个是为什么?第一,太短了,书写不方便;第二,要完成一个作品,用一支笔完成最好。两支笔的质地不一样,写到纸上的就不一样,所以做的笔就不能太短。再一个就是,太短的笔,不能写法本,这个是有说法的。而且太短有吝啬的意味,感觉像乞丐。

一支竹笔,必须要有竹节,不能两面都削笔尖。竹笔削笔尖的这一头最好是竹梢的方向,因为竹子的生长是从竹根向竹梢输送水分的,这样削笔尖,有利于下水。然后另一头削出来一点尖尖的感觉,这尖尖的地方象征智慧,象征着文殊菩萨的智慧之尖。

① 拃,民间长度单位:是指从拇指到中指展开后之间的最大距离,一拃大约20厘米。

若制造出合格的笔来,就那么一杆笔,倘若是《四部医典》,大概也可以写五百章左右,书写完后,笔才缩至这个程度罢了。若能制造出良笔,则能长期使用。此前大师们也讲过,若是造出良笔,其价值不可估量。取墨用的毛笔是用山羊的胡须做的,把山羊的胡须剪下来,自己编成的。它的作用主要是什么呢?它是取墨用的,它不是书写的。为什么要用一支毛笔来取墨呢?因为写德昂洒智的时候,有两种墨,一种墨是装在墨盒里的,那是随便写一写,简单的写个东西时用的,把墨瓶拿上,用笔一蘸,蘸了以后就写,也是非常流利的,但是作为一种要遗留下来的作品,那种墨不行。还有一种墨,是每次书写前调制的,每天把需要的这一点颜料,需要的这一点墨调好了以后,用这个山羊胡须编的毛笔蘸上,再用竹笔从山羊胡须编的毛笔上蘸一蘸,就可以写字了。这样制作的墨和颜料很特别,这种墨和颜料干了以后,在水里泡上几年都没问题的,它不掉色不走墨,就算纸泡坏了,字迹也不会变。

藏文除了用墨书写以外,还会用到金、银、朱砂、绿松石等颜色。调制颜色的时候要选一个吉祥的日子,然后清洗、熏香,才能开始调制。调制金银色,是以松胶等原料为主,要慢慢地、匀匀地,非常轻地搅。搅的时候必须要戴上口罩,不跟人说话。心情平静,做的金银色才是好的。有一种说法是,调制金银色,老人的手是最好的,因为年轻人的手一般会不自觉地出力,一出力以后金子就变色,老人的手比较轻,不容易变色。

在写德昂洒智的时候,至少要用两种颜色,红色和黑色。巴智大师的师傅罗喇噶德益西曾经写过一部作品,其中有一段是一个红字、一个黑字相间的,非常漂亮,这是德昂洒智作品里面比较出名的。另外在书写的时候换颜色,有提醒的作用,提醒一下,这是一个句子的开头,或者这个地方非常重要。

书写德昂洒智的笔和墨,有专门的盒子装着。盒子可以是木头刻的,或者是铁盒子。木盒子可以自己做,也可以买到。铁盒子是铁匠做的。以前僧人出门的时候,一般会用铁盒子,盒子里一侧装墨,一侧装颜料,中间把笔装上,挂在腰上;有的盒子没有颜料和墨,只是装一支笔。

我会用狼毒花的根做纸。把狼毒花的根挖来,首先要把表层的皮刮去,然后把皮剥下来,捣碎,就可以做纸了。这次展览,我看到次仁多杰的纸很好,它的质地、颜色和重量,这些方面都非常好。我打算有机会了,去西藏跟次仁多杰学习造纸的技术。

做好的纸在书写之前还要再加工。夏天的时候,根据需要把纸张裁成合适的大小,放到没有水的嫩草里面,或者是把嫩草割下来盖在纸上。这样做是为了让纸潮湿,但是不能见水。纸稍微潮了以后就放到木板上,然后用玛瑙石打磨。木板也是特制的,必须要质地比较坚硬才好。打磨纸最好是晚上,白天有阳光,打磨以后的光泽看不清,晚上在灯下,就可以清楚地看出来哪个地方打磨好了,哪个地方没打磨。纸的两面都要打磨,因为两面都要写字。用玛瑙石打磨有很多好处,纸会变得光滑、比较亮,书写起来很流畅,而且上面的字非常干净,光滑的纸对笔的磨损也比较小。写完字以后,再打磨一次,墨就慢慢地渗到纸里面去了。

还有一种黑色的纸,也是要自己加工的。首先是把非常厚的两张纸合到一起,用胶粘上,然后晒干,晒干了以后,先是上黑墨,黑墨上完,晒干,干了以后,根据需要设计格子框架,把线画上,画上以后,再把蓝颜色涂在边上,再晒干,干了以后开始打磨,把格子中间的地方打磨好,再开始写字。

墨纸上用金汁书写的字

我是一个非常清贫的和尚,我想一辈子写字

我觉得包括德昂洒智在内的所有的藏文,要认认真真地去学,

认认真真地去写,我相信字就是佛,佛就是字,写字就是修行。

我花了三年多的时间写完了《四部医典》,我还写了《色究竟天祈文》《五部大论》《佛子行》。

我写字以前,必须要用干净的清水洗手洗脸,然后在房间里面熏上香,还要把书写所用的笔墨纸张等所有材料和工具熏干净。写字的时候要静,不要说话,心里不要有其他的念想,只有这样一个念想:我今天写这个字,是为了众生,是为了让所有的众生解脱。

写字的时候,必须盘腿而坐。膝上平放一块平整的木板,纸张平铺在木板上,左手按纸,右手书写。书写的时候,左手除了要按纸以外,还要握着一支毛笔,就是山羊的胡须编成的毛笔,这是用来取墨用的,用竹笔蘸毛笔上的颜料写字。这是德昂洒智比较独特的书写方式。

书写的时候,右手握笔很重要,手指和笔尖的距离应该是一指宽。手心要空,手心的空间可以放一个鸽子蛋才好。握笔要求是笔要见天,见天的目的是什么?就是笔转动的时候比较自如,如果你的笔转不了,字的笔锋粗细就表现不出来了,所以笔的握法上很有讲究。

写字的过程中,如果来了客人,来了朋友,必须要把写字的工作放下来,跟客人和朋友认认真真地说话。不能一边写字,一边做其他的事情。

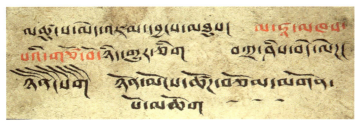

桑格达杰示范用两种颜色书写

如果今天的写字要结束了,也要停顿在一个吉祥的字上。藏文是一种拼音文字,有三十个辅音字母、四个元音符号和用来拼写外来语的五个反写字母、五个"送气"字母。每个音节的组成以基字为中心,又有上、下加,前、后加和再后加字等。但是,一天写字要结束的时候,只有这些字母是可以停顿的,一个是"智慧"的字母,停顿在这个字母上,会增加你的智慧;一个是"勤奋"的字母,停顿在这个字母上,会使你更加勤奋;一个是"法"的字母,停顿在这个字母上也可以。不能停顿在"疾病"字母、"懒惰"字母上。任何时候人最不喜欢的是疾病,所以在写字的时候,无论如何也不要停顿在"疾病"这个字母上。

我可以就这样坐着,从早上八点写到下午六点,没有一点问题,如果有人帮我做饭的话,中间吃饭的时候也可以不动。吃饭的时候把书写的东西放下,然后吃饭。吃完以后,拿过来放在腿上继续写。

我是一个非常清贫的和尚,我喜欢写字,喜欢德昂洒智。我想一辈子写字,现在我在写,今后我还想继续这样坚持写下去,而且只要有人来看,只要有人来学,是和尚、是俗人、是学生,我都愿意收为弟子,而且免费地、无私地去教他。

嘎玛赤列

西藏书法家协会副主席

嘎玛·赤列（1953— ），男，藏族，西藏著名藏学家、书法家，西藏大学文学院副教授。从2002年至2005年，历时三年创作的一幅一百三十一米的藏文书法长卷于2005年荣获『上海大世界吉尼斯之最』，该卷用八种藏文字体，抄录了藏文文法《三十颂》和藏族第一部哲理格言诗集《萨迦格言》。其中，他自创的『美术新体』也位列其中，而『吾钦新体』则是他在传统书写的基础上进行的改革和发展，使藏文印刷体能像汉字一样标准化地写入方格内。迄今为止，他共发表了相关学术论文六十多篇，出版小学一、二年级的藏文书法教材、小学一年级至六年级的藏文书法等藏文书法教材十一本，发明的藏文书法练习板和专用藏文书法笔获得两项国家级专利，先后获得国家级和自治区级的二十多个奖项。

采 访手记

采访时间:2014 年 9 月 9 日
采访地点:西藏自治区拉萨市嘎玛赤列家
受 访 人:嘎玛赤列
采 访 人:满鹏辉

嘎玛赤列教授是一个热爱藏文书法的人,他家的厅堂里、墙上都是他的书法佳作。教授的汉语也很好,在拍摄和采访的过程中,我还从教授那里学习到了很多关于藏族的文化和风俗。我既很好地完成了工作,还能够在向往已久的拉萨跟一位藏文书法教授谈论关于文化和书法的话题,这将是我永生难忘的经历。

嘎玛赤列在书写藏文

小知识：

按藏族传统的学科分类法，藏文书法属于"五明①"中"工巧明"的一个小分支。以精通大小五明为治学最高目标的藏族学者，历来把书法作为学识功底来加以研习掌握，并在各自的著述中予以阐示。藏文书写的美观与否，正是自古以来藏民族文化人的"特殊面子"。

（参见纵瑞彬：《藏文书法形态发微》，《西藏研究》，1999 年第 2 期）

吞弥·桑布扎②创造了乌金体和乌梅体

藏文的起源是这样的：7 世纪初，松赞干布（617—650）统一蕃域高原诸部、建立吐蕃王朝后,觉得必须要有自己的文字,遂选派学子赴印度①学习。大臣噶尔·东赞②作为第一批派出的求学者,带了几十个人去印度学习,那时路途艰险遥远,河无桥,山无径,加之印度酷暑难耐,与冬暖夏凉的西藏的天气大相径庭,于是有些人中途放弃求学回来了,有些人半路因热疾而亡,有些人由于语言障碍而学不会任何知识。第一批以失败告终。

噶尔·东赞等第一批求学者返回后,松赞干布问众臣:"还有谁愿意去?"吞弥·桑布扎主动请缨说:"没有学不到的事情,没有做不到的事情,我去。"赞普于是派他再赴印度求学。噶尔·东赞等第一批人有前车之鉴,在印度气候方面,积累了一些经验教训,吞弥·桑布扎一行人于是预先准备了防暑药品。等到了尼泊尔、印度等低海拔地区,遇到高温天气时服用了一些自己准备的药品,克服了气候差异带来的各种反应。

到了印度,吞弥·桑布扎拜了几位老师,从最简单的开始,学习梵文和声明学。学了几年以后,他的学问长进很大,老师们对他的评价很高,给他取名吞弥·桑布扎,"吞弥"是他的姓,意为吞村之人,"桑"是大智、大贤的意思,"布扎"就是西藏的意思。当时印度的大师们对他特别敬重,吞弥·桑布扎的名字在印度家喻户晓,大家都说他是一个了不起的藏族智者。随后他的名字和伟迹也在西藏传颂。

吞弥·桑布扎学成归来时,松赞干布亲自在位于拉萨娘热一带的帕崩卡寺为他接风洗尘,并给他修建了一座宫堡,谓名贡嘎玛如宫堡。在贡嘎玛如宫中一座九层高的殿堂里,吞弥·桑布扎写出了

① 在中国历史上,对印度的最早记载在《史记·大宛列传》,当时称为身毒(印度河梵文Sindhu)。《史记·西南夷列传》记载:"从东南身毒国,可数千里,得蜀贾人市。"《后汉书·西域传》记载"天竺国一名身毒"。唐高僧玄奘根据Indu读音正名为"印度"。《大唐西域记·卷第二》:"夫天竺之称,异议纠纷,旧云身毒,或曰贤豆,今从正音,宜云印度。"

② 噶尔·东赞(?—667)吐蕃著名政治家、军事家和外交家,曾担任过大论之职。640年(贞观十四年),松赞干布派遣·东赞出使唐朝,成功地促使文成公主和亲吐蕃。《新唐书》称:"东赞不知书而性明毅,用兵有节制。吐蕃倚之,遂为强国。"噶尔·东赞与吞弥·桑布扎等人,被合称为"七贤臣"。

第一句藏文六字真言"唵嘛呢叭咪吽"。之后这六个字被凿刻在石板上,现在依旧保留在原处。贡嘎玛如宫在松赞干布的时期,是九层,现在只有两层。

西藏现在所使用的藏文就是吞弥·桑布扎所创。他创造了藏文乌金体和乌梅体两大书体,并教赞普文化知识,松赞干布尊他为上师。自此,大臣们也开始学藏文。现在布达拉宫里面有一个专门放贵重物品的箱子,里面珍藏着吞弥·桑布扎亲笔写的字。

另外,吞弥·桑布扎也是翻译家,他将梵文经书翻译成藏文。早期藏文的书体,其实都跟翻译佛经有关,在翻译的过程当中,会重新规范统一词汇的正确译法,所以藏文书法的发展跟早期的几次大规模译经是相关的。

自此,藏文被广泛使用。后来八大书法家又在吞弥·桑布扎乌金体的基础上做了创作和发挥,创造出独具特色的字体。每位书法家各自的运笔、力度、字体结构各有特色,但都是在吞弥·桑布扎乌金体的基础上创作和演变而来的。

赤松德赞①时期,赞普迎请印度的莲花生大师到西藏弘法,西藏的佛教如雨后春笋得以蓬勃发展,所以说西藏佛教真正的开头应该是从赤松德赞时代开始的。也就是在这个盛世,出现了白簇体,这种字体主要用于译经上。

当时的书法家报酬都很高,一位著名的书法家,他的收入是赤松德赞警卫员工资的四倍。由于抄经的报酬高,加之藏民族对佛教特别敬重,故而参加抄写经文的人很多,因此这个时期出现了不少著名的书法家。

吐蕃时期之后整个藏区处于分裂状态,这个时期恰好又是一个文化繁荣的时期,其间书法又有了新的变化和发展。当时藏传佛教有四

① 赤松德赞(742—797):吐蕃王朝第三十七任赞普"755年至797年在位。他与松赞干布、赤祖德赞被后世尊为『吐蕃三法王』。

大派——噶举派、格鲁派、萨迦派、宁玛派。虽然这个时期时局动荡，宗派斗争频发，但各派对文化尤为重视，宗派、教派间文化、字体竞争激烈，各不相让，促进了藏文书法的迅速发展。比方说，一家贵族所抄佛经字体绝妙，其他贵族便顿生嫉妒，无论如何都要请个写字更好的书法家来抄写佛经。

佛教后弘期①以后四大教派间各种竞争激烈，其中包括书法和文化，比如在格言方面，萨迦教派的第四代祖师萨班·贡嘎坚赞（1182—1251）写了《萨迦格言》②，以后格鲁派的索南札巴（1481—1556）就写了《甘丹格言》③。另外，文人学者各立门户，著书立说，研究藏文的书写方法和技巧，新创书法书体，这种百花齐放、百家争鸣的文化氛围有力推动了文化的发展。

① 藏传佛教的历史发展，通常分为两个时期：「前弘期」和「后弘期」，「前弘期」始于松赞干布时代，松赞干布去世（650）后，佛教发展缓慢，前弘发生驱僧和灭佛事件。978年佛教又开始在西藏复兴，为「后弘期」的开端。赤松德赞成年后，大力弘扬佛教，对佛教的发展起到了极大的作用。

② 《萨迦格言》是藏族第一部哲理格言诗集，以格言诗的形式，观察评论各种社会现象，提出处世、治学、识人、待物的一系列主张。宣扬「仁慈」「忍让」「精进」等佛教的基本教义。

③ 全名为《智愚辨别具善格言莲花束》，共一百二十四首，主要内容是教导人怎样去分辨是非好坏，智者、愚人，还有一些宗教教义和戒律的解释。

藏文书法的书写

佛教后弘期，书法家琼布玉赤规范了藏文正楷体的书写方法，此体乃最庄重、最主要的字体，抄经文一定要用琼赤体。"琼"的意思就是琼布玉赤，"赤"的意思就是他的派系，"琼赤"的意思就是琼布玉赤的书体。

后弘期以后，藏文书法的变化相当大。后弘期以后一直到十三世达赖期间，整个藏区的大师、翻译家、贵族，创造了许多自己特有的书体，现在能看到的有一百多种书体。

元初,萨迦派大师八思巴,应成吉思汗之邀创造了新蒙古文,主要是用在印章上。

大昭寺门口有个唐蕃会盟碑,碑面的书体是松赞干布后期形成的,其运笔略有吞弥·桑布扎所创字体的风范,但又有变化和发展,此体也可以叫作乌金体。布达拉宫门口的石碑,应该是后弘期以后的,其碑面的文字也是乌金体。后弘期,官方用的大部分是乌金体。到了萨迦王朝的时候,官方用乌梅体比较多,还出现了朱匝体。

印刷术出现之前,贵族抄经书,定请著名书法家来抄写,因此书法家比较受重视,一直到现在也是如此。很多经书都是手抄版,不论是从印度翻译过来的经书也好,从内地翻译过来的经书也好,都是手抄版的。

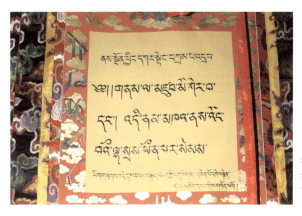

青稞体,其形状如青稞撒在白毯上。公元8世纪中叶,由大书法家格年贡觉旺所创

十三世达赖对文字字体特别有研究,他想要规范藏文的书体。他与当时的各大书法家和大师研究以后,规范了文字的书写,定乌金体、簇仁体、朱匝体、草书体、白簇体、簇同体等六种书体为藏文字体。同时也规范了公文书信等的书写方法和格式,比如:上行文、下行文、平行文等等一些行文方面官方严格制定了行文规范。规范形成后,整个藏区都遵照执行。官方写的文书和僧人的文书又不同的,各有各的写法。班禅写法与其他的活佛写法不一样,活佛和一般的平民写法也不一样,平民和贵族写法也有区别的。

文书开头的写法,意义比较多,其间敬语烦琐。而所用的每种书体都有自己特定的含意,乌金体和乌梅体所包含的意义不同。其中包含对文字本身的尊重,对内容的尊重,对收信人的尊重等含意。

除了开头因人而异的不同写法之外,结尾也有讲究。每一个书体都有各自不同的收尾法,主要体现在一种文字符号上。藏文里面有一些特殊的符号,比如说词与词之间,句子与句子之间,段落末尾,文章的末尾,常常运用一些特殊的符号。比如有密宗的符号,官方的符号,天文的符号,还有藏医的符号。普通人之间写信一般不用这些符号,但是密宗的经书一定要用密宗的符号,这些符号暗含意义,相知者才能读懂,其他人无法破解,尤其现在,能读懂这些符号之意的人更少。

我从小就喜欢藏文书法

1963 年我在拉萨市第一小学上学,那时候我就开始练字了。我上小学的时候是解放之后,解放后的教学方法与解放前是不太一样的,所以我在习字板(木板)上只练了一年多一点的时间,就开始在纸上写了。从那时候开始,我就喜欢上了藏文书法。

练习藏文书法是循序渐进的。首先要拜一个有门派、有名望的老师,如果没有门派,乱写是不行的。我们藏文书法大的派系有四个,我的老师叫索朗,他是雄赤派的。他的教法和其他的藏文书法门派一样,首先要在习字板上面打线,然后再一个字、一个字地教写。教的时候,老师先在习字板上面写,学生跟着临摹,学了一段时间以后,自己能独立去写。写的时候,必须要照着老师写的字帖去写。按常理,学生起码要在习字板上练六七年后,才能落到纸上去写字。

在习字板上面打线,不同书体打不同的线,比方说写簇仁体的话,要打四根线。四根线之间的距离也是不同的,第一根线到第二根线的距离稍微窄一点,第三根线和第四根线之间的距离最宽,比第一根线和第二根线的距离多一倍。

嘎玛赤列演示在习字板上写字

嘎玛赤列所用的习字板、打线器和竹笔、墨瓶

我写了那么多年藏文,有一点这样的发现:藏文书体很多,每个人所写又不尽相同,我觉得没必要搞太多的书体,所以需要规范。十三世达赖的时候,已经规定了六种书体。虽然雄赤派、尼赤派、乐赤派、康赤派四大派系,每个派书法各有特色,但必须有宗派根源

和传承后人,自己随便发明书体是不行的。一个藏文的书法家,可以在自己门派的基础上再发展和变化字体。但书法家和传承人是有区别的,传承人写的字必须有宗可循、有脉可续。

书写藏文书法的工具和用品也很重要,如果不会运用好工具,根本写不出好字来。藏族也有"文房四宝",大体与汉族的"文房四宝"相同,但是藏文书法不用砚台。笔主要是用竹笔,墨事先泡制好,装在墨瓶里。纸为藏纸,现在也用内地的宣纸。练习藏文书法,还需要一个练习板。然后要有一把好的刀,刀是专门削竹笔的。还有研

嘎玛赤列书写藏文的工具和材料

嘎玛赤列书写藏文

磨颜料的工具，装文具的盒子，等等。

竹笔的笔尖是有讲究的。写乌金体的时候，从左往右切，写乌梅体的时候，切法就不一样，如果不懂这个的话，写出来的书体不好看。竹笔买不到，要自己做，自己削。选好竹子，要加工，然后削出来，笔尖的宽窄和斜度根据需要写的字的书体、大小来定。然后在笔尖中部劈一条缝，作为墨槽，再修边，最后切出笔锋。切笔锋的关键是必须一刀切成，不要拖泥带水。练习藏文书法，必须学习削笔技术。藏文书法的优劣与削笔技术的高低有一定关系，所以藏文书法家十分重视削笔技术。

竹笔写起来不太快，写法上有一些讲究，用食指和拇指握笔，拇指稍微转动，该粗的地方要粗，该细的地方要细，这是一个最重要的关键点。

墨汁也很重要。西藏林芝地区有个地方叫贡布，这里有一种松树，含油高，当地烧火做饭就烧这种树，可以收集燃烧后的烟灰来做墨。牛奶提炼出来的奶渣烧煳了，也可以做墨。还有朱砂、绿松石、金、银，这些也可以研磨了用来书写。墨汁装在墨瓶里，墨瓶讲究的有用银做的，也有用玉做的，再讲究一些的，还会镶嵌上一些玛瑙、松石、珊瑚等。

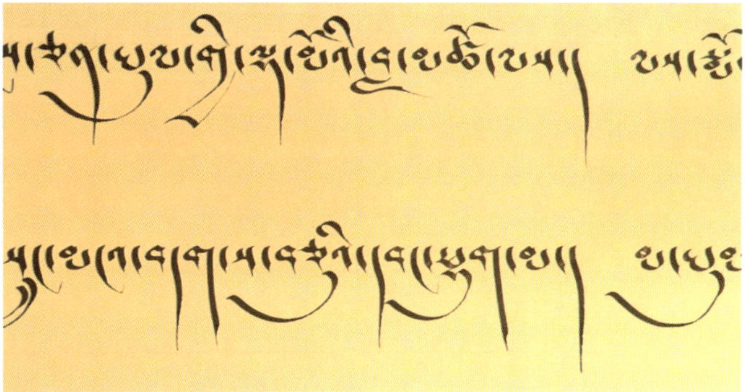

嘎玛赤列的作品

藏纸是用狼毒草的根做的,因为狼毒草本身有毒,所以制成的藏纸不怕虫蛀鼠咬,而且我们制成的纸质地坚韧厚实,适合竹笔书写,能留存很久。有一种特别的纸,藏语称为"丁秀",是把几张纸叠在一起,放在浆糊里泡几次,粘在一起之后涂一种蓝色矿物颜料,然后打磨光滑。书写重要书籍和文件的时候,一般会用这种纸,而且一般会用金、银、珍珠、玉、珊瑚等粉末调汁来写。

我花了三年的时间,用"聚吾钦软"(相当于印刷体)、簇通体(短脚行书)、簇仁体(长脚行书)、朱匝体(行书)、毕促体(楷书)、草书体、美术新体、吾钦新体八种藏文书体写了宽四十八厘米、长一百三十多米的书法卷轴。从2002年至2005年的三年时间里,我用八种藏文书体,敬录了藏文文法《三十颂》和著名的《萨迦格言》。"美术新体"是我创造的书体,我还改革了"吾钦新体",使藏文印刷体能像汉字一样写入方格或长格内。

维吾尔文书法

"维吾尔"表达的是"团结""协助"的含义。维吾尔文书法历史悠久，古代维吾尔族人用回鹘文、维吾尔文撰写了大量著作，其中不少手抄本都是以书法作品的形式保存至今。

现在的维吾尔文是在不断改进的察合台文的基础上形成的，主要书写形式包括：正体、乃斯黑体、茹克体、库菲体、苏鲁斯体等字体。这些书法字体根据不同的文字内容、书写风格，被广泛应用于维吾尔人生活的各个方面，达到艺术和内容的统一，并有较高的文化价值和艺术价值。

2013年，维吾尔文书法入选新疆维吾尔自治区第四批自治区级非物质文化遗产名录。

库尔班江·肉孜·舍伊达义

新疆维吾尔自治区代表性传承人

库尔班江·肉孜·舍伊达义（1969— ），男，新疆维吾尔自治区非物质文化遗产代表性项目维吾尔文书法代表性传承人。

采访手记

访谈时间：2015 年 1 月 3 日

访谈地点：国家图书馆（国家典籍博物馆）

受 访 人：库尔班江·肉孜·舍伊达义

采 访 人：刘东亮

2015 年年初，正值国家图书馆"我们的文字"展览举办之际，闲暇时分，我们采访了库尔班江老师。他西装笔挺地坐在我对面，说话干练又不失内涵。库尔班江老师只会简单的汉语，所以我们请随行的翻译作为我们沟通的使者。但是这并不妨碍整个采访效果，总体气氛还是比较轻松愉快的。兴致所至，库尔班江老师还在现场飞文染翰、挥笔疾书。

库尔班江老师自小爱看维吾尔文的书法作品，经常参加书法培训班。后来在机缘巧合之下，师从尼亚孜·克里木先生，开始专业地学习维吾尔文书法。为了让书写工具更顺手，库尔班江老师对桑皮纸进行了改进……所有这些经历，他为我们娓娓道来。

库尔班江老师为人认真严谨，不苟言笑。对于维吾尔文书法艺术，他有着自己的态度，就是一定要继承传统，不断创新。书法艺术只有多样化的发展，才能适应时代的变化。"我会肩负起传承的责任，琢磨下一代传承人的发展方向。之后我会更加努力，写出更多具有代表性的作品。"

库尔班江·肉孜·舍伊达义口述史

杨宵宵 整理

我的学习经历

我于 1969 年 3 月出生在新疆，今年四十五岁。我父亲是个体户，做些小生意，母亲六十五岁，是个家庭主妇。我的祖父、祖母都是农民，但是听我父亲说，我祖父曾在城郊的乡村里当过大队负责人。我和我爱人是同班同学，1989 年到 1991 年一起在新疆石河子供销学校上学。毕业之后，我们一起被分配到喀什地区茶畜公司工作，到现在还一直是同事。我有两个孩子，都是女孩。小女儿正在读初二，大女儿今年（2015 年）考大学，她从小就喜欢英语，还参加过英语培训班，所以准备报考英语专业，往这方面发展。

1980 年，我上小学的时候用新文字写过书法。当时在喀什第十三小学，老师要求我们在黑板报上写字，我用新文字写了维吾尔文中"花盆"一词，并写成了花盆的样子。由于这个词的第一个字母是T，我就按照字母书写规律，把字母接连画成几个小花盆，整个字看起来又像个大花盆。

不过，新文字也就持续了一两年，我1982年小学毕业，上了初中，新文字被废除了，维吾尔文书法又回到了老文字。那时我们学校订阅《新疆少年报》，这份报纸分老维吾尔文和新维吾尔文两个版面，老维吾尔文版面经常刊登学生的书法作品。而我就是因为经常看这些书法作品，才慢慢喜欢上了维吾尔文书法。后来，我逐渐开始临摹各种报纸、书刊上的大标题，还有发表在《新疆少年报》上的那些学生书法作品。

小知识：老维吾尔文和新维吾尔文

1959年，我国设计了以拉丁字母为基础的维吾尔文新方案，后因推行条件不成熟而废止，维吾尔族继续使用以阿拉伯字母为基础的原有文字。由于以拉丁字母为基础的维吾尔新文字的一度存在，所以现行的维吾尔文也曾被称为"老维吾尔文"。

（参见国家图书馆中国记忆项目中心编著：《我们的文字》，清华大学出版社，2015年，第50页。）

我经过一段时间的临摹、抄写之后，感觉自己挺有进步，写得也不错，每年新年或者什么节日的时候，我就在明信片上写祝福语送给同学、朋友。后来我的书法在学校也小有名气，不少同学都让我在他们的明信片上写一些好的谚语、名人名言，等等。当时有些同学准备送给美术老师的贺年卡也是我写的，那些贺卡到了老师的手里以后，老师一看，字写得还挺好看的，值得多培养。得知是我写的书法以后就找我单独谈，还把我送去了书法培训班。1986年，一个偶然的机会，我的初中美术老师发现了我对书法的爱好，就专门把我送到了喀什市文化馆办的一个书法培训班，提升我的书法水平。

书法老师对我关爱有加

到了培训班之后，我的第一个老师是文化馆的书法辅导员买买提·玉素甫老师，他看到了我对书法的热情以后很感动，第二年假期他自己开培训班的时候，还亲自去我们学校把我带回去，准备再培训我一个月。当年培训班很少，书法老师也不多，喀什市文化馆每次举办书法培训，买买提·玉素甫老师都会把我叫上。这是老师对我的关怀，这些培训班确实对我的影响也非常大。

每一次培训班结束之后，都有结业考试，然后老师会对学员上交的书法作品进行评价。当时，买买提·玉素甫老师发现我的书法基础很好，值得再继续培养，就把我介绍到《喀什日报》编辑部的美术编辑居马·阿布都拉老师那里，从此以后居马老师亲自教我书法。我一辈子都会感谢买买提·玉素甫老师对我的鼓励，以及他为我做的一切。

居马·阿布都拉老师是当时喀什很有名的一位书法家，担任过很多大小比赛的评委，也是《喀什日报》编辑部的美术编辑。居马·阿布都拉老师做事很认真、很勤奋。有几次我拿我的书法作品去请他指教，都看到他在连夜加班，一个字、一个字地研究即将出版的书和标题字。这让我体会到书法不是那么简单的，真想练好字必须要勤奋、踏实地练习，还要有坚持不懈的毅力。在他的努力下，《喀什日报》一期比一期做得好，他的认真、细心也影响了我的一生。一直到现在，每当我手握笔时，他的身影仿佛依旧在眼前。

1989年，我考上了新疆石河子供销学校，学校位于石河子市，离乌鲁木齐不远，我经常去乌鲁木齐市见时任自治区书法家协会副主席的尼亚孜·克里木①老师，请他点评我临摹的书法作品。他觉得我很有潜力，一直鼓励我继续写书法，还教了我不少有关书法的专业知识。后来，我拜他为师，真正开始专业地学习维吾尔文书法。

尼亚孜·克里木老师是中国书法家协会理

① 尼亚孜·克里木（1948— ），维吾尔族，国家二级美术师，中国书法家协会理事。擅长苏鲁斯体、库菲体、塔里克体等多种维吾尔字书体，继承维吾尔传统艺术风格，并融会汉字的书法技巧，其作品曾多次入选第二、三、四、五届全国书法篆刻展。

事,新疆维吾尔自治区书法家协会常务副主席,新疆丝绸之路书画院副院长。虽然他现在已经退休了,但是他对我们年轻人的关怀、帮助非常大,他培养的徒弟一个个走向了新疆各地。我以后还是会加倍努力、竭尽全力钻研书法这一行,不会辜负他的希望。

书法学习

书法培训班的教学很严格,老师每天只教一个字母的写法,然后让我们上百遍地练习写这个字母。一期培训班大概是一个假期的时间,按照每天学习一个字母的进度,大概到培训结束能学习三十来个,练完全部的字母需要一个多月。对于维吾尔文而言,写好字母很重要,因为字母是维吾尔文的骨架,骨头架子搭不好,字是写不好的。我从初中一年级开始参加培训班,总共参加了两期,一期在寒假,一期在暑假,共学习两个半月。第一期培训班我们基本上只学了各种字母的写法,第二期开始慢慢学习了单词、词组、句子的写法。

当时新疆还没有专门的书法教材和参考书,想要自学写字或者书法理论都是比较困难的,只有去培训班才能学到。所以培训期间,老师经常带来一些好的作品和自己的书法集,让我们欣赏、借鉴,并且会给我们讲一些字母构架、书写姿势等理论知识。1983—1984年,尼亚孜·克里木老师在《新疆艺术》杂志上发表了一些有关维吾尔文书法理论的文章,直到那时我们才真正接触到书法理论知识。

平时不上培训班的时候,我都自己下功夫练习,临摹大书法家们的作品。练书法要坚持,一天不练都不行,一直到现在,我还都在学习,不断提高自己的水平。我办公室和家里的书房都有专门练字用的写字台,一般情况下,下面垫块儿羊皮,用水在那上面写艺术字,这样可以节约纸和墨,长期以来我一直都这样练。这个方法是我自己发明的,我也推荐给学生,他们都很喜欢,也在用这种方法练习书法。

维吾尔文书法的选题比较复杂,也很讲究,需要阅读大量的书籍。大部分选题主要出自《福乐智慧》等经典作品中的名言名句,要从中选出倡导求知、美德等内容的谚语。十年以来,我一直都在编写《福乐智慧》的精髓部分。1982 年,《福乐智慧》已经翻译成维吾尔文出版了,目前我编写的《福乐智慧之精髓》书法书已经出版了四册,第五册和第六册的出版工作也正在开展。

传统书写工具的改进

从 2007 年开始,为了让书写工具更好地配合维吾尔文书法的书写,我对纸和笔进行了研究,将它们进行了处理和改进。

桑皮纸①是历史悠久的一种传统纸,历代以来的各种作品基本都是在桑皮纸上写的。后来这种纸的制作濒临失传,被列入国家级

小知识:《福乐智慧》

《福乐智慧》是维吾尔族古典长诗,也是第一部用回鹘文(古维吾尔文)写成的大型文学作品,内容包含治国、求学求知、美德等多方面,涉及面比较广,其作者为维吾尔族诗人、思想家玉素甫·哈斯·哈吉甫(约 1010—1092)。"福乐智慧"译为"带来幸福的知识",作者认为知识和智慧奠定了做人的基础,掌握了知识和真理就可以促进社会幸福。《福乐智慧》流传至今的抄本有三个,分别为维也纳本、开罗本和纳曼干本。

① 桑皮纸,古时又称「汉皮纸」,起源于汉代。由于其以桑树皮为原料,故被称为桑皮纸,纸张柔韧、防虫、不褪色、吸水性强。新疆维吾尔自治区吐鲁番地区和安徽省潜山县、岳西县等地善于利用桑树皮为原料造纸。2006 年,桑皮纸制作技艺被列入首批国家级非物质文化遗产名录。

非物质文化遗产并得以保护。和田①善于用生宣纸②，但事实上生宣纸很容易让墨汁化开，并不利于维吾尔文书写。为了解决这个问题，我曾专门前往和田，向制作桑皮纸的师傅请教制作宣纸的技巧、方法。我了解到，在纸生产出来之后，要用淘米水等材料对纸进行加工，并用玉石把纸磨平使其更加平滑、亮泽，写起字来就不容易溢墨。经过我们的不断改进，原来桑皮纸只能写一小张书法作品，现在已经可以大张大张写出来了。

①和田桑皮纸，新疆和田地区使用和制作桑皮纸的历史较为久远。
②生宣纸，没有经过处理的宣纸，有较强的吸水性和沁水性，易产生丰富的墨韵变化。

书写照片

使用的笔是木笔,用木头、竹子做成。传统的笔上没有小道和洞,就是普通的竹子片,所以吸墨效果不够好,正是为了改进这一点,后来才加上了小洞。并且维吾尔文书法要用硬笔写,软笔不好写,而那时候的笔相对较软,在和田桑皮纸上写字有些困难,写出来的字也不太好看。所以,我自己做了一种笔,我用万能胶把排笔①加固,把底子硬化,这样写起字来很舒服,也很方便。这次我带来的好多作品都是用我自己做的笔写出来的。除此之外,由于我们维吾尔书法艺术属于硬笔书法艺术,用这种改造而成的笔,可以写在宣纸和其他薄纸上,笔尖可以随意扩大,字同样清淅。

① 排笔,用并列的一排毛笔或几只毛笔制成,用于绘画、粉刷等用途。

制作排笔

排笔

　　传统笔是一代代传下来的，古代抄写作品都是用这种竹笔完成的。但是在现场写字的时候，我喜欢用自己做的这种笔，因为这种笔可以把字写得更大一些。从 2001 年开始，到现在十几年了，为了配合现场表演写出比较大的字，慢慢就改进出了这种新笔。刚开始这种笔没有图案花纹，后来为了美观，才在上面添加了一些图纹，比如巴旦木的花纹等。

> **小知识：巴旦木纹样**
>
> 巴旦木纹样来源于巴旦木，又名巴旦杏，是产自新疆的一种干果，主要产自天山以南喀什绿洲的疏附、英吉沙等县，古时也被称作扁桃。据记载，巴旦木出自波斯，树高达"五六丈""宽四五尺"，叶片宽大，三月开白花，花落结果，果实似桃子，但形状扁平，故有扁桃之名。巴旦木果仁营养价值高，具有较高药用价值，被维吾尔族人民珍视。

颜料方面，以前的书法家们从各种植物中提取染料，基本上是黑、蓝、红三种颜色。近五年来，克里木·霍加[1]老师从伊朗引进了一些书法用的颜料，自己研制出了新的彩色颜料，有绿色、褐色、蓝色、咖啡色等五种。人们可以根据自己的喜好和要求，从克里木老师研制出的颜料当中买到喜欢的颜料。而现在我们自己也会配不同种颜色写字，更方便了。

维吾尔文书法的发展

维吾尔文书法史可以追溯到一千多年前著名的文学家麻赫默德·喀什噶里[2]那里，他就是《突厥语大词典》的作者，《突厥语大词典》是在一千多年前用察合台文[3]书写的作品。这种语言现在也还在用，喀什师范学院还开设了察合台文课程，有很多人懂得这种文字。由于纳瓦依[4]的作品全部是用察合台文书写的，所以我参照他的诗歌也写过几幅察合台文书法作品。

[1] 克里木·霍加：1963年5月出生于新疆库尔勒市，曾任新疆音像出版社美术编辑，现任新疆维吾尔自治区老年干部书画协会副主席，是著名书法家。

[2] 麻赫默德·喀什噶里，喀喇汗王朝著名的回鹘学者、语言学家和文学家，后人对他的生平所知甚少。他于11世纪初出生于喀什噶尔的贵族家庭。年轻时他在喀什噶尔求学，后来远赴七河（流经中亚巴尔喀什湖东南地区的七条河流）地区、伊犁河谷和锡尔河地区详细考察，广泛搜集了语言、文学、历史、地理及习俗等资料，并于11世纪70年代完成了《突厥语大词典》的编纂工作。

[3] 察合台文，是一种以阿拉伯字母为基础的音素文字，出现于13世纪，共有三十二个字母，其中二十八个字母来自阿拉伯文，四个字母借用波斯文。

[4] 纳瓦依（1441—1501），全名Alisher Navoiy，音译的汉语名字有多个版本，本文译为尼扎木丁·阿里舍尔·纳瓦依。中亚诗人、思想家，代表作《法尔哈德和希琳》等。

小知识:《突厥语大词典》

《突厥语大词典》创作于喀喇汗王朝时期,是一部由麻赫默德·喀什噶里用阿拉伯语解释突厥语词的综合性词典,完成于11世纪70年代。该词典含7500个词条,条目释文中除语音、词义演变、语法结构、例句之外,还收入大量成语、谚语、民歌、叙事诗、散文等片段。该词典采录范围广泛,包含民族政治、经济、历史、地理、文化、哲学、伦理等内容,所以《突厥语大辞典》不仅是突厥语研究的重要参考,还是研究喀喇汗王朝历史、地理、宗教、民俗等内容的珍贵文献。

现代维吾尔文字就是在不断改进后的察合台文基础上形成的,党的十一届三中全会后,在党的民族政策的正确指导下,维吾尔文字经过多次改革,形成了适应当今新时代的现代维吾尔文字,同时维吾尔文书法艺术事业也得到了很大的发展,维吾尔文书法艺术的花儿也开始盛放。如今喀什市有很多书法家,大概二三十人,其中有些人是当年跟我一起学书法的,还有些人是我的徒弟。从2010年开始,我们每周末或者每个月会聚在一起一次,大家带上自己写的字,相互交流沟通,学习指导。我们经常研究维吾尔文书法的优点,进一步发展维吾尔文书法。比如,把维吾尔文书法艺术与汉字书法艺术相结合,学汉字书法艺术及装潢,用宣纸写书法等一系列先进技术,在我们喀什维吾尔文书法家中已普遍,由于宣纸很薄,用硬笔写字非常难,我做的笔基本解决了这些问题。各族书法家经常聚在一起,互相交流经验,谋共同发展目标。到现在,这样的聚会已经坚持很多年了,我们一起研究书法的发展,研究如何在传统字体不变的前提下推陈出新,更美观地写出艺术字,等等。

除了讨论书写技巧,我们也讨论书法理论。现在我们研究国际水平的书法作品,先在网上搜索相关理论研究并翻译成维吾尔文,再进行学习。为了使维吾尔文书法与国际水平接轨、参加国际性比赛,必须学习理论知识并学以致用。

维吾尔文艺术字体

现代维吾尔文书法中的字体基本上都已经规范化，我没有对字体进行创新，我觉得这么多年传承下来，总是要先把所有的字体学完学好才可以创新。

我提倡的是一个人先专攻一种字体，学到头，学扎实了再学下一个，目前我正在练苏鲁斯字体。写字的时候，一般要先想好内容，之后进行构图，完成构图之后才能开始写。有些作品光构图就需要几个月，有的则只需要几天。像苏鲁斯字体，就必须要提前构思好，现场直接写是写不出来的。因为这种字体艺术感比较强，字母的变化比较大，各种形状的字母怎么安排都得仔细考虑，这种字体是真正能考察一个书法家水平的。维吾尔文书法一般是自下向上写，从左往右写，只有苏鲁斯体方向不一样，可以从上向下，或者自右往左，但就是不能从左往右地写。

小知识：苏鲁斯体

为阿拉伯语音译，意为"三分之一"，也译为"三一体""三分体"。该体端庄、高雅，其字体高大而豪放。书写时词与词、字母与字母可以互相交叉、重叠，或串联、盘缠在一起，其中有一半以上的字母有2—3种写法，且能以花草、树木、水果、人物、鸟兽、建筑或自然风景等形象编织成变种字体。故书写技术难度较大。阿拉伯人称苏鲁斯体为"书法之母"。苏鲁斯体的应用范围比较广泛，诸如书写《古兰经》的章名、经文警句、机关单位的牌匾、书刊的题目，以及各种商业、文艺、体育广告等。穆斯林家庭中的装饰如中堂、匾额、壁挂、镜框等也常使用苏鲁斯体书写。

评价苏鲁斯字体书法，主要有四个标准：第一，看每一个字母是否都符合其标准写法；第二，要看书写的内容是否有价值；第三，看整体是否美观、具有艺术性；第四，还有一个讲究就是，标准的苏

鲁斯字体有字的部分和空白部分要各占 50%。能达到这四点就是比较好的苏鲁斯字体书法了。

目前，维吾尔文书法字体基本上规范化了，但苏鲁斯字体比较复杂又多形多变。虽然字体灵活、富有变化，但变化的是字的构造形式，已经规范化的字母是不能随意改变的。

塔丽克字体经常被用来抄写古典名著，尤其是诗歌作品。现在有一些单位的标牌和喀什维吾尔文出版的杂志和书的封面字，也经常选择手写体。我经常给一些单位写标牌，同时，我作为《喀什文艺》《新疆文化》等杂志的美术编辑，要负责设计封面和标题字。那么，写这些字的时候我一般都选择塔丽克字体。

还有一种双胞胎字体，字母两边对称，看上去好像是背靠背，评价这种字体的时候，就要看两边字母的对称度。库菲字体的特点也比较多，它是方正的，在喀什经常被用于装修房子时悬挂的装饰边中。还有一种象形字体，内容写的什么，其形状也是什么形状。比如维吾尔文的"和平"一词，其形象就很像一只鸽子。

之前，维吾尔文书法研讨会上已经提出书法边框必须画出装饰性的边框图案，我自己也会画艺术字边框的装饰性图纹。一般来说，花边都是些比较有民族特色的花纹，我一般会从参考书里挑选、借鉴。装饰纹样的图案可以自行创作，但是必须要和维吾尔文化相关，哈萨克族、柯尔克孜族也有花边装饰图案，不能混着使用。有一些大众群体喜欢的维吾尔族图案，比如巴旦木图案、石榴花图案等经常被选用为边框。不过，首要的还是要先把字写好，其次才是画好边框图纹。

我有五十多幅作品获过奖

目前我创作了二百多幅作品，在所有的作品中，我说不出哪一幅是我最好的作品。其中让我印象深刻的，一个是我的第一幅作品，1986年6月刊于《新疆青少年》报的以《祖国母亲》为题的库菲字体书法作品。再一个，就是在我第一次个人展中展出的十几幅作品，这些作品也是我比较满意的，一直被我收藏至今。

举办个人书法展是有一定难度的。首先要准备足够多的高质量作品。其次，要准备场地，租展厅的费用也是一笔不少的花销。最后，参展的书法作品必须要裱起来，装裱费用也需要不少。而且，在我准备举办第一场个人展时，我所在的畜畜公司遇到了资金困难，我下岗了，这又加重了资金上的困难。后来，我去地区文联寻求帮助，他们给我提供了场地，并帮我发出了倡议书，帮助我向社会各界征集资金。在企业家们的资助下，我筹集了一万多元钱，并用这笔钱去乌鲁木齐最好的装裱处装裱了作品。一个月后，我于1999年9月在喀什市文化馆举办了我的第一场个人展。对我来讲，这是印象特别深刻的一次展览，很多媒体都采访了我，文艺界和社会对此次个人展的评价也很好。今天我也带过来其中的部分作品，比如《珍惜美好的青春》。

捐赠作品

每年我都积极参与自治区和市里书法家协会举办的各种美术书法展览，目前我有五十余幅作品获得了世界级、国家级、自治区级和市级的奖项。例如，自治区书法家协会于1997年在哈密举办了第二届新疆书法比赛，当时刚好是香港回归期间，我的作品《繁荣富强，祖国兴旺》荣获了一等奖，我还去哈密领了奖。那是我第一次获得自治区级最高奖项，这使我非常激动，至今难以忘怀。2013年韩国成立了国际语言文字协会，举办了一个大型的书法展。当时自治区书法家协会带了十位维吾尔文书法家的作品在韩国展出，其中就包括我的作品。这些作品被刻写在该协会旁边一个公园的石碑上，这也是件很了不起的事情。

最近的一次获奖，是我今年（2015年）在由韩国举办的一场国际展览中获得了三等奖。参展作品是一首诗，一位著名古典文学家的长诗。我的书法作品也还应邀参加过美国、马来西亚、印度尼西亚等国家的一些展览，并且获过奖，但都只是送去了作品，我自己没去过。最近铁木尔·达瓦买提①副委员长的一些诗歌翻译成汉文、阿拉伯文之后，维、汉、阿三种语言的书法作品在美国、德国等国家展出，其中维吾尔文部分有我写的书法作品。我希望以后能在国外大城市举办自己的个人书法展。2016年4月我荣获新疆维吾尔自治区最高艺术奖——第五届"天山文艺奖"。②

①铁木尔·达瓦买提（1927— ），男，维吾尔族，新疆托克逊人。曾任新疆托克逊县县长、中共托克逊县委第一书记、吐鲁番中心县委副书记、新疆维吾尔自治区人民委员会副主席、第五届新疆维吾尔自治区人大常委会副委员长、国家民委副主任等职务。

②该获奖经历是传承人于2017年审稿时补充。

一直到现在我还在带徒弟

我从1992年开始带徒弟，一直到现在还在带。我有几个在全疆范围内比较有名的徒弟，比如我的开门徒弟阿不力克·木江，第三个徒弟艾尔西丁，现在都在乌鲁木齐。

我收的徒弟，大多是通过熟人、朋友的介绍或推荐才过来的，很少有自己直接来找我的。经介绍来了之后，我还要看他们够不够格，再决定带不带。我收徒弟主要有几个方面的要求：第一，看他到底有没有兴趣，是真的感兴趣还是一时兴起、心血来潮过来学？第二，书法这一行需要极大的耐心，所以要看他能不能坐得住，能不能一直坚持练下去。第一点很快就能看出来，第二点就需要一段时间的观察和了解。第三，我还要看他肯不肯吃苦、下功夫。第四，我需要考察他知识面的宽度和深度。写书法需要从名著中选出精髓部分进行书写，多读书是很有必要的。

我教徒弟就在家里进行培训，不开设培训班。一开始我会给他们一本关于字体标准规范的书，然后布置抄写字母的作业，让他们练习，我再指导、点评，每隔一两周更换作业内容。我的徒弟基本都是这么练的。

文字展捐赠作品

十多年前不管是小学生、中学生，学书法的都非常多，但近些年来学书法的基本都是大学生了。我觉得学书法要趁早，小时候学底子能打得扎实。以前我们上学的时候每周都有一节书法课，近些年来已经没有了,那么,我就想能不能从小学或者中学开设相关课程? 目前,各类小学已实行双语教学,书法课也已经进课堂了,我们的书法艺术事业日益发展,我们一些书法家也学汉字书法艺术,我们坚信我们的书法事业,今后将更好地发展。

现在我成为了维吾尔文书法的传承人,我感到很荣幸。无论哪个民族的书法艺术,都是我们伟大祖国优秀文化传统的一部分,是中华民族的精神文化财富。我希望能为实现中国梦、为掀起学汉字书法的高潮,献出自己的一份力量。由于我从小上维吾尔语学校,所以学汉字书法对我来说较难,但我们决心起码向汉族书法家朋友学一种字体。今后,用双语搞书法的书法家,一定会涌现。我会肩负起传承的责任,琢磨后一代的传承人的发展方向。之后我会更加努力,写出更多具有代表性的作品,更加严格要求自己,严格要求徒弟们。如今我四十五岁,从事书法艺术已有三十五年,我最大的愿望就是五年之后,我五十岁时能用我最优秀的五十幅作品来举办自己的个人展。

吾买尔·艾力

新疆维吾尔自治区代表性传承人

吾买尔·艾力（1954—　），新疆维吾尔自治区和田地区策勒县人，新疆维吾尔自治区非物质文化遗产代表性项目维吾尔文书法代表性传承人。吾买尔·艾力从小喜欢书法和绘画，在父亲的影响下，刻苦学习书法，渐渐地掌握了书法的要领，同时还学习绘画。他巧妙地把书法和绘画结合在一起，在书法的四周绘图使其更加突出主题。他还擅长做葫芦画，并创作了许多作品，多位画中的主人公如司马义·艾买提，还收藏了他的葫芦画。

吾买尔·艾力曾参加策勒县迎接党的十五大和香港回归美术书法展，获得一等奖。他的作品《祖国颂》在和田地区欢庆党的十六大美术书法摄影展中获得三等奖，在『人民杯』全疆书法大赛中获得三等奖，并在和田地区庆祝新中国成立六十周年美术书法摄影展中荣获优秀奖。

采访手记

访谈时间:2014 年 9 月 22 日
访谈地点:新疆维吾尔自治区和田地区策勒县
受 访 人:吾买尔·艾力
采 访 人:范瑞婷

　　吾买尔·艾力老师家有一个小院,里面有一棵葡萄树,秋季正好是吃葡萄的季节,我在这吃到了有生以来最好吃的葡萄。在这里,我们也看到了他漂亮的书法作品,可谓是口福和眼福俱享。吾买尔老师是个多才多艺的人。据说他从小受到父亲的熏陶,他父亲既是画家,也是书法家。他从小对绘画、书法、音乐都很有兴趣。在访谈结束后,老师分别用热瓦甫和都塔尔为我们演奏了音乐。另外,他的葫芦画也特别好看。临走的时候,他特意送了一个给我们做纪念。跟老师在一起的短暂时光,真是一次艺术的享受。

　　老师的妻子汉语很好,以前老师写书法时她经常帮他查找对应的汉字,近几年生病,瘫痪在床。老师现在很大一部分精力都要花在照顾妻子上,所以他的书法等工作都受到影响,非常辛苦。他本来想办一个葫芦画的个人作品展,把这门手工技艺展示给全国乃至全世界,也因此搁置。祝愿阿姨的身体早日康复,也希望老师能更好地发挥他的才艺。

吾买尔·艾力口述史

张宇 整理
玛英 翻译

我的启蒙老师就是我爸爸

我叫吾买尔·艾力,1954 年 11 月 18 日出生,家乡是策勒县①,我爸爸是五十七岁去世的,妈妈二十四岁去世。爸妈有四个儿子,我是家里的长子。

我爸妈都是老师,在他们的熏陶下,我对维吾尔文书法艺术有了兴趣。除了书法,我对绘画、音乐也特别感兴趣。小的时候爸爸只要给我钱,我就去买书画方面的书。我小学、中学到中专都是在策勒县上的,后来在新疆文化艺术干部学校学习文化管理。

我从小到现在一直从事和绘画、书法艺术相关的工作。刚开始时学习演奏热瓦甫②,县里成立文工团时,我被邀请成为文工团的成员。我在文工团工作七年,之后在文化馆工作。我到

① 策勒县,位于新疆维吾尔自治区和田地区,昆仑山北麓,塔克拉玛干沙漠南缘。
② 热瓦甫,维吾尔族、乌孜别克族弹弦乐器。

文化馆工作以后，一直按照自己的爱好从事创作绘画和书法艺术方面的工作。

我的老师就是我爸爸。我爸爸是书法家、画家和音乐家，他无论是画画还是写书法，作品都非常好看，我从小就看着他的作品临摹。我爸爸在画画时，我也模仿他的画，也练习书法，练得很多。我只要有时间，就练习画画。

吾买尔·艾力的工作室

我从小到现在一直对画画、书法艺术有浓厚的兴趣，始终没有中断过。第一幅比较完整的书法作品是1987年创作的，内容大概是"美丽的乌鲁木齐，充满了饱满的生活气息，是人民的希望"。这个作品参加了国际丝绸之路博览会。

学习书画专业不容易，因为我很喜欢书画，所以把一个作品做得比较满意时，心里很高兴。看见我作品的人都说，画得太像了，太好看了。这些称赞对我来说是一种鼓励，让我更加努力地投入绘画、书法事业。学习无止境，我到现在还在学习。我的朋友们都从事绘画、书法和音乐方面的工作。我爸爸是我的启蒙老师，也是我成长的指导老师，后来的合作伙伴。每次我完成一幅满意的作品时，我爸爸也很高兴。后来我比爸爸做得好，所以有些作品我们两个商量细节后由我来完成。

①民考汉，指少数民族考生在高考时使用与汉族考生同样的试卷。对应专业及民族有相应加分。

爱人特别支持我的事业

我爱人是维吾尔族，是民考汉①，从小到大上的是汉语学校。她在策勒县人民电影院工作，管理放映机并负责放电影，是电影院的首席技术员。她特别支持我的工作，对书画也很感兴趣。虽然她上的是汉语学校，但是她学习过书法，能用维吾尔文写书法。

我的两个儿子也是上的汉语学校，也是民考汉。他们也喜欢画画，画得也很好。他们的作品也参加过展览。

我经常练习书法，没有怎么帮助做家务，我爱人从来没有埋怨过我。我是根据电脑上的汉字形状，写汉文书法的。以前没有电脑的时候，基本上靠词典。比如，有人让我写牌匾上的字，会用纸先把汉文写给我。因为我查字典比较难，我爱人根据纸上的汉字，把所有的字从词典里给我一一找出来，于是我根据词典上的字把汉字用书法形式写出来。

我看词典写字是因为词典里的字比较标准、清楚。只要给我从词典里把字查出来，我看着词典写，就不会写错字，别人也找不出我写的字的毛病。因为我们是维吾尔族，所以知道怎么写维吾尔文。汉字较复杂，字体较多，必须写出标准的汉字笔画。写字时看着用词典查出来或用电脑打出来的字写，不会出错。

我基本上靠自己的能力进行创作，我爱人支持我、帮助我。刚才我忘了说一件事，以前电影的放映信息都写在广告板上，我爱人会把电影的名字用维吾尔文、汉文写出来，而且写得很好看。我爱人支持我的事业，我也很努力，常跟朋友们交流经验。

不过,最近三四年,由于我爱人得病瘫痪在床上,我的工作受到了影响,无法专心从事自己的书画事业。照顾一个瘫痪的病人太不容易了,压力很大,影响了我的书画创作。今年(2014年)11月18日,我就六十岁了,但书画是我到现在都没有中断的专业。

维吾尔文书法的特点

维吾尔文书法有悠久的历史,种类也很多,一般有二十四种书法体,我能说出名字的有十七种。这二十四种我都会写,但是最近五年由于我主要精力是照顾爱人,有些书法体的名字忘掉了。其中三种用于印刷、牌匾,它们是迪瓦尼体①、苏鲁斯体和热伊罕体。这三种书法体可以用于印刷书籍和报刊,其他的字体主要用于观赏性的美术创作上,很少用于印刷。这二十四种字体中最主要的就是迪瓦尼体、苏鲁斯体和热伊罕体。这三种字体最标准,而且比较易读。只要是有文化、上过学的都会读,其他字体比较复杂。

机关、单位的牌子一般用迪瓦尼体,比如策勒县文化馆的名称就是用迪瓦尼体。迪瓦尼体,也叫直体、黑体。用于牌匾,也用于报刊、书籍。苏鲁斯体像河水一样弯曲,也用于报刊。热伊罕体也一样,但是一般是用迪瓦尼体。

① 『迪瓦尼』为阿拉伯语音译,意为王朝宫廷、衙署、行政机关,故称公文体或宫廷体。这种字体中的字母均呈斜形,字母开头部分中的齿状笔画带钩。其中有的字母可写得很大,有的字母笔画可自上而下拉得很长,写出的字很美观。

维吾尔文书法跟绘画结合,有很多花纹图案。

我有个作品,内容大概是:人民军队保卫人民,人民没有对手。在这幅作品里,人民军队的字体写得像一挺机关枪,而机关枪扳机的图案正是由"人民"二字组成。一般的人认不出来是什么字,但是仔细看,每个线条都是字。书法的文字在画里可以表达。

用尺打格

有的文字边上有雕刻图案,比如上面有一行字:"军民是一家,世上无对手。"中间的艺术点缀是互相串联的圆形图,表示军民的团结。它的中间还有一个花纹图案,全是花,表达的是军民团结,世界变成绽放的花。这是个有深层意义的作品。

与绘画结合在一起,加一些花纹,书法会很好看。这跟一个女人把头发整理好,并戴上一些装饰更好看,是一样的效果。

维吾尔文字从右往左,自上而下写,用木笔就可以写字。有句话说:流淌的水,够用的才能。就是尊重自然规律,有什么本事,就做什么,就这个意思。斜线从左往右写,刚开始学写字,用木笔。我们教的孩子也是先用木笔练字,要不然不会用毛笔写字。

用木笔时,从头到脚才够写一个线,用毛笔写字,这种线可以写出很多。毛笔是熟练后用,而木笔是刚学的时候用,要不然不好学。

作品内容基本上是团结稳定、知识等方面。写的内容根据时代的变化而变化,开始的时候主要是写学知识方面的内容。

昨天我写了一个书法,是"时间走了,幸福也跟着走了"。因为时间不会回去的,时间过了就过了,这是跟时间有关的书法。

比如说我们还有这样的成语："年轻时多学知识,年老时会用上。"现在写的基本上是稳定与团结为主题,比如"用法律治理新疆,保持长久稳定"。以前社会需要什么写什么,现在我照顾病人,偶尔写书法。因为爱人有病,我现在基本没有时间。有活动必须让我参加时,我把我爱人吃的、喝的放在她能拿的地方就去,有的时候只能这样。

我会写拉丁文字,现在叫新文字,我当时也写维吾尔文新文字书法。写了一段时间,后来(20世纪)80年代又恢复用老维吾尔文字母。我们采用拉丁化的新维吾尔文字时,我刚学习书法。后来恢复老维吾尔文后,我的书法艺术更加成熟了。

我会用四种书写体写阿拉伯文,字体跟维吾尔文的都一样,汉文用电脑写。虽然我不太懂汉文,但汉字书法写得很好,好多人还称赞我。阿拉伯文用《古兰经》的字写,英文查词典可以写。虽然有些字看不懂,但阿拉伯文可以模仿,因为字体与维吾尔文是一样的,维吾尔文来自阿拉伯文,但读法不一样。有的书法作品里字体大的是维吾尔文,上面字体小的是阿拉伯文。

吾买尔·艾力书写维吾尔文书法

刻苦学习,热爱书画

自治区画家协会主席阿布都克里木·纳斯尔丁①来和田举办过三个月的培训班,包括我在内的和田的书画爱好者都参加了这次培训。具体的时间我忘了,在培训班学习了三个月。1987年,我上的新疆文化艺术干部学校,学习群众文化管理专业。学校有绘画、书法课,但是由于给我们上课的老师的书画水平不如我,学校邀请我当书法老师。我给学员讲了书法知识。这是我工作后参加的学习。

书画是个艰苦的事业,如果不努力、不刻苦训练,做不出满意的作品。世上无难事,只怕有心人。从小到现在,我一直从事书画事业,一直在努力,但是自己还有很多不足。不能因为有了一点成绩就停止努力,学习无止境嘛。要活到老、学到老。

只有不断地刻苦练习,才能写好书法。还要靠眼睛,仔细观察,找出不同点,这对于写好书法很有用。每个人的观察能力是不一样的,作品中表现得也不一样。书法、绘画不会出现水平退步的问题。最近我画了树林,有流淌的河流。树林看似是固定的,但是有了河流就比较生动。这是自然的树林和河流。

绘画与书法有很多相似之处,虽然它们是两个专业,但是它们是两个分不开的专业。书法家也有做不了的事,因为有些雕刻的、美化装饰的书法细节只有会绘画的人才能做。因为我懂绘画与书法,所以我把这两个很好地结合在我的书法作品里,而且很顺利地完成。如果

① 阿布都克里木·纳斯尔丁(1947—),维吾尔族,新疆乌鲁木齐人。油画家,国家一级美术师,任中国美术家协会理事、中国美术家协会油画艺术委员会委员、中国油画学会常务理事、中央美术学院硕士生导师、新疆艺术学院美术学院院长、新疆油画学会主席,曾任新疆画院院长。第六、七、八、九届全国美展油画评委。第四、五、六届全国美代会代表。第八届全国人大代表。

一个书法家不会绘画,这些美化装饰的艺术因素无法体现在自己的书法作品里。①

绘画与书法都有各自的特点,画家塑造形象,很难。书法不复杂,而绘画太复杂了。书法有固定的形式,可以根据固定的线条来写书法,而绘画没有,画家根据自己的理解、观察和自己的思维给物体塑造形象。因为每个物体都不一样,千变万化,所以绘画太难。我快六十岁了,一直在画画,但是我画的画比较简单,不太完美。

① 维吾尔族书法家喜欢在自己的书法作品里添加很多点缀来提高作品的观赏性。(译者注)

② 葫芦画是一种古老的工艺美术品,起源于宋代,兴盛于清朝康熙年间。在中国民间,葫芦一直被视为吉祥物,在吉祥物上赋诗作画,是人们喜闻乐见的形式。在葫芦上刻画和装饰的艺术称为"葫艺"。

用葫芦画展示才能

我从小到现在一直从事书画事业。绘画、书法作品在网上很多,只要会计算机,你就能画出作品,所以我想,应该做点计算机不能完成的事情,于是开始做葫芦画②。经过努力,我完成了很多葫芦画作品。

葫芦画是一种艺术创作,用墨、铅笔把想画的图案先描出来。它的画法与其他画都是一样的,但是创作风格不一样。我在学习创作葫芦画过程中,没有什么特别的地方,但是思维方式比较特殊一点,画出来的葫芦画表现得丰富一些。我先用铅笔画出来,然后用电烙笔一个点、一个点地电出来,电出画的深浅、明暗。每个人的思维、对事物的认识不一样,所以画的也不一样。要用自己的判断力、功底来创作作品。

每个人画的方式、思维方式不一样,画的内容表现的也不一样。看这个葫芦画,人家一看会认出这是斯大林,这是列宁,这是恩格斯,这是马克思等。每个人的脸型不一样,人跟人长得不一样。绘画是必须仔细观察才行。找出不一样的地方是个问题,需要观察。双胞胎有相似之处,但还是不一样。所以鉴别、区别很重要,也很难,特别是对作画的人较难。

2008年,为迎接奥运会我准备了三箱艺术作品:一箱是画,一箱是葫芦画,另一箱是书法作品。准备出发去乌鲁木齐的时候,我一个孩子突然去世了,没去成。葫芦画里有很多我的发明专利,我以葫芦艺术品为主准备展览作品。我的葫芦画里有中外体育明星的头像,包括篮球、排球、台球明星等。画拳击手时有出拳的动作图案,篮球明星有投篮的动作。不过由于没有经过明星本人的允许,作品不能给别人,也不能卖。

2008年,我用葫芦作画主要是因为葫芦是农民种在田地里的一种植物,我们纯手工制作,不用任何现代化工具。葫芦画因为是手工艺品,只要不摔碎、不碰火,画的颜色不会掉,是个天然物品。画葫芦画也是为了把我的手艺展现给世界。我本来打算举办个人作品展后,把我的葫芦画赠送给我画的明星,包括我国篮球明星姚明等。我的目的不是为了挣钱,而是把自己的手工技术展示给全中国、全世界。

在新疆做这个的可能只有我。在策勒县有人做葫芦画,和田也很多。葫芦画里有很多我的发明专利①,别人是不能做的,更不能拿到市场去卖。我要是到法院告人家,是合理的。当然只要我不说话,别人不管。由于我的爱人得病卧床,孩子又去世,没有办成展览,更无法把我的作品赠送给相关明星。我现在由于照顾我爱人的病,别人仿做葫芦画并销售,我已无能为力。

但是,有人找我想学习葫芦画,我会教他们,我教的徒弟很多。

好多人说:在和田这样的地方还能有人画出这样的艺术品?有的人相信,而有的人怀疑。

① 我国的专利申请分为三种类型:发明专利、实用新型专利和外观设计专利。吾买尔·艾力老师的葫芦镶嵌艺术品申请的是实用新型专利。

有句话讲得好:力量从哪里来?是锻炼而来。知识从哪里来?是学习而来。只要我们努力学习,不管我们住哪儿,都能用上,是金子总会有发光的时候。我们多练习、多努力、多学习,就能达到预定的目标。

赠送给国家图书馆中国记忆项目中心的葫芦画作品

我的好多作品被文工团的人拿走了,家里还有很多。我的计划是到北京展览后把作品赠送给相关的明星,我能具备这样的艺术天分不容易,我的好多好作品被放在家里太可惜了,我实在是很难受,做这些不容易呀。是谁的画像,就赠送给谁该有多好。

我这儿画了哈孜·艾买提[1]的葫芦画,他也没有见过,他是国际上有名的画家。伊宁的艾萨姆(维吾尔族讲笑话的名人)我也画了葫芦画,他已经去世了,也没法给他了。有的作品被别人带走了,没有带走的还有很多,都在家里。这样放在家里没有任何意义,艺术品是需要欣赏的。我做了三个毛主席的葫芦画,两个被别人带走了,没要钱。

①哈孜·艾买提(1935—),维吾尔族著名画家,任第九届全国人大代表、中国文联委员、中国美术家协会顾问、新疆文史馆名誉馆长、中国维吾尔历史文化研究会和中国油画学会常务理事等。

参加展览

2003 年,新疆自治区文化厅下发通知,要求把我的作品带到乌鲁木齐参加展览,通知下发到和田地区宣传部。和田地区宣传部的一个人、还有文化官的一个人来我们家,把我的作品带到乌鲁木齐,我的作品代表和田地区参加了展览。展览是在乌鲁木齐国际大巴扎举办的,开幕式上新疆自治区歌舞团的演员表演麦西来甫①歌舞,尼亚孜·克里木·肖克②讲话,哈孜·艾买提剪彩。我参加了六天的展览后回到和田。

在县公安局有一个汉族小伙子叫胡建东,油画画得挺好。我很尊重他,有时我绘画时他帮助我,提出自己的意见,指出要改善的地方。他经常帮助我,我们互相交流经验,最近他调

① 麦西来甫,维吾尔语中意为「集会」「聚会」,是维吾尔族人民集取乐、品行教育、聚餐为一体的民间娱乐活动。
② 尼亚孜·克里木·肖克（1948—），维吾尔族书法家,擅长多种维吾尔文书体,中国书法家协会理事,新疆自治区书法家协会常务副主席等。

为庆祝中国共产党成立 81 周年所作作品

到乌鲁木齐工作。在我们县里,还有一个叫何建平的好朋友,他在县宣传部工作。我们一起承担县里的一些宣传任务。其中的维吾尔文由我来写,汉文由何建平写。在和田地区举办的展览我们经常一起参加,展厅里有我的作品,也有他的作品。跟我交往的都是书法家、画家和音乐家。

我由于看东西、写字太多了,小字看得不是很清楚,视力弱化了。我的好多作品为了参加展览被和田地区文化宫带走了,洛浦县也说有展览就拿走一些作品。你们要是能看看这些作品该多好。

只要热爱和努力都会学好

我带的徒弟大概有三百多个,和田的所有县都有我的徒弟。城里有,农村也有,学书法的人很多。学徒各行各业的都有。我一共开了二十九次学习班,每班有三四十个学生。不是所有参加学习班的孩子都学得会书法,四十个学生里,有一半的学生学习不错,其中七八个孩子学得更好,还能进步。

我给学生讲书法、绘画和音乐。讲书法课时,从头开始教写字。每个字母怎么写,讲得很清楚。也讲理论,实际练习多一点。培训结束后,举办书法比赛。我的这个院子、房子就是课堂,学生在这儿学习。

我们的维吾尔文有三十二个字母,基本上一天可以学完一个字母的多种写法。一个月全部学完是没有问题的,有的徒弟还可以成为不错的书法家,写得难看的,也能纠正过来。

学得好的徒弟很多,有的还开专门的书法作品销售店,挣了钱。有一个徒弟在洛浦县,专门开店经营书法作品。我们这儿也有从事书法工作的,有人问:"写得不错,跟谁学的?"他就说:"跟吾买尔江(指吾买尔·艾力)学的。"人家说:"你跟老师写得差不多呀!"他就说:"我写得比老师好。"他们的口气挺大的。和田地区所有的县都有学得好的学生。

只要热爱书法,并多练习、多努力,就会学好。不学不行,为了多练习,必须努力才行。艰苦地练习、孜孜不倦地练习,才能达到预定目标。所有事都这样。

一个人的观察和另一个人的不一样,找出不同点,准确画出来才像真的,别人也不会看错。

我教学生,也讲理论。例如写一个字,为了写好这个字,防止写歪,先画出线,高度也画个线。这样写的字比较整齐。迪瓦尼体用毛笔写时直线从上而下,这样才能写好书法字。刚开始学时,在纸上用木笔写。练好了以后,过渡到用毛笔写字。木笔的头是斜的,抓笔时太直的话写不好字。抓得太低时,写不好上面。抓笔要准确,需要一定的功底,熟练了以后才能用毛笔写好字。

我的目的是把我的事业传给后代,所以我办了培训班。人是早晚都会死的,学习一个专业没有那么容易。学成后光自己做事业是

吾尔买·艾力为中国记忆项目中心书写"中国记忆"留念

不好的,必须留给后代。为了这个培训班,我在电视上做广告,贴招生通知。到现在还有人说,开个培训班教教我的孩子吧。我的爱人得病卧床,我哪儿有心思还开班。这事儿太难了,现在我的注意力全在爱人身上。我的爱人已经病了五年,根本动不了。

我对钱不太感兴趣

我不卖作品,对钱不感兴趣,就是喜欢艺术。

我以前工作时,好多人找我。做完一件事后曾经挣过一千多元。现在给粮食局的仓库写字,有汉文,也有维吾尔文。一个墙面给一千元,还有三个仓库的字没有写。以前挣的钱都给妻子治病用了。

所有认识我的人都了解我,我的工资是每月四千五百元。之前电脑出现的时间不太长,机关单位的门牌、私人的店面用的书画都是我做的,都是我设计,我来写。现在用手写的人不多了,都用电脑了,设计好了以后就可以打印出来。

我自己设计,维吾尔文自己写,汉文问找我写字的人。无论是隶书、连笔字、黑体字,都可以在电脑上设计好后给打印出来。我看着打印出来的样子,就可以模仿写出来,写的一样。

多才多艺

我想说的是,我的年龄已经大了,学会了很多手艺,但为最后没有一个好的结果而发愁,心里很难受。做了那么多的艺术品,如果有机会去北京举办个展览,然后把我的所有作品赠送给画的主

吾买尔·艾力弹奏都塔尔

人公,是我的愿望。

我的目的不是为了挣钱,而是让更多的人欣赏我的手艺。司马义·艾买提①把自己的葫芦画带走了,还有很多人的葫芦画还存放在家里,希望以后有机会送出去。我现在最大的愿望是治好爱人的病,照顾好她。我创作的作品,在新疆的所有地区都有保存。有的是书法作品,有的是葫芦画等。凡是有点名气的人,手里都有我的作品。

我喜欢乐器、魔术,还喜欢杂技,曾经担任策勒县民间艺人协会主席。我在文工团工作七年,会演奏热瓦甫琴,如果想听我现在就可以给你们演奏。

(热瓦甫和都塔尔的音乐响起……)

① 司马义·艾买提(1935—),新疆策勒人,曾任中共中央委员、国务委员、第七届全国政协副主席、第十届全国人大常委会副委员长。

彝文书法

彝文是彝族人民创制的古老文字，属于音节表意方块字，在明清以来的汉文史志中，常被称为爨文、韪书、罗罗文、毕摩文等。从结构上看，传统彝文有点、横、竖、撇、弧形、圆形、曲线等笔画，造型结构较为简明。1975年，四川凉山彝族自治州以喜德语音为标准音，以"圣乍"话为基础方言，制订了四川《彝文规范试行方案》，确定了819个规范文字，并设计出"彝语拼音符号"，便于注音学习。1980年国务院批准该方案，目前已在四川彝族地区推广使用。

在漫长的历史发展过程中，彝族先民们用竹签、麻秆、羽毛杆、杉木笔为工具，以羊皮、木简、竹简、纸张为载体，书写下自己民族的历史，形成了丰富的碑刻铭文和彝文典籍。近现代以来，则兼用毛笔、钢笔作为书写工具。另外彝文古籍多为传抄，因传抄者用笔手法上的差异，形成了各不相同的书写风格。

彝文书法以毕摩世袭传承为主，主要分布于四川、云南、贵州等彝族地区。其书写形式主要有倒置法、反置法、立置法三种，一般是从上到下书写，从左到右排列。从目前四川规范彝文书写来看，所写的彝文字都是竖立着的，字体俊朗，在起笔、运笔、笔顺上与云南、贵州、广西的彝文有着明显区别。

2009年，彝文书法入选第二批四川省非物质文化遗产名录。

卢拉伙

四川省代表性传承人

卢拉伙（1965—　），男，彝族，四川省凉山彝族自治州盐源县泸沽湖人，四川省非物质文化遗产代表性项目彝文书法代表性传承人。

卢拉伙毕业于四川省气象学校。早年受前辈的影响，学习绘画、诗歌等。1988年开始自学彝文，研习彝文书法艺术与彝文书法理论。1992年开始参加全国各地的彝文书法展览与比赛，获得过各种奖项。

卢拉伙以楷书、行书、隶书和自创体四种书体进行规范彝文书法的艺术创作，逐渐被书法界认可，被彝学界称为『彝文书法的开拓者』『中国彝文书法理论研究第一人』，出版了中国第一部《彝文书法研究与彝文碑刻临摹》和《规范彝文书法字帖》等著作，并且带动了一批新的彝文书法爱好者，为彝文书法和彝族文化的传承做出了贡献。

采访手记

访谈时间：2014 年 10 月 2 日
访谈地点：四川省盐源县
受 访 人：卢拉伙
采 访 人：戴晓晔

卢拉伙老师是非物质文化遗产彝文书法的省级传承人。从青年时代起，他逐步对彝文书法产生了浓厚的兴趣，几十年来一直沉醉其中，以此为乐。在采访和拍摄过程中，我们随卢拉伙老师回了一趟老家，那是美丽的泸沽湖畔，纳西族、藏族、彝族、普米族等少数民族聚居生活的地方，优美的自然风光给了卢拉伙美的熏陶，使得他的人生和美紧紧联系到一起。

彝文诞生后的千百年时间里，一直没有人对彝文书写规律及美学原理进行总结，并使之理论化。有感于此，卢拉伙老师便一直致力于钻研彝文书法艺术，"刚开始学习彝文书法的时候，找不到学习资料和名家范本，后来找了一些毕摩老经书来抄写，从中得到了很多彝文书写的方法和规律"。

卢拉伙老师的书法作品题材多样，不拘一格。每年从进入腊月开始，在其家里求写彝文春联、字幅的人就络绎不绝，这也是一种很好的传承方式。"作为彝族的文字，有那么悠久的历史，自然会有它生存的空间。彝文书法将来肯定是大有可为的。只要有人心甘情愿地去继承和发扬这种艺术，我就觉得很欣慰了。"

卢拉伙口述史

刘东亮 整理

我叫卢拉伙,四川省盐源县人,生于1965年8月,是四川省非物质文化遗产代表性项目彝文书法的传承人。

我的彝族名字叫阿鲁拉伙,是日古阿鲁[1]家族的后裔。我们日古阿鲁姓氏,音译成汉族的姓氏,有卢、罗、安、马、韩等,各个地方都不一样。主要的原因是1956年彝族地区开始进行民主改革,工作队在翻译彝族姓氏的时候,依据当地的情况定了不同的姓氏。我家里面,有妻子和一个女儿。我妻子没有工作,女儿大学毕业以后,今年(2014年)去凉山州雷波县当老师了。

我们盐源县以前隶属于西昌地区[2]管辖,后来行政区划变动,于是随西昌地区并入了凉山彝族自治州。在十年前,盐源县汉族的人口占主要比例,但是近五年来,彝族人口的数量远远超过了汉族,可以说盐源县目前也是彝族聚居的主要县市之一。

① 日古阿鲁,日古阿鲁家族是日古六子(阿鲁、说惹、普韦、信韦、木日、胚莫)中的长子家族,属于彝族"古侯"部落的一个大家族。

② 西昌地区:1955年西昌专区划归四川省,专署驻西昌县。1970年西昌专区改称西昌地区,地区驻西昌县。1978年撤销西昌地区,将西昌、德昌、冕宁、会理、宁南、会东六县和盐源彝族自治县、木里藏族自治县划归凉山彝族自治州;米易、盐边两县划归渡口市(攀枝花)领导。

我从小在泸沽湖边长大,我们居住的地方,藏族、彝族、纳西族和汉族杂居在一起,各种民族文化相互交流、相互融合,所以各个民族的文化不一定分得很细,比如说语言,我从小就会彝语、藏语、摩梭语、纳西语和汉语,不是我特意去学的,而是在生活当中耳濡目染就学会了。其实有很多语言是很相似的,比如说我们彝族的火钳,用彝语说就是"嘎尼",摩梭语就是"嘎里",纳西语是"嘎木",实际上都很相近的。语音近似的甚至是相同的,意思也有可能不同,比如一个音在彝语中指的是"石头",在其他民族语言中指的却是"泥巴",也有这种情况。再比如跳舞,我们那个地方每个民族都会跳舞,那个时候没有电灯,所以大多数村寨,晚上用山上的松明拿来照明,在睡觉之前,大家就坐到一堆喝酒、唱歌、跳舞之类的。所以别看各个民族的风俗都不一样,但是久而久之,共同居住的时间长了以后,从不同到相近,甚至有些就相同了。

我现在想起来,小时候的生活对我的艺术生涯有很大的影响,尤其是泸沽湖这种山清水秀的生活环境,让我从小就很向往美好的事物,促使我在启蒙的时候,就产生了学画的这种观念。最开始的时候,我学了汉族的绘画、诗歌和雕刻,后来我又学习了书法。在学书法的过程当中,我就想起小的时候,我经常到舅舅家里去。因为我母亲家是世袭毕摩,所以我舅舅们都是毕摩,他们家里就有很多彝文经书的手抄本。虽然那时候我不认识彝文,但是我觉得彝文书写起来很漂亮。这些生活经历对我以后的艺术创作,产生了很大的影响。

① 经信局,经济和信息化局的简称,负责地方经济贸易管理、信息化管理工作。

我毕业于四川省气象学校,当时毕业分配的时候,把我分配到盐源县气象局当观测员。工作了四年以后,我改行到乡镇企业局当秘书,后来升职当办公室主任。在乡镇企业局工作期间,我曾经到乡上挂职做副乡长,期满以后又回到了原单位上班。我们乡镇企业局,曾经更名为中小企业局,后来又合并到现在的经信局①。在办公室的时候,我做的是文字工作,后面大部分时间是做行政管理工作，一直到现在。

在我的工作生涯当中，我转了那么多单位，基本上年年都是优秀员工。因为我知道做任何一件事情，都必须认真对待。你既要做工作，也要搞研究，有时候是很困难的。但是传承彝文书法，完全是出于我对本民族文化的热爱，所以也没有什么可后悔的。

彝族的字辈

我们彝族有句谚语："汉族吃生意，彝族吃亲戚。"就是说汉族是靠做生意，来维持自己的生活，当你穷得没吃的了，就必须要做生意来自救；而彝族是靠亲戚，你没有吃的了，你就去寻求亲戚的帮助，以这种方式来维持生活。

彝族很讲究家支①，那么早在彝族先辈有了名字以后，彝族的字辈②就已经存在了。在新中国成立以前，如果你不会背字辈的话，任何地方你都走不通，其他家族也不会容纳你，也不可能帮助你，但是只要你能记下你的字辈，那么大家聚到一起就知道，你是本家族的人。所以不管遇到什么困难，整个家族都会来帮助他。彝族的这个传统是很优秀的，直到今天依然是这样。大家坐到一起，就相互问你是从哪儿来的，是哪个家族的，这两句话是非问不可的。一问这两句以后，就从攀亲的角度来考虑了，我们两个是什么关系。字辈就是这样一代代传承下来的。

我们彝族的孩子，不管是儿子还是姑娘，在三五岁的时候，就强行开始背诵自己的字辈，小孩儿记忆力好的话，一二十天就记住了。

①家支，即家族支系，是彝族地区对父系血缘家族集团的称谓。家支以父子连名制的谱系为纽带，由家、支、个体家庭组成。家，彝语称『楚加』或『楚西』。家下分若干支或若干房，彝语称『楚布』。支下是若干个一夫一妻制的小家庭，彝语称『楚尼』。

②字辈，专门用以记载家族世系人名的排行。也就是说，同辈的人，在他们的名字中都有一相同的字，而将世代轮回用字加以编排，就是字辈谱。

那么大一点过后，二十来岁的时候，已经可以开亲①娶媳妇了。那么媳妇家的字辈，你也要知道。你不知道的话，怎么晓得我们两家开亲了呢？你到媳妇家去的时候，你背不出她们家的字辈，谁来认可你呢？所以在彝族开亲的过程中，字辈也是相当重要的。现在好多彝族人以自己的家族为荣，比如说我到哪儿去人家问我，你是哪个家族的？我就说是日古阿鲁家族的，这个家族是很了不起的，我崇拜我的祖先。每个家支都是这样，过去只是在家族内部流传，现在有点大众化了。今天一见面不管你认不认识，第一句就问你是哪个家族的，这个似乎已经成了一种问候语了。

①开亲，结亲，订婚，彝族传统婚俗礼仪。

②《妈妈的女儿》，彝族民间抒情长诗。该诗以抒情的方式诉说了凉山彝族妇女悲惨的一生，向人们揭示了她们在奴隶社会里的必然命运。凉山彝族妇女几乎人人都能吟唱。它又是婚礼习俗的一部分。妇女出嫁前几天，同村的姐妹好友陆续邀聚其家，陪伴新娘吟唱。吟唱多在晚上，辄至深夜不止，哀切动人，被称为彝族妇女的"哭嫁歌"。

　　我们彝族在民族节日期间，或者是在某一个重要的场合，比如婚丧嫁娶的时候，大家用诗歌的形式来比赛，这个家支和另一个家支之间，比一比家支的历史、自己家族的英雄人物等，完全用诗歌来表达。我们彝族人当中，有很多爱好诗歌的作者，他们受民族传统文化的影响，决心把传统继承下来。比如说口传文化，我们彝族有《妈妈的女儿》②这么一本书，实际上在很早之前就成书了。现在民间根本找不到这本书，仅仅只是保存在博物馆里面，但是我们这里任何一个地方的彝族妇女，都能用民歌的形式把《妈妈的女儿》唱出来，但她们根本不认识彝文，也没有现成的书，为什么能够背下来呢？完全就是前辈和后辈之间，以口头文化的形式传承下来的，所以说口头文化的力量是很强大的。

与彝文结缘

　　小时候我没有学过彝文，只是看过彝文的经书。我是从1988年开始自学彝文，到现在已经近三十年了。这期间我每天都在坚持不懈地学习，积累了很多学习彝文的资料。我一般练习书法的时间，是每天早上五点到八点。我只要在家里，这个时间段的学习是雷打不动的。白天的工作时间内，我就把彝文书法放在一边。因为一个人不可能不工作，只做自己喜欢的事。再者，家庭和亲戚关系各方面还要处理好，所以我选择了一个最经典的时间段，早上五点到八点之间，这个时间段一是时间上比较充足，二是精力上比较充沛，三是不影响周围人的休息。

从 1988 年到 1990 年，我在同时练习汉文书法和彝文书法。1990 年我参加了中国书画函授大学北京分校的书法函授学习。通过为期一年的学习，我发现汉文书法是从临帖开始的，而且有很多临帖本，但彝文书法就没有范本。所以从 1991 年开始，我就从民间搜集彝文资料，比如说借一些毕摩经书来复印，找一些碑刻来临摹。当时我找到的第一块碑刻是《水西大渡河建石桥碑记》①，它的复印件在贵州，朋友们把照片传过来，然后我把照片放大，再用毛笔重新填写，就这样临帖学习。这样学习，久而久之就形成了我个人的一种书法风格。

① 『水西』，指的是贵州西部乌江上游鸭池河以西的广大地区，包括今日毕节市大部和六盘水市一部的乌蒙山区，素为彝族居住地。《水西大渡河建石桥碑记》立于明万历二十年(1592)，是贵州大方大渡河上建桥时所立，碑文以彝汉双文并碑而立。彝文 1972 字，原毕节地区民委彝文翻译组将其译成五段汉文，前四段记载妥阿哲(汉文史籍称『济火』)部彝族支系蜀汉时期迁入水西地区后的历史沿革、文治武功、疆域范围及风俗习惯等内容，第五段记载建桥缘由。

卢拉伙临摹彝文经书

①入帖、出帖，书法创作继承论用语。「入帖」与「出帖」相对应。入帖，指临帖学书过程中，由生到熟，由约到博，逐步掌握范本的精神体貌。出帖，指临帖学书过程中，由熟到生，消化、吸收、融会贯通，自辟门径，独创风格的过程。

现在我每天都在临摹前人的书法作品和字帖。因为手生了也不行，所以每隔一段时间，我就必须重新临帖。从汉文书法的角度来说，每一本帖从入帖到出帖①，必须要专一，直到临写熟练这本帖才能临写另外一本帖。但是为了研究彝文书法，我只学习汉文书法的方法，所以可以只入帖不出帖。任何帖我都可以拿来练习，从中学到的东西，基本上都用到彝文书法的创作和研究上。

彝文的传说

关于彝文起源的传说众说纷纭，各地都有不同的说法。我们四川盐源有这样一个传说，彝文是阿苏拉则毕摩创造的。阿苏拉则跟着一只神鸟学会了彝文以后，多年来在一个岩洞里闭门修整经书，最终成为一个优秀的毕摩。这则传说其实说明了阿苏拉则只是彝文的整理者，并不是创造者。在新中国成立以前，我们彝族的文字，全部掌握在毕摩的手中，其他人是不能学习和传承文字的。而且毕摩是世袭传承，经书也是不外传的，所以只有毕摩才能够增补和完善彝文。

卢拉伙跟彝族毕摩交流经书中的彝文书写

通过我这几十年的接触和研究，我认为有些传说是正确的。在彝族的创世诗《勒俄特依》中，记叙了女人创造了彝文。那么怎样创造的呢？男女产生爱情以后，女人在山林里面等待男人，等待的时间太长了，就在树木上做了个记号，表示我已经到过这了，但是我等的时间很久了，由于你没有来，我就走了。彝文的起源我还是认可这个传说，它从侧面说明，在母系氏族以前，彝文就已经存在了。这些传说大多数都是口传，也有记载在彝文经书里面的，但是很多是不完整的叙述，有的仅仅只是一两句，就这样一代一代地被传抄下来。

其实形成文字是一个漫长的历史过程，文字从创造开始到完善，并非一两百年的时间就能完成，可能历经千年甚至更长的时间。粗略来讲，世界上每个民族的文字都是从图画开始的，从图画简化为符号，再从符号逐渐规范为文字，就是这个过程，我们彝文也是这样。

彝文的书写工具和内容

彝族传统的书写工具，主要是以杉木片笔、竹签笔、麻秆笔、羽毛管笔、松尖笔为主，它们都属于硬笔。硬笔主要讲究的不是吸墨，而是写出来的线条。

彝族传统的书写工具

每一种笔使用的年代都不一样，比如说最先用竹签笔、杉木笔书写文字，后来因为麻秆笔比较绵软，容易吸墨，所以就逐步推广使用了。新中国成立以后，在大的范围内，彝族传统的书写工具已经被淘汰了。我们基本上用的都是铅笔、钢笔、圆珠笔之类的，我自己抄写经书，也不用传统的笔了，因为书写速度太慢，蘸一下墨，只能写一两个字。尽管如此，我作为一个传承人，还是有责任把传统的东西保留下来，所以我尽我所能去传承彝文书法。并且直到今天为止还有很多毕摩，从来都不用现代的书写工具，他们还是继续用传统的书写工具。

彝族传统的书写材料——木片

彝族传统的书写材料——竹简

彝族传统的书写材料——骨头

关于书写的材料方面，彝族最先用的是树叶、竹简、木片和骨头等。后来开始用草纸，现在基本上都用宣纸了。当然传抄经书也有用皮纸的，用羊皮、牛皮做成的，这种纸很少，因为皮子太厚了，也不好保存。以前，彝族用的都是自制的墨，主要是用锅烟制成的。当时老百姓不是烧明火嘛，然后锅底下就有锅烟，他们把锅底烟刮下来，然后在每年三四月份的时候，把松树尖取下来搅碎，然后用水和锅烟调制而成。后来制墨的方法有了发展，开始用锅烟和青靛来做墨。用这种传统的自制墨，书写之后更加有光泽，而且不容易褪色。

新中国成立以前，文字掌握在毕摩手里的时候，主要有三种书写内容：第一种是毕摩经书，以长卷书写经书作品；第二种是短卷，比如说契约之类的；第三种是摩崖石刻①或碑文，现在我所见到的就是这三种形式。其中碑刻这部分基本上都是叙事性的内容，而落款虽然没有名字，但是有日期，比如说有"虎"年"虎"月"虎"日这种，以十二生肖轮回纪日，一周十二天是一个生肖，轮回三次是一个月，轮回三十次就是一年。但是以十二属相这样循环，时间不是那么准确。那么现在就不一样了，各种各样的内容都有了，基本上跟汉文书法接近，有诗歌、谚语等，比如说有"一帆风顺"或者是"吉祥如意"的内容，这在以前是很难得的。

①摩崖石刻，中国古代的一种石刻艺术，指在山崖石壁上所刻的书法、造像或者岩画。

现在的规范彝文教学

任何一个民族的文字，不管从运用角度上，还是从传承角度上，规范都非常重要。虽然彝文在规范的过程中，有很多近音字、近似字、同义字，用一个字代替了，这有点可惜，但是从历史发展的角度讲，它适应了时代发展的需求。

规范彝文取得了哪些成绩呢？第一，它进入了世界文字库；第二，它被国家批准成为彝族通行的文字；第三，在广大彝族地区得到了普及和应用。比如说我们凉山州有很多农村里的老百姓，他不懂汉字，但是他毕竟懂得彝语，一旦他懂了本民族的文字，通过彝文这个平台，他就可以了解最新的农业科技，然后利用这些便利条件去改善自己的生活。

① 四旧是指旧思想、旧文化、旧风俗、旧习惯的统称，含贬义。

虽然实行规范彝文仅仅有三十年左右，但是通过这三十年，我们翻译和整理了很多彝族的典籍，有力地促进了彝族文化的传播。在我们彝族地区，很多彝学院毕业的大学生，在积极地研究彝文，他们决心继承和发扬本民族的文化。同时他们也影响了很多没有读过大学的人，这其中就包括了我。我没有上过彝学院，纯粹只是出于对彝文的爱好。今天跟我一样，专门从事彝文书法研究的人大有人在，这一点我很欣慰。

在继承老彝文的基础上，规范彝文迅速地普及和应用。原因是过去只有毕摩才掌握文字，现在规范彝文普及以后，人人都可以使用。但是翻译彝文老经书，还是只有专家才能做。现在懂规范彝文的人，他能读懂大部分老彝文，但是不精通，目前存在这种问题。

我出生的年代和现在不一样，小时候我们不能学彝文，也没有人传授彝文，尤其在"文革"期间，把彝文经书归为"四旧"①，所以更不可能学了。当时很多毕摩不忍心把经书烧掉，私底下就偷偷地保留了一些珍贵的经书。

毕摩的彝文经书

在我女儿读小学的那个年代，双语教学还没开始实行，当时凉山州尤其是我们盐源县城中心，都是学习汉文的学校，孩子们很少有机会学到彝文。我女儿小的时候懂彝语，结果上了学以后，用彝语交流的机会就变少了。

　　当然现在和过去比起来，完全是一个天上一个地下。现在我们凉山州的小学大部分是双语教学，每周必须上一节彝语课。对于这些小娃娃来说，他们从小就听彝语，再经过学校专业的双语授课，所以能够很容易地掌握彝语和彝文。而且现在很多大学本科和专科院校都设有彝学院，通过双语教学这个政策平台，很多彝族学生可以考上大学了。

凉山州喜德县贺波洛乡中心小学彝文教学

　　过去彝文只掌握在毕摩手中，扩展到民间运用，是实行双语教学以后才出现的，这是个很了不起的事情。从小学、中学一直到大学都有了彝语、彝文的专业人才，但是毕竟太少了。因为在社会上运用彝语的机会不多，学了又慢慢丢失了，这是一个问题。第二个问题是现在有些学校为了应付考试，只是在名义上实行双语教学，书本发给学生了，但是没有教学。这个原因是什么呢？原因是尽管你学了彝文，但是在考试过程中不以主分出现，只作为参考分。比如说你考大学的彝学院，那你必须要参加彝文考试，至于你考了多少分，其实并不重要，只作为一个参考。第三个问题是在实行双语教学过程中，小学很规范，中学缺少彝语老师，而大学教学中为了达到就业率的要求，往往不重视彝语教学。当然有很多大学，给我们民族学生创造了读大学本科、研究生、博士生的机会，这是国家给我们民族的一种优惠政策。未来的发展还是全靠继续实行双语教学，不仅要继续，还应该要扩大。

当然，我们四川省凉山州双语教学有两种模式，分别是"一类模式"和"二类模式"。一类模式是把汉语文作为一门主科开设，其余各门学科均用彝语文教学。二类模式是把彝语作为一门主科开设，其余各门学科均用汉语文教学。在高考的时候，一类、二类模式的考生和普通考生的分数是分开的，这样分开以后，录取名额不互相占用。但是据我所知，一类模式原来只有昭觉、喜德和西昌在施行，今年我们盐源准备招收一个实验班。但是仅有这几个地区，实在是不够的。从传承的角度上来说，作为彝族自治地区，应该继续加大扶持力度，推行宽松的民族教育政策。

彝文书法理论

通过近几十年的书法学习，我积累了很多书写彝文的经验。但是彝文书法不比汉文书法，汉文书法通过几千年的发展，一代又一代的人不断探索和研究，形成了一个完整的理论体系。但我翻阅了很多资料，不管彝文的资料也好，汉文的资料也好，我发现彝文书法还没有成型的理论体系，所以我就把自己学习彝文书法的经验，总结为一整套的理论。

老彝文和汉文书法写法是不一样的，汉文书法装订线是在右边，它是从上到下书写，从右到左排行来写，落款是在左边的。但是老彝文经书的装订线是在左边，书写的时候是从上到下书写，从左到右排行。以前没有桌子，毕摩在抄写经书的时候，他就把纸折叠起来，然后放在膝盖上抄写。毕摩的书写方法与一般的有所不同，他是把立置的字逆时针旋转九十度，从上到下书写，从左到右排列，这样一页一页地抄下来，诵经的时候为了方便阅读，他就把经书顺时针转九十度，相当于把经书立起来，从下往上一页一页地翻,那么阅读的顺序就是从右到左。所有的老经书都是这样的。有很多人不了解这个情况,就认为彝文书法完全没有规律,是任其发挥和创造的,其实不是那么回事。

彝文经书的装订线

彝文经书的阅读规律

汉文书法里面有从上到下、从左到右、先中间后两边、先上下后左右等规矩。彝文书法也有讲究,只是这种规律没有形成文字,也没有在书本上记录下来,它都是口头传授的。比如老毕摩给徒弟说哪一笔先写,哪一笔后写,从哪里开始到哪里收尾,怎么安排字的结构,怎么规定笔画的长短,等等。其实跟汉文书法的教学是一样的。

我归纳总结彝文书写的规律有这么几点:第一,老彝文在书写的时候"字"是"倒下来"的,看的时候要把它顺时针转九十度,"字"就"立起来"了。1980年四川制定规范彝文的时候,没有考虑到笔顺的问题,它统一规定彝文必须直立书写,所以出现了一个倒笔。原来倒着书写彝文时,笔顺是很好的,"字"立起来以后,如果不用倒笔来书写,这个字就写不好。第二,彝文比汉文的笔画少,汉字有几十画的,彝文最多的笔画是八画,最少就是一画,那么笔画越少,这个字就越不好布局,尤其是写大字的时候,你如果掌握不好字的结构,这个字也写不好。我把彝文笔画归纳为直、折、圆、弧、绕五笔,这五种笔画你掌握好了,彝文就可以写好了。第三,彝文也属于方块字,彝文书法和汉文书法的学习规律是一样的,所以我就把米字格运用到彝文书法的教学中,笔画长的不能过长,短的不能太短,必须在米字格内进行练习。

彝文的各种笔画

在彝文书法当中,我们只是借鉴汉文书法中的"书体"一词。其实从彝语角度上来说,"书体"这两个字是另外一种意思,就像你写的和我写的书体不一样,每一个人写的都是一种书体。以前老彝文基本上只有行书和楷书这两种书体,大多数是行楷,行草都没有。至于隶书、篆书,只是在运用过程中,借鉴汉文书法的名词,因为彝文个别字书写起来,有点近似隶书或篆字,所以才这样命名。

以前彝文书法没有题款。即使有落款也是不题名的,而且落款与正文并行,既不提行,也和正文没有区分,只是书写在正文的最后。彝文书法不题名还有一个重要的原因,过去印章只能是执政的人使用,其他人是不能用的,所以传抄的作品也好,自己创作的作

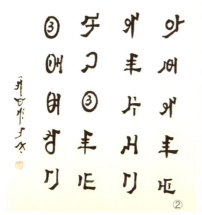

卢拉伙彝文书法作品(汉语翻译大意为:①吉祥如意;②人类靠勤劳,勤劳会富裕;六畜靠食盐,有盐会长肥;③六畜兴旺、五谷丰登)

品也好,最后都没有印章。落款没有名字,我们就不知道这篇字是谁写的,哪怕他是个大书法家,也不会为人所知。现在我们彝文书法与其他民族在书法形式上互相借鉴,使得彝文书法有了很多改变,最重要的是借鉴了汉文书法的落款,有了印章和题名。

练习彝文书法要注意哪几点?第一点是要掌握彝文书写的笔顺规律;第二点是从笔画开始练起;第三点是掌握文字的结构;第四点是必须要用汉文书法中的米字格练习,用格来约束彝文笔法的运笔和结构;第五点是要掌握彝文书法中的倒笔运用。彝文主要的特点是倒笔运用,所以结构安排上必须要掌握好,其他如章法、布局、落款、题款和汉文书法基本上差不多,只要你掌握彝文书法的主要特点,你就能把彝文写好。

彝文书法的传承

彝文书法在 1949 以前完全是世袭传承,甚至是父子传承。1949
以后就有很多种了:第一种是毕摩世袭,属于父子传承;第二种是
国家教学,属于学校传承,学校里面有双语教学;第三种是像我一
样自学,通过自学来完成传承。

毕摩仪式的传承

彝文书法的教学,是我首创的。但是目前我们这里的学校都没
有开彝文书法课,教程更没有。我曾经给西昌学院提了很多建议,
要求把我写好的彝文书法教程,纳入到彝学院的专业教程中。此外
我还向社会呼吁,既然不可能专门设立一个书法学校,我想了一个
两全其美的办法,就是在学校的假期中,政府能不能把彝文教师组
织起来,统一对他们进行彝文书法的培训,把书写的规律应用到彝
文教学当中。这样经过一段时间的培训,彝文书写的传承就能够形
成一定的规模。

我们现在没有办学条件,为了传承彝文书法,我采取了几种办

法:第一种举办彝文书法讲座。我选择了西南民族大学和西昌学院的彝学院,基本上每一年我都要去讲两节课,目的就是传承彝文书法艺术,引导学生们去进一步地认识彝文书法艺术,了解彝文书法的产生、历史演变和发展规律等;第二种举办彝文书法展览。我在西南民族大学、西昌学院、凉山州图书馆办过很多彝文书法展,这样不管是彝族也好,其他民族也好,通过展览的形式让他们了解有这么一种文字,有这么一种书写的艺术,有这么一种祖先留下来的文化遗产;第三种成立了盐源县彝族文化研究协会。我们利用学校的寒暑假,把彝族的学生召集起来,统一学习彝文和彝文书法。上学期暑假的时候我们办了第一期,来参加的人员还比较多,有来自云南省宁蒗县的,有来自四川省成都市的,总共有一百三十五人。第二期、第三期我们准备继续办下去。我们是无偿给学生讲课,我负责讲彝文书法课,彝文课由我们特聘专业的彝文教师来讲。教材我们选的是凉山州语委专门编写的适用教材。在教学的过程中,第一期我们只有图片,以后的几期我们准备把课堂的教学内容用视频记录下来,以实际教学和视频教学相结合,让大家在学校或者其他地方,也可以通过视频来学习。

我举办书法培训班,是为了传播彝文书法。一般我都会选特定的人来参加培训:一是你必须要有一定的汉文书法基础,能够运用毛笔书写;二是必须对本民族的文化有兴趣。

卢拉伙举办彝文书法培训

以前我受云南省宁蒗县的邀请,举办过两期彝文书法培训班。因为宁蒗县是彝族自治县,他们准备通过培训,培养一批具有一定水平的彝文书法人才。当时通知来参加培训的人,全都有一定的彝文和汉文书法水平,所以这两期培训都是有目的有计划的进行。第一期有十几个人,第二期有三十多个人。来参加的人既有小学二三年级的学生,也有五六十岁的老人。小学生来参加培训,是父母想从现在开始,慢慢培养自己小孩的民族意识。中年人来参加培训,是想了解一下本民族的文化。五六十岁的老人来参加培训的目的,主要是想听一下,彝文书写究竟有没有规律,要怎样书写彝文,下一步他在书写的过程当中,应当怎样改进。

① 《直指心经》,指的是《佛祖直指心要节》,作者是白云和尚;这本书是世界上现存最古老的金属活字印刷书籍。2001 年 9 月,被联合国教科文组织列入世界记忆遗产名录。

今年(2014)在宁蒗县宣传部的支持下,我们又组织了全县的彝文书法爱好者,对他们进行了为期十天的彝文书法培训。之后再从这些学员的书法作品中挑选二十几幅,去参加韩国第十一届(清州)直指心经①世界文字书法艺术比赛,取得了不错的成绩。其中有几个年轻的彝族小伙子得了奖,给了他们很大的鼓励。

通过我的培训,确实带动了一些人真正开始学习彝文书法。我自费举办讲座和展览,就是起一个抛砖引玉的作用,目的是激起彝族年轻一代人对我们民族文化的热爱,激发他们去学习彝文书法。

过去参加彝文书法展览的人很少,通过这些年的努力,现在参加的人数逐渐在增多,甚至翻倍了。而且有一部分彝文书法爱好者有了自己的作品。我在西昌学院认识几个学生,以前是不写彝文的,参观了我的书法展之后,就开始自学彝文,后来走上了彝文书法的创作之路。

近些年来,全国各地都举办过彝文书法展和彝文书法大赛,规模不断扩大,评判标准和奖励办法也在不断完善。1992 年在凉山州西昌市,我参加了由国家民委举办的首届"全国四省区(云南、贵州、四川和广西)彝文书法展"。当时我才二十多岁,在获奖者里面算年轻的了,其他获奖者基本上都是六七十岁的老人。所以有些老前辈就对我说,只要你坚定不移地把这条路走下去的话,就一定能够有所成就,因为你是真心喜爱彝文书法。我也通过这次展览,增强了研究彝文书法的信心,所以一直坚持到了现在。

2007 年在中央民族大学,我参加了"中国少数民族语言文字工作成就展",那是 1949 年以来的第一次,规模非常大,当时有很多少数民族的书法作品都在那儿展览。

2009 年以后,我又陆续参加了四川省凉山州的彝汉文书法展、四川省第六届少数民族艺术节书法展、四川省彝学会的全国彝文书法展、四川省西昌学院首届支格阿鲁①杯彝文书法大赛、云南省迎奥运彝文书法展、云南省丽江市老年书画邀请展、云南省红河州首届彝文书法比赛、云南省楚雄州彝文书法大赛、云南省丽江市彝人彝文书法大赛、贵州省黔西县彝汉文书法展、内蒙古中国少数民族文字书法艺术展、韩国第十一届(清州)直指心经世界文字书法艺术比赛、韩国世界八种文字书法特邀展等。值得一提的是,2013 年我的彝文书法作品收录进陕西省的"华夏碑林艺术苑"②。

① 支格阿鲁,又译为支格阿龙,彝语音译,意为龙的儿子。他是彝族神话传说中的一位创世英雄,是全体彝族人民认同的一位伟大祖先。
② 华夏碑林艺术苑,位于陕西省西安市东郊,是由陕西华夏文化促进会负责组织与运行。

彝文书法入选『华夏碑林艺术苑』

彝文书法作品

以前毕摩传教是传内不传外,传男不传女,所以彝族的经书都是家传的。在制作经书的过程当中,我们彝族主要以动物皮为主,比如说用羊皮、牛皮来做经书的封面。我们还会用木头、竹子做经书。不管是什么材料,时间长了都会腐朽,所以在传承过程当中肯定会有遗失。以前经书是靠家族传承的,但是有些家族甚至都已经消亡了,经书就不可能传下来。所以经书传承只能靠传抄,前面的内容快朽了,就赶紧传抄下来,就采取这种方法传承下去。

彝族传统的皮制经书

从今年(2014)开始,我给自己制定了一项工作任务,就是在今年之内抄写一百部经书。到目前为止,我已经收集抄写了九十七部经书。我抄写经书目的是什么呢?第一个目的,是为了学习古彝文。因为我是研究书法的,所以在传抄过程当中,我就可以了解古彝文到底有多少象形字,现在有哪些象形字不用了。第二个目的,现在彝文经书不是很多了,也没有多少人愿意去抄写,但是经书非常容易损毁,所以提前抄写下来,也就拯救了这本经书,哪怕只是多抄写两三个字,也算是一种功劳。我准备把抄写的这一百部经书,制作成电子版保留下来,因为一旦形成电子版,所有抄写的经书就不存在残缺的问题了,而且在电脑上就可以直接翻阅了。

近几十年来,我觉得比较满意的作品有很多。第一,我写了一本《彝文书法研究》,这是一本关于彝文书法理论研究的书。第二,我写了一本《彝文书法史研究》,这本书以叙述的方式记录了彝文书法的历史,从最早的陶瓷上的彝文字,到新中国成立初期的彝文书法碑刻,我都收集起来,最后编成一册书。第三,我把四川规范彝文,用毛笔书写成四种书体,分别是楷、行、隶和自创体。我自己创作的这种书体,目前在我们国家的彝文书法界里面,已经形成了一种比较独特的风格。因为过去我们彝族是用竹签、麻秆、羽毛管来蘸墨书写,首先着墨的那个地方,墨自然会浓,笔画也会粗,蘸一下墨最多写两个字,所以第二个字墨就变淡了。为了突出这种"首笔重"的现象,现在整篇的书法作品,我都用浓墨重笔的方式来书写,于是形成了我个人的一种风格。有很多不懂我们彝文的汉族书法家认为,这种彝文书体继承了历史上蝌蚪文的书写笔法。第四,我把古今艺术成就比较高的彝文书法作品,全部收集起来编成一册书,便于我学习和研究,在传承过程当中,也便于宣传。最后,我把古代碑刻的拓片,比如《拦龙桥碑记》①《李雨铺

① 《拦龙桥碑记》,彝文的摩崖岩刻,高 0.7 米,宽 0.45 米,共 589 字。记载了德施部一个分支的史事片断及建桥事宜。位于贵州省六盘水市六枝特区新场乡拦龙河岸岩上。

卢拉伙彝文自创体书法作品

四棱碑记》①，全部制作成碑帖，临摹成书法作品留存。

我自己创作的书法作品，比较得意的有三幅：第一幅是我写了一个象形的"虎"字；第二幅我写了一个"鹰"字，像鹰一样的形象；第三幅我写了一副对联："人图一声名，虎图一张皮"。这副对联是一句彝族谚语，它已经收录进"华夏碑林艺术苑"。我参加韩国世界文字书法

① 《李雨铺四棱碑记》，李雨铺夫妇墓的四棱碑，位于贵州省毕节市七星关区阴底乡，其中碑高 2.18 米，正面是汉文，左右后三面共有彝文 1856 字。此碑立于清嘉庆年间。

卢拉伙彝文书法作品（汉语翻译大意为①彝山鹰魂；②人图一声名，虎图一张皮）

艺术比赛的时候，有两幅作品入选，其中一幅是所谓自创体，另外一幅是行书。后面的韩国特邀展，我写了一幅隶书作品。

这几十年来，国内有很多地方，比如北京、云南、贵州、广西，国外像美国、日本、韩国、英国，都收藏了我的书法作品，当然所有作品我都是免费赠送的。在首届成都国际非物质文化遗产节、凉山州

第六届艺术节,我们专门举办了非遗展演,当时我写的所有彝文书法作品,全部都赠送出去了。近几年我的书法作品送出去一两千幅了,云南和贵州过来专门求字的人很多,反而我们四川凉山州求字的人少。因为我们边远少数民族地区,有一种观念,就是人们认为写字仅仅只是写字嘛,还没有走入收藏这一步。

现代彝文书法家

现代彝文书法的人才还是比较多,据我了解在全国范围内,用毛笔写彝文书法的有一百多人,用硬笔写彝文的毕摩则有几万人。为什么说有几万人,因为仅仅我们盐源县就有一千多个毕摩,每个毕摩都必须要传抄经文。全国这么多县,毕摩有多少人?只是其他县的毕摩没有确切的统计数字,所以我说的是一个粗略的数字。我们这些偏远山区,经济比较落后,所以彝文书法传承就比较困难,有好多传统的文化都丢失了,确实比较可惜。

目前有很多彝文书法家,比如说云南省的龙吟、蒲云;我们凉山州的冷光电、马自强、何文明。还有木帕古体,他是从事彝语研究、文学创作的,彝语和彝文功底很好,去年(2013 年)他得了全国少数民族文学创作骏马奖。[1]田玉华,他是越西县的文联主席,他的彝文书法很优秀,具有非常好的发展前景。另外中央民族大学的教授李生福和朱文旭,他们两个专门写彝文书法,写得很有特色。

但是目前有的年轻人,学习彝文书法时不注重临帖,只凭自己的想象去创作,这是他们的不足。我每次讲学都会提到,学习彝文书法必须先临帖,不然就丢失了传统。

[1] 骏马奖,创办于 1981 年,是由中国作家协会、国家民族事务委员会共同主办的少数民族文学的国家级文学奖。参赛作品囊括少数民族作家用汉文或少数民族文字出版的小说、诗集、散文集、报告文学、理论评论集、翻译等。

彝文书法的传承和创新

传承和创新的关系很重要。继承传统是必要的，丢失传统的话，民族的文化就会像无根的浮萍。创新是必然的，只停留在原来的基础上，它就不会发展了。比如说，新中国成立前彝文书法基本上只掌握在毕摩手中，新中国成立后彝文推向民间，普通老百姓都懂彝文了，这就促进了彝文书法的传承。

在传承这方面，我抄写了很多彝文经书，也临摹了很多彝文碑帖。从发展角度来说，过去彝文大多只有行书和楷书，这两种书体是最多的，个别有近似于隶书或篆书的部分，也被我发掘出来了。所以我现在是以行书、楷书、隶书和自创体这四种书体，来进行彝文书法创作。

从书写这一环节来说，不能一直凭借自己的想象去自由发挥，这是错误的。字的结构也好，运笔规律也好，必须要从基础开始学习。等学到一定水平后，才能够创作出具有个性的书法作品。不要想当然地认为独创和个性就是好的，这不是传承，也不是发扬，更不是发展。很多人对我们彝文书法在认识上有误区。虽然书法可以相互借鉴、相互学习，比如汉文书法讲究的是逆锋起笔、回锋收笔、中间顿笔，但是彝文书法不能生搬硬套，否则就像汉文了。

彝文书法未来的发展前景

彝文书法在市场上是没有地位的，我称彝文书法为"被民族遗忘的艺术"。我为什么说这句话呢？因为毕摩不知道什么是书法，他只知道传抄经文，而且每一册经书都必须要传抄。对于书写者来说,传抄也是一种书写的艺术,他们在书写过程中肯定有一定的审美意识,只是还没有被挖掘出来。

新中国成立以后在某一段时期内,不仅仅是彝文书法,就连彝文字都不用了。后来改革开放,国家推行规范彝文以后,才开始重新使用彝文。之后我们做了很多工作,许多珍贵的彝文经书和古籍开始被整理和翻译,彝文才有了第二春。

那么通过大家的努力,2009年彝文书法入选第二批四川省非物质文化遗产名录。这之后彝文书法有了很好的发展机遇:第一,本民族也好,其他民族也好,大家都知道有彝文书法艺术了;第二,有很多彝族年轻人,对书写彝文感兴趣了;第三,各个彝族地区积极地举办以彝文书法为主题的展览;第四,四川省每年会给省级非遗传承人,发放传承经费补贴四千元。钱虽然不多,但是它的作用可不小,用这笔钱买笔墨纸砚是完全没问题的。

从未来的发展前景上来看,彝文书法将来肯定是大有可为的。只要语言不消失的话,文字就能够继续使用下去。作为彝族的文字,有那么悠久的历史,自然会有它生存的空间。而且现在国家政策那么好,大力支持彝文书法,它自然会延续下去嘛。

彝族的文字和绘画、刺绣是相通的。彝族经典的绘画是只画骨不画肉,所以有很多人看不懂彝族绘画,实际上是我们把彝文运用到绘画里面了,所以一幅画也可以说是一幅彝文书法。很多彝族刺绣的花纹也是文字。比如说汉文的"鸡肠",用彝文写出来,再把这个字以折叠的方式连续运用,就形成了彝族刺绣里面的图案了。所以彝文跟刺绣、绘画是相互联系的,不能把它们完全区分开来。

那么我在构想两样东西:第一,把彝文书法作品,挂在家里面的墙上,在上面写下经典的语句,给人以启示和教育;第二,把彝文书法作品做成工艺产品。我准备把彝族的名言警句和彝族工艺中的竹编、漆器、雕刻、刺绣相结合,开发一系列的民族产品,既有文化品位,又有艺术内涵,而且还有市场。这样彝文书法就会越来越受到人们的欢迎。

　　彝文书法虽然只是我的一个爱好，但是我做了不少工作。我现在五十岁了，身体也不是很好，能够做到这样，自己觉得还是很欣慰的。但愿在有生之年，能够多做一些事，至于效果如何，我自己也说不清楚，但是只要心甘情愿为了这个事业不断努力，我认为就可以了。

卢拉伙练习彝文书法

满语文

满族是我国 56 个民族中一个比较大的民族，现有人口一千多万。满族由女真人融合周边其他民族演变而成，建立的政权存在了近三百年。满族历史上有自己的语言文字。满文是拼音文字，有辅音和元音，行款直书，从左到右。满族的文化生活习俗渗透到中国社会生活的方方面面，衣食住行、婚丧嫁娶，都留下了满族文化的历史痕迹。

2009 年，满语文入选第二批吉林省非物质文化遗产代表性项目名录。

刘厚生

吉林省代表性传承人

刘厚生（1941—　），男，北京人，2015 年吉林省第三批非物质文化遗产代表性项目代表性传承人。

1968 年毕业于中央民族学院（现中央民族大学）民语系满文班，东北师范大学历史文化学院教授，博士生导师，从事明清史、满族史、满语言文化等研究，代表作《旧满洲档研究》《满语文教程》《简明满汉辞典》《汉满词典》《中国长白山文化》等。

采访手记

采访时间:2014 年 9 月 6 日
采访地点:吉林省四平市吉林师范大学
受 访 人:刘厚生
采 访 人:范瑞婷

　　跟刘厚生老师第一次见面时，就能感觉他身上的热情,一方面是对我们这些远方的"客人",让我们更舒适和放松,另一方面则是对他从事的事业,对满语文的热爱。看他的样貌和敏捷的行动,你都不会相信他已经七十多岁了。

　　刘老师是一个很重感情的人,访谈过程中说到很久以前的同学和恩师,一度落泪,非常动情。他不能忘记那些曾给他帮助的人,也在后来的日子里通过帮助别人,通过传承满语文的努力,回馈当时那些对他有帮助和期待的师友。

　　他带我们参观了在很多地方保存的满文家谱,包括博物馆和个人家中,他带我们去看满文墓碑,几天内我们跑了很多地方,几乎一直在路上。他还跟很多机构和个人合作,共同推动当地满语文的传承和发展。

　　刘老师退休以前是大学教授,教书育人,可以说桃李满天下,而很多学生"长大后就成了他",也在从事满语文的教学工作。他带我们去了辽宁本溪满族自治县的满族小学,这里很多老师都是刘老师培训的,然后他又指导他们编写了教材,现在这里小学五六年级都开设满语课。

刘厚生口述

史建桥 整理

我的父亲母亲

我于 1941 年 2 月 25 日（阴历正月三十）出生在北京，成长在北京的一个小资产阶级家庭。我是属于生在旧社会、长在红旗下的这代人，所谓的"四零"后。

据说我们老刘家的祖籍在山东，先祖闯关东到了辽宁省锦西县（现葫芦岛市）一个叫小荒地的村子。父亲讲他因不能忍受封建包办婚姻，私自逃到沈阳，经人介绍认识了一位姓祖的有钱人，膝下无儿无女，于是就收我父亲为义子，并把我父亲的名字刘民心改成祖铭新，一直到新中国成立后才改了回来。我父亲受到了很好的教育，并被送到日本留学。祖家对他非常好，视同己出，后来又托朋友介绍了沈阳的大家闺秀严素佩，很快成婚，这便是我的母亲。

我父亲当过记者，教过书。新中国成立之初，党很重视对知识分子的再教育，在今天北京西郊中国人民大学院内办了一所经过短期学习便可分配工作的学校,即华北革命大学,我父亲在那参加过短期学习。当时有很多高级知识分子和著名人物都在革命大学学习过,比如赵丹等人,都是我父亲的同学。经过半年的学习以后,革命大学把我父亲分配到河北省教育厅工作,当时河北省省会在保定。我便随父母去了保定。不到一年我父亲又调回北京,在刚刚成立的北京重工业学校当教师。重工业学校校址在后海,也就是现在的宋庆龄故居院内,清朝是摄政王王府。后来重工业学校升格叫机械工业部北京机械学院,校址不久搬到了朝阳门外现在的《人民日报》社大院。我父亲一直在该校任文史教员。"文革"前他又被调到北京市戏剧学院当老师。他历史、古文的功底好,所以主要教北京市委直属的实验京剧团演员学习与京剧剧本有关的历史知识和解读唱词中的古文。当时很多有名的京剧演员,如李玉芙、张君秋的儿子张学津都是实验京剧团演员,也是我父亲的学生。我有时候随父亲跑到后台看他们演戏,记得当时他们誉满京城的一出戏叫作"杨门女将",很受欢迎,这也引起了我对京剧的兴趣。

我父亲学识和修养比较好,工作认真负责,勤勤恳恳,群众关系也不错。但是,他胆小怕事,谨小慎微,很少乱说话,这倒也保护他躲过了 1957 年"反右"。然而"文化大革命"他没有躲过去。"文革"后期,北京京剧院和实验京剧团分成两派,我父亲写了几张大字报,劝两派的年轻人不要参与武斗,要团结、要联合。

当时这两派都说自己是革命派,都捍卫毛泽东思想,捍卫"文化大革命"。因此两派都对我父亲有意见,说他是非不清,立场有问题。有一派还给我父亲扣上日本特务的帽子,因为他去日本留过学。最后工宣队就把他圈起来了。我父亲在中山公园扫地。不让回家,他就在中山公园住着,监视劳改,大概有一年左右的时间。1968 年 7 月,我从中央民族学院毕业分配去东北前,申请去看望我父亲。当时看到他非常憔悴,我非常伤感也很无奈。后来军宣队落实政策,知道我父亲就是对群众之间斗争有些看法,从来没说过共产党不好,"文化大革命"不好,于是就放他回家了。日本特务之事查无实据,也就不了了之了。我父亲扫扫地,对他身体倒也有好处,但是心灵上的创伤太大了。"文革"结束后,我父亲就退休了,离开了北京实验京剧团,但他时时想念他的学生们,他有时和我念叨张学津的嗓子是否好了,我就安慰他说恢复了。其实我也不知道。我不知父亲还有多少想说的话,他晚年很沉闷,很少说话。直到 1994 年去世,享年八十四岁。

我母亲严素佩是家庭妇女,没参加过工作。但她上过中学,有一定的文化水平,喜欢读《红楼梦》等古典小说,平时也爱看报纸,虽然不怎么出门,社会上的事她都很关心。我母亲是典型的贤妻良母,虽然我家比较清贫,都是靠我父亲微薄的工资生活,但她把这个家管理得井井有条,生活得很温馨。从来也未向外人借过钱,反而经常帮助别人,所以邻居左右都很尊敬她、亲近她。我母亲对我要求很严格,每天做完的作业她都要看一看,如果写得潦草了,她总要批评几句,要求下次一定改正。她对我期望值很高,不仅要我学习好,而且要有一个好的人品,有吃苦耐劳的能力。小学三四年级我就学会洗袜子、洗衣服了,而且经常帮她去买菜、做饭、刷碗。我虽然是独生子,但从小就没沾染上骄娇二气,这对我一生的成长影响很大。

我有一个舅舅比她小好多岁,我母亲常常提起他并引以为荣。我舅舅叫严源,母亲说他小时候非常淘气,但是很有思想,在北京上大学时就参加了地下党,为解放北京做过贡献。后被送到苏联留学,回国后在外交部工作,曾被派到保加利亚中国大使馆当武官。小时候我在北京曾见过他一面,非常敬仰他。1996 年夏,我带几位研究生去考查大运河路过上海,我听说舅舅调到复旦大学工作了,从事俄罗斯文学的研究工作,我专程去看望他,并看到了舅母。他们都老了,白发苍苍,但笔耕不辍,硕果累累,我依然敬佩他。

1961 年我考大学前期,母亲去世了。当时她身体病弱,无法出门就医,然而能来家就诊的大夫很少。我父亲认识一位大夫,是我母亲的沈阳老乡。他经常来给我母亲看病打针,也教会我肌肉注射。那时候我一边在家复习功课准备高考,一边每天晚上给母亲打针。高考前一个月的时候,母亲病重去世了,睡觉的时候走的,很安详。

我的父亲母亲都是普普通通的知识分子,他们不是贫苦出身,所以在旧社会有了学习文化的机会,然而在旧社会他们依然贫困潦倒、颠沛流离,每个人都有自己的辛酸。因此他们同样向往革命,期待新中国的诞生,坚决走社会主义道路。我父母就是这个群体这种阶层的人,他们和中国千千万万爱国的知识分子一样,为共和国的建立和发展尽了绵薄之力。

我的小学

北京解放时,我已七八岁了,没有条件去上学。1950年我父亲从"革大"毕业,分配到河北省教育厅工作后,全家迁居保定,我才有机会上学。

我父亲把我送到离家较近的天主教会办的学校。学校大楼坐落在天主教堂大院内,很气派,上下两层楼,楼上有走廊,古香古色。校园内苍松挺立、花木成荫,十分幽静。欧洲哥特式的大教堂在当地十分显眼,阁楼顶端高耸的十字架在很远处就能看到,这一切在我幼小的心灵中留下了深刻的印象。班主任老师姓党,眉清目秀,身材高挑,蓝色朴素的旗袍把她装扮得十分文雅美丽。她对学生要求特别严格,有个木制的教鞭,常常抽打讲桌,教室才安静下来。但私下很温柔,特别喜欢我。因为我小时候比较乖,学习好。学校校长是个男士,戴个眼镜。西装革履,一脸霸气,没有笑容。要公布什么事情时,他就当当当敲操场上的钟。各班听到钟声后,老师和学生就立刻跑出来紧急集合,他讲完事后师生们又各回各班上课了。我感到很新奇,以后在其他学校学习再也没遇到过这种事。学校每逢周日还会带学生去教堂做礼拜,我也去过,党老师把用白面烤成的小饼,在做洗礼时分给大家。孩子们能吃上小饼非常高兴,至于神甫在台上讲的什么,不重要,也听不懂。

那时政府允许私人办学,甚至教会也可以办,所以私立学校很多,随着党和政府对教育领域的管理,情况逐渐有了改变。

我家在保定待了不到一年,我父亲就从河北省教育厅调回了北京,在重工业学校任教。我家在后海鸭儿胡同租了一间房子。父亲要给我找个公立学校读书,选择了交道口附近的分司厅小学(后来也叫过东四区二中心小学),从此我上学就比较正规了,直接插班到二年级。这是北京市一所非常有名的学校,曾经出了很多名人,庄则栋就是在这所学校毕业的。

分司厅小学当时有上千名学生。校长叫陈君平,是一位从延安来的老太太、老革命,政治水平很高,有点八路军的作风。她制定校规挺严,把这个学校管理得很好。她有点个性,平常很少看她笑。她带领老师们,每天早晨都得站在校门口迎接学生,学生来了要向老师鞠躬问好。校长把延安时期的供给制也带到了学校,老师和学生们早晨到学校后都可以免费喝豆浆,每天有两三个工人给大家磨豆浆。其他学校是做不到的。这位老太太穿得很正统,一身新中国成立初期流行的干部服,一看就知道是个老八路。但老师们对她有点看不惯,说她真土气。延安刚过来的干部还用延安时期的工作方法领导城市的教育,所以当时有些知识分子就跟她有隔阂,觉得这位老太太怪怪的。

而我对这位校长很尊敬。记得1953年的一天上午,全校少先队中队长以上的干部和班主任老师集中在会议室开会,由她主持。我作为中队长和校大队旗手也参加了会议。只见她脸色很不好,非常严肃地向大家说:"斯大林同志病了。"全场的师生都很惊愕,她接着说:"我们应该有何表示呢?"我们沉默良久后,有老师表态,说写封慰问信吧。没有人反对,也没有人支持,全场继续沉默不语。当时中苏关系处在蜜月时期,斯大林的威望在中国人的心中相当高,听说他病了人们发自内心地忧虑。大概中午时分了,她出去接了一个电话,回来便号淘大哭。斯大林去世了。我和在场的师生也全都哭了。我们和老校长的心连在一起，我感到她是一个可爱的老人。她晚年无儿无女，退休后还经常回学校看看。

我在分司厅小学学习成绩一直比较好。那时候考试后都要张榜公布每个年级的前十名，我每次不是第一名就是第二名。全校每年都要发一些奖品给优秀生。奖品其实很简单，一个铅笔盒，或者一个本，但是拿回家给父母看看就觉得挺荣耀。我们每天上午都有课间操，课间操有两件事情，一个是做操，一个是听广播。喇叭上会播孙敬修先生讲儿童故事，大概听五分钟到十分钟。孙敬修是一位非常有名的老先生，专门给孩子们讲故事，受到孩子们的爱戴。"小喇叭开始广播了！"现在放的音乐还是我小时候的乐曲，我听了感到十分亲切。

学校经常有社会活动。比如广播电台常找学生录少年儿童节目，我去录过几次，戴着红领巾、戴着大队长的三道杠到广播电台，感觉很自豪。录完音以后也没什么奖品，就是有一桌子糖，我们可以随便吃，随便带回去，孩子们一个个都非常高兴。

我们还参加了许多校外的文娱活动。我曾经是北海少年宫合唱团的成员，音乐家时乐蒙担任过我们的老师兼指挥。活动完了以后，我们三五成群去爬山或是划船，后来，每当听到《让我们荡起双桨》这首歌曲时，我总是激动不已。想起我少年时期的幸福生活，心里感到甜滋滋的。

有些事让我至今不能忘怀。那时候中国跟苏联关系好，有一次在友谊宾馆①跟苏联小朋友联欢，来了很多苏联的少先队员，都戴着红领巾，我们也戴着红领巾，非常隆重。老师告诉我们，苏联人民很热情，要给你们什么东西就收着，你们也带点糖或者小礼物送给他们。那天坐在我旁边的是一位小女孩，长得很漂亮。她送给我糖，送给我礼物。我印象最深的就是送我一条红领巾，我也送她一条。20世纪50年代，我们的红领巾都是布的，而她的红领巾是绸子的比较厚实，很

① 当时友谊宾馆叫苏联友谊宾馆。

漂亮。她给我戴上,我也给她戴上。这条红领巾一直到现在我还留着呢。我们互相留下地址,后来还有书信来往。信都写得很简单,她写俄文,我写中文,都有人帮着翻译。那时候国家很支持跟苏联搞好关系,所以我们经常有这样的联谊活动。回家以后,我父母特别高兴,还给我做了好吃的,表示跟苏联孩子们见面,还拿回来红领巾、巧克力,觉得应该庆贺。那时候,巧克力在中国还不太多见。小学时期真是有很多值得怀念的事情。

分司厅小学

小学时的刘厚生

分司厅小学后来改为分司厅中学了。前几年,我还经常回去参加校友活动,与教过我的老师和同学们团聚,回忆我们儿时的生活,其乐融融。

我的小学老师

小学时期值得怀念的有许多老师,而最忘不了的是我的班主任方绍南。方老师是我五、六年级时的班主任。她家属于高级知识分子家庭。

方老师是一位非常可爱,非常和蔼,非常敬业的老师。因为我是班长，又是学校的少先队大队长，她经常让我做一些事情。方老师兼任学校图书馆馆长职务，所以，在假期，我经常带几个同学到图书馆帮她编书目、整理图书。方老师家有一个女孩、三个男孩，都比我小。我是她家的常客，有时赶上饭就在她家吃，他们都把我当成大哥哥，对我围前围后的，我们处得特别好。

1962 年师生合影（后排右一为刘厚生，前排左三为方绍南老师）

方老师特别喜欢我，学习上对我要求也严格。有一次我数学考了三分，当时实行五分制，我从来没有考过三分。方老师没在班上公开说，悄悄找我询问原因。我一看才知道是看错题了，当时眼泪就下来了。她就问我怎么回事，最近总是心不在焉。我说我听课听不进去，因为我妈妈病了，而且很重，心情很不好。她眼睛也湿润了，安慰我要处理好家务，帮妈妈早点恢复健康。

方老师"文革"期间受了很大的冲击，她跟我父亲一样都去过日本，"文革"期间被关进过牛棚。方老师的爱人在北京铁路局工作，是一位铁路工程师，在当时很有名，"文革"期间被发配到了成都。方老师随爱人去了成都，有一段很坎坷的路。可怜的是她的孩子们，他们夫妇都进牛棚，四个孩子在四川没人照顾，特别苦。

1985年,我的同班同学王锡恒去四川成都出差。他早听说方老师在"文革"初期随丈夫去了成都,于是托朋友查到了方老师的住址。方老师见到他太喜出望外了,问长问短,同时问刘厚生现在哪里。王锡恒说:"他大学毕业后分到东北,我回去找找他。"王锡恒知道我在中央民族学院上过大学,他回京后马上从民族学院人事处找到了我的电话,告诉我方老师在四川成都,很想念我和同学们。是年寒假,我和我爱人专程去成都看望方老师。她得知我去成都的消息,心情很激动,那天早早在大门口等候我们,见了面,我们拥抱在一起,泪水不禁流出,没想到我们师生还能见面,太激动了。我们在方老师家住了一晚,和她的爱人及孩子们欢聚一番,非常高兴。我看见方老师的脸上、耳朵上有冻疮,才知道是北方人到四川后不适应潮湿阴冷的气候所致。当年他们在牛棚没有防寒措施,冬天脸、耳朵都冻生了疮,从此就年年冻。谈到当年,她说:"最苦的还是孩子们,四川没有亲戚朋友,谁来照顾他们。老三自杀了,想起来心就痛。没想到打倒四人帮,'文革'终于像噩梦一样结束了,我们还有幸福的

1997年在成都与方绍南老师合影

今天,真为老三惋惜呀!"我回东北以后,立刻委托学生去农村找了一瓶獾子油寄过去。方老师来信说擦了一冬,挺好使。自此以后,我们经常有书信往来。90年代初,他的孩子突然来电说方老师得了癌症去世了。我们很悲痛,我答应有时间还要去成都看她的,没想到她走了。方老师是我终身难忘的一位小学老师。

我在分司厅小学受到了很好的启蒙教育,为我青年时期的成长打下了一个很好的基础,所以我很热爱这所学校。我和我的同学们经常回校看望老师,同学会也经常到老师家举行。我们的地理老师贾跃荣的家在分司厅附近,是一个独门独户的小院子。她的儿子出国了,请了一位年轻的保姆照顾她,同学们经常去做客,陪陪她老人家。每当我回北京,除探望家人外,必约几位同学去贾老师家聚聚,以表我们对老师的爱戴之情。

在贾跃荣老师家师生合影。后排左一为刘厚生,坐在沙发上的是贾跃荣老师

我的中学生活

小学毕业以后我考进了北京四中,在四中上了六年学。

北京四中是一所很有名的学校。那时候人们也叫它男四中,因为没有女同学。"文革"以后,才开始招女生。

四中的理科非常好。教化学、数学、语文的老师都很有名,都是北京市的特级教师。四中的高考成绩优异,几乎每个班有一半能考上清华、北大,特别是清华。所以人们说北京四中是清华附中。

除了每天的正课以外,四中给我印象最深的是课外活动非常丰富。比如下午三节课之后就是社团活动,几个学生组成一个课外组,我参加过农业组。那时候我们四中还有一块地,农业老师带着我们种地,种什么我们都有计划。我也参加过木工组,四中有一个木工车间。我们班有一位同学叫林海洪,他是林基路烈士的遗孤,我们俩是课外组的小伙伴。有一次我们做圆规,我们的造型可能有点问题,林海洪就建议改造一下,不按常规的样子做。改造后受到了老师的表扬,说我们很有创意。

北京四中的体育水平是很有名的,在区、市运动会上拿过很多第一。我印象最深的是一个叫蓬铁权的高中同学是长跑运动员,他在各级运动会上都跑第一,所以他带动了全校的长跑。我高中时练过长跑,早晨起来在马路上跑。那时候在马路上跑步的人很多,特别是青少年。我也参加学校的长跑队,在操场上练习。四中的操场很大,当时在北京市也是少有的。

四中的学术报告、形势报告很多,经常请名人来作报告,张爱萍等将军都来过。我记得最清楚的就是《骆驼祥子》的主演到我们学校作报告,他叫李翔,演祥子,他是四中文科班毕业生。

四中的社会活动也很多，鼓励学生熟悉社会。

高三的时候，我曾和同学们去昌平调查人民公社。我组织了五六个人，背着小行李卷，我们用长征的方式从北京市区走到昌平沙河刘淑凤同学家里。我发现农村太苦了，刘淑凤家吃得很简单。她的小侄子有病，没有别的好吃的，只有家里的鸡蛋给他吃。我们也去大食堂看了看，都是吃的稀里咣当的，没有干粮。当时大家苦到什么程度呢？四中也是这样，比如说大米饭，吃的是机米①，米蒸一次，然后再蒸一次，蒸两次它才能发起来，用这种办法充饥。我们还能吃到机米，农村连机米都吃不上。但是我很主张到工厂去，到农村去，到实践中去，了解真实的情况，经受锻炼。

北京四中的课外活动虽然很多，但并没有影响学生的学习，照样高考第一。我自己也是个亲历者，我在四中初中担任过两年少先队大队长，初二入团，担任过支部书记，那时的学生干部非常负责，帮助学校和老师做了许多工作，受到很大锻炼，也没有影响学习。我初三毕业时，获得北京市三好学生证书和奖章，除了品行好以外，门门课都必须是五分才行（当时仍实行五分制），为此我被免试保送四

① 机米，指的是籼米。籼米是籼稻去壳后的子粒，米粒细长，蒸煮黏性较弱，而胀性较好。

北京四中大队委合影（前排左二是刘厚生，后排右二是辅导员韩振东老师）

中高中。现在的教育就是死抠书本,学生能力差。我感觉现在重点学校的孩子们很多是高分低能,动手能力差,社会实践能力差,心理素质也差。我国的教育应该好好总结几十年来成功与失败的经验教训,反思一下了。

四中的传统优势是数理化,直到现在每年考上清华、北大的学生仍然相当多。50 年代末开始分文理科,四中就遇到了难题,那就是文科生太少。为了办文科班,学校领导就召集高二的学生做动员。校长说,我们学校理工科不错,但是我们要为北大培养人才,为中央戏剧学院培养人才,得有导演啊;我们国家不仅需要理科人才,也需要文科人才,你们之中有没有愿意去学习文科的? 同学们纷纷议论,谁也不肯报。我当时很喜欢文史,我父亲是文史方面的教

毕业后文科班的同学在颐和园游玩(第一排站着的是杨绍明,他身后的是刘厚生)

员,一直对我影响很大。我作文很好,小学的作文经常被拿到公共场合作示范,中学的作文也经常被当作年级的范文。学校动员后我首先带头报了名。最后大概不到三十人组成了一个班。四中历届文科班人数都少,但仍出了不少人才。如著名导演谢飞、陈凯歌、曲直,摄影家杨绍明,可谓人才济济。

在四中，我终生难忘的老师是我们初中的班主任张钟祥老师，他是山西人。1957年左右北京缺少师资，就把很多高三的优秀生留在学校任教。张老师是四中的高中毕业生，我们的团委书记赵如云、屈大同，党委书记刘铁岭，少先队大队辅导员韩振东等，都属于这种情况留校任教的，他们后来都到大学去深造了。张钟祥老师比我们大不了几岁。他教我们语文，教得非常好，文章、诗词都讲得非常生动，所以我学文科跟他有直接关系。同学史践凡也受张老师影响，他考上了北京电影学院导演系。在文学方面，他给了我和史践凡很多教诲和帮助。比如当时要借到《水浒传》等四大名著是很不容易的事，尽管四中图书馆很大，但基本上都让老师借走了。张老师就特意给我借了《水浒传》，我真是爱不释手。

我们的团小组。后排左起依次是史践凡、林海洪、班主任张钟祥老师；前排左起杜玉玺、梁家璐、杜国堂、刘厚生

张钟祥老师还教我朗诵，使我的朗诵能力提高了很多，有一些群众聚会、广播的事，学校都让我去参加。我觉得这得益于张钟祥老师对我的指导。记得1959年春，中央广播电台来四中选广播员，我被学校推荐去面试，每人朗诵一段广播稿件，并录音录像留作考核凭证。经过几轮淘汰，我和同班同学王铁城留到了最

后，几个月后仅王铁城被录取，我没有被任用，很遗憾。铁城后来成为很有名的广播员。他高中没有毕业就去工作了，我们至今仍是好朋友。

张钟祥老师和学生关系非常亲密。张老师结婚时，我们还参加了他的结婚典礼，我作为同学代表讲了话。2012年我们给张老师拜寿，很热闹。每当回忆起师生的交往，我就感觉非常甜蜜。

2012年刘厚生（右二）和史践凡（右一）、林海洪（左一）看望张钟祥老师（左二）

在北京四中的这六年，是我一生中最快乐、最幸福的六年，是我在少先队和共青团培养下，树立革命的人生观、世界观，成长中非常重要、关键的六年。

报考满语文专业

到文科班以后，同学们就开始选择自己将来干什么。有的想考到中央戏剧学院去，有的想搞美术。我想从事历史研究，因为我从小喜欢历史，北大历史系是我很向往的地方。我当时受父亲影响，看了很多古书，像司马迁的《史记》。我都读过，但是我更想研究清史。我父亲知道我喜欢清史后，就开始帮助我了。

1961 年高考前，各大学招生办都在报纸上介绍自己的学校和设置的专业。我爸爸突然看到了一个信息，说中央民族学院(也就是现在中央民族大学)要建立一个满文班，而且这个满文班是周总理亲自批示建立的，有很多著名的教授像范文澜、郭沫若也都极力推荐。这个班要从事清代历史研究，以及满文档案的翻译，定位很明确，就叫满文班，就是搞文字，不搞语言。

我父亲看了以后跟我说，你考北大历史系还不如去考这个满文班，因为你想搞清史，会满文对研究清史有好处。就像搞世界史必须会外文，只看中文资料不看外文资料怎么能研究透呢。那时候，人们对周总理是相当尊敬的，既然周总理亲自指示开办满文班，那我就报吧。我第一志愿就报的是民族学院满文班。

高考时，我自认为考得还行。当时，我的邻居们都很为我担心，因为高考复习时我母亲正在病中，我没有心思也没有时间好好复习，高考前一个月我母亲去世了，这对我打击很大。因此，考前我自己的信心也不太足。但是考完后我感觉还可以，尤其是作文。高考作文是两个题目任选其一。一个是与《王若飞在狱中》有关的题目，革命英雄鼓舞着我。当时《王若飞在狱中》这本书很流行。另一个题目是写学了毛泽东著作以后的感受。我选了第二个，写的是对调查研究的认识，因为我有社会调查的经历和感受。

我的大学生活·第一个满文班

高考结束后不久，邮递员送录取通知书来了，民族学院录取了我。有的邻居不理解，说你怎么上民族学院呢，你应该去北大历史系。我说我爸爸愿意让我到民族学院学满文，我也觉得这个专业很好。

9 月份，我去民族学院报到，见到了同学们。我们班一共有十九个人。北京有几个,东北考上几个,新疆察布查尔县来了三位同学。见了面以后,大家挺高兴,至于这个专业都学什么、满文是什么,大家都不知道,只见过故宫大殿门楣的牌子上有满文。开学后又从国家档案馆调来两位同学,都是干部,比我们大几岁。当时国家档案馆在西郊的西山,馆有明清部,明清部里庋藏了很多满文档案。他们也请人教满文,所以这两位同学有些基础。

满文班开学的时候,系主任马学良教授亲自为我们班主持了开学典礼。马学良是非常有名的语言学家,是从北大调到民族学院来的教授。他讲,第一,你们这个班,是周总理亲自指示我们民族学院开办的,这非同小可,我们当成一个政治任务来完成,你们一定要好好学习,一定不要辜负总理、毛主席他们的期望。第二,你们的定位是满文班,我们系是少数民族语言文学系,没设在历史系。那么其他班的名称都是维语班、蒙语班、藏语班,都是学语言的。他们毕业以后是到民族地区去从事教学,或者做当地的干部,去向很清楚。而你们呢,主要是留在北京的中央档案馆,还有中国社会科学院的民族研究所。我们的师资力量很强,除了学满语以外,所有文科的科目都要学,包括语言学、历史学。历史学的老师叫王钟翰,是研究清史的泰斗,教你们清史,所以你们应该好好学。马学良教授的话

王钟翰先生在北京参加学术会议

给了我们很大的鼓舞。当时民族学院还有几个非常有名的教授,如费孝通、潘光旦,那都是大家,对我们满文班也很关心。

我们的学制是五年,要学习五年满语文,我们得会说啊,得念出声来啊,没有老师怎么行呢?学校就从锡伯族请来一位叫涂长胜①的老师。涂老师是新疆察布查尔的一个中学老师,教我们语音、语法、选读,教得也不错,非常敬业。涂老师的家属也调来了,他们有五六个孩子。我们的满语成绩得益于涂长胜老师的教导,所以毕业以后,我跟涂老师一直关系非常好,经常有书信来往。

① 涂长胜老师在「文革」中受到波及、全家又回到了新疆察布查尔,担任《察布查尔报》后更名《新生活报》的主编。第一期满文班的满文教师都是锡伯族人。钟迪华老师曾担任过赛福鼎的翻译,对满语十分精通。第一期满文班的情况参看米根孝撰写的《任世铎与拯救满文行动》(《中国民族报》2002 年 6 月 7 日「文化周刊」版)。

还有一位老先生叫钟迪华②,也是锡伯族,是历史系的教授。他虽然语言学的道理讲不太清楚,但会说满语,读满文没问题。这是从语言、文字角度请了这么两位老师。后期又从新疆调来一位老师名叫育林,锡伯族,负责指导我们去档案馆实习,查阅满文档案。

只学满文是不够的,我们得懂得历史。档案就是历史,因为档案里的敕命、诰命、奏本、题本这些东西既跟满文有关系,也跟历史有关系。学校就请来一位将近九十岁的清朝遗老给我们讲课。他叫关振华,满族,由于年岁大了,每次上课都会车接车送。上课的时候,关老先生走不动了,我们两个人就把他挽到讲台上,请他坐好。他家里有很多满文书,他拿了很多书让我们看。我记得最清楚的是清朝晚期光绪年间的一本状元名册,可能还有考题。当时觉得很珍贵,知道考状元真不容易。关老先生给我们讲清朝的历史,我们也感到很新鲜。

我们每天学满文,刚开始的一年,主要是学语音。第二年学语法,第三年以后就开始大量阅读满文档案和满文资料。起初,我们觉得很困难,觉得满语真不好学,特别是发音,嘟噜音打不出来,又没有什么参考资料可看,我们只能看学校从档案馆复印的一点点资料。

大学的满文学习是很枯燥的,我的兴趣也不是很高。我的主要兴趣在历史上,所以我一边学满文,一边用大量的时间在图书馆看历史书。因为我跟王钟翰老师的关系非常好,他就带我到他的书房去。他有一套善本《清实录》,摆满了整个房间。他说这是《清实录》,你能看吗？我说这么多书,我什么时候能看完啊。他就教我应该看一些什么书,说像郑天挺①这样的专家的书要好好看。

> ① 郑天挺(1899—1981),福建长乐首占乡人。中国近现代历史学家、教育家。

我在民族学院看了很多历史书,做了很多卡片。当时琉璃厂卖那种印好的卡片,绿色的,上头可以写书的名字、作者,我一沓一沓地往家买,看了书就做卡片。这些卡片后来对我做研究很有用处。因为卡片可以分类,日后写文章的时候,用哪方面的资料我就拿哪一类卡片。所以我一直有记卡片的习惯,不是看完就拉倒,也不是在书上画画就行了,我一定要动手,一定要把珍贵的史料记录下来。记卡片是我在民族学院学得比较好的习惯。历史方面,我在民族学院打下了比较好的基础,特别是清史。我不敢说《清实录》都看完了,但是我都大致翻了翻,特别是清入关前的这一段历史。我最感兴趣的是清入关前努尔哈赤、皇太极执政这一段,所以对研究这一段的学者我都比较熟,其中有阎崇年。阎崇年是我非常要好的老师、朋友。我上高中的时候,他是北京六中的一位教政治的老师,后来考上中国社科院历史所研究生。所以从关系来讲,应该是师生关系,但是阎崇年却说咱是同辈,其实他比我年长许多。

我的大学生活·在国家档案馆实习

大学生活里,上课的过程没什么波澜,给我印象最深的还是实习。

1964 年年底,我们在读大学四年级时,涂长胜老师带全班到西山国家档案馆明清部实习了半年。

在实习过程中,我学到了很多东西。首先是见到了原始档案,这是我第一次接触到真正的档案。那时候我们已经初步掌握了满语文,看简单的东西都没什么问题。档案馆的工作人员把档案原件拿出来给我们看,让我们翻译,题本、奏本各种档案都有。我们当时翻译了很多谍报,就是一些密探的报告。镇压准噶尔的时候,清朝派了很多密探到新疆地区去侦查,回来就给皇帝打报告,那些报告都是用满文写的,非常机密,非常详细。其中有噶尔丹兵力的部署、噶尔丹本人的情况,等等,资料非常珍贵。我们第一次见到这些档案,感到非常吃惊,因为有一些跟正史不同的地方,或者正史写的很少的地方,在档案中都可以得到补充。

第二个深刻印象就是马学良教授和系党总支书记,也经常到档案馆来看我们,对我们抱有很大的期望。还邀请郑天挺教授专程从天津来作学术报告。郑天挺是南开大学的知名教授,他跟马学良是同学,关系非常好。马学良就跟他

在档案馆实习,后排左一是刘厚生,桌子右侧正中是涂长胜老师

说，我的满文班学生在档案馆实习，你能不能去看一看，给他们讲点什么。郑天挺很高兴，那时候他的身体很好的，六十多岁，给我们作了一个学术报告，我印象特别深刻。他讲满文的重要性和清史的重要性，他说，对我们抱有很大期望，希望我们从事清史研究，能做出一些贡献，把珍贵的满文史料翻译出来。

档案馆在北京西山，离居民区非常远，环境很好。档案馆里头种了好多果树，一位姓邱的老红军当馆长，他经常亲自剪修果树。那时正好是秋天，水果成熟了，我们几乎每天都能吃到档案馆摘下来的果子。档案馆的同志们对我们非常热情。元旦我们跟他们一块儿搞联欢，满文班出了很多节目。我当时还挺活跃，因为我是支部书记，所以积极带头去演节目，我演了《洗衣歌》里的解放军，还有小话剧、三句半、口琴合奏等。档案馆的实习生活给我们留下了美好的回忆。

1965 年满文班全体同学与档案馆领导及系领导合影。前排左起第三人是涂长胜老师，第七人是马学良主任，第八人是育林老师，第二排左起第二人是刘厚生

档案馆的实习经历让我们认识到档案的重要性，这对我们从事满文学习，包括以后走上工作岗位，都有重要的意义。

我的大学生活·美好记忆

　　我们的大学生活丰富多彩。我们在档案馆实习以后,为纪念"一二·九运动",进行了一次演出。我和藏语班的女同学张连生用诗歌来串联这台戏,我们朗诵了很多我创作的诗。当时在我们系,甚至全校都很轰动,其他班的同学们都很惊讶,说我有朗诵天赋。后来我想,这应该是在四中打下的基础。民族学院有一个非常好的条件就是民族多,所以过年过节的时候就非常热闹。各个民族搞联欢,节目丰富又好看,这是民族学院特别突出的特点。

1963 年满语文班全体同学在颐和园合影。后排左起第四人是刘厚生

　　民族学院另一个突出的特点就是吃得好。我在大学时正是国家的困难时期,社会上物资匮乏,人们的生活很艰难,但是我们的食堂经常能见到鱼和肉,虽然说是牛羊的下水,不是特别好的肉,但是我们经常能吃到。我印象最深的是我们每一周都能吃一次炸鱼,明太鱼,每人一条。每周可以吃到一次新疆的抓饭,那个饭是油

乎乎的,有菜有肉,非常好吃。现在看起来觉得这不算什么,可是当时是困难时期,我们能吃到就很不容易了。说明党和政府对少数民族的关心和照顾。

到东北工作

"文革"开始后,学校里在武斗,我们一天到晚书看不下去了,也没什么事,所以很无聊,很渴望能够赶快工作。1967年年底,我们就向当时的革委会写信,申请去工作,希望到基层去锻炼。中央考虑到我们的要求合理,1968年就开始分配工作了。

我们响应当时"四个面向"的口号①,面向基层,面向边疆,我还没到过东北,我就主动要求到东北。那时候我想得很天真,觉得早晚我得回北京,因为我父母都在北京,户口在北京,我先到东北闯荡闯荡、锻炼锻炼。

1968年6月份分配方案就定了。8月份,我们分头去报到。

我只身一人到吉林省吉林市报到,背着个行李卷,举目无亲,就在旅馆住下了。那时候的吉林市还很破烂,但是我很喜欢松花江。有一个最明显的差别是在旅店洗头,在北京洗头那是很为难的事,洗完以后,头发都粘在一块似的。因为那时候还没有洗头膏什么的,都拿肥皂洗。什么时候不粘了,那就是干了。这是因为北京的水矿物质多,碱性大。可是我在松花江畔旅店洗头,特别清爽,洗完头发那个舒服呀。后来我问当地人,才知道松花江的水是软水,对人身体有好处,是从长白山流下来的矿泉水。这是吉林市留给我的第一个好印象。

当时,吉林的革委会还没成立,有一个组织机构叫生产指挥部,

① 1968年8月起,全国掀起宣传毛泽东指示的高潮:「我们提倡知识分子到群众中去,到工厂去、到农村去,由工农兵给他们以再教育。」紧接着公布了面向农村、面向工厂、面向边疆、面向基层的「四个面向」毕业分配方针。

因为"抓革命、促生产"的口号已经提出来了。也抓不了生产，就是有那么一个机构，我记得是在市委办公楼的最高层。当时吉林市还在武斗，每天早上那些"走资派"都要挂着大牌子向市民认罪，完了以后有的去扫地，有的还得被赶上街游斗。我爬上生产指挥部的工事，工事还挺严的，都是拿脚手架做的。正好有一个工作人员在，我说我是从北京来的，我到这报到来了。他翻了很多资料找到了我的档案。我说我去劳动吧，"四个面向"嘛，我到基层去劳动，要不就下乡，要不就下厂。他说不用，"你是'文革'以前培养的大学生，很宝贵，现在我们吉林市大学、中学、小学都烂掉了，都被资本主义腐蚀了，老师们都集中在吉林师范学校受训，每天在那办学习班呢"。他又说："我们有个想法，就是想在吉林市办新型学校，29中就是其中一所。而且老师都是大学生，你是不是去看看？"我说这样吧，你给我挑几个学校我去看看，我在吉林市举目无亲，我得解决吃住问题。他提了一两个在松花江江北的学校。

当时吉林市有无轨电车，我就坐上车先去了江北那个学校。学校正好在铁路边上，玻璃没有一块完整的，打得乱七八糟。我想这不行，这样的学校怎么能够工作呢，还是到29中去看看吧。29中在江南，与吉林师范学校只有一路之隔。我又坐车跑到29中。得知学校里有北大来的、吉大来的，还有很多高等院校的应届毕业生，都很年轻，而且吃住都没问题，我就决定到29中去工作。就这样，吉林市成为我第二个故乡。

29中的教室不错，是平房，是"文革"前吉林师专的所在地。吉林师专在"文革"前就搬到四平市去了，更名为四平师专。吉林师专搬到四平时"文革"还没开始，所以房子、玻璃、桌椅都没受到破坏。我住的宿舍是大炕，我们五六个人住一个炕上。年轻人挤在一块，有说有笑的，感觉还不错。

1970年第一批新生入学以后，大家干些什么呢？没什么可教的呀，因为没有教材，于是我们就自己编教材。当时只上政治、语文、数学、外语这么几门课，没有历史课。我教政治、语文课，自编教材。

当时很时髦的教材就是毛主席诗词、毛主席的"老三篇"。毛主席的诗词很多可以唱，变成歌曲了，所以我一直教他们毛主席诗词，另外还教他们唱。我教他们的"沁园春·雪"，至今学生们聚会时还高唱此歌以怀旧。

学生也住校，师生住在一起。学生的年龄参差不齐，大的与小的相差三四岁。我那时候才二十多岁，师生的年龄相差也不大。在29中这段时间我感到很幸福，跟学生们相处得很好。一直到现在，我跟29中的这些学生都很亲密，现在他们都六十岁左右了，见了我还毕恭毕敬的。

1978 年与 29 中的老师们合影，前排左三是刘厚生

调动工作

在我最困难的时候，总有好人出来帮助我，他们都是我的恩人！

打倒"四人帮"以后，党平反了冤假错案，落实政策。同时，对知识分子提出要解决学非所用、专业归队的问题。我萌生了回北京搞

169

清史研究,发挥自己满语文的特长的想法。

有两位学者为我的调动操过心,一位是戴逸教授,中国人民大学清史研究所所长;另一位是郑天挺教授,南开大学历史系主任。

与戴逸先生(中)游吉林市松花湖

1979 年暑假,我回北京探亲并去铁狮子胡同一号戴先生家拜访了他。当时戴逸先生刚调回学校。人民大学恢复了清史研究所,很需要懂满文的人,他就想把我从东北调回北京。但是我已经结婚了,有两个孩子,办进京户口得排队。人民大学那么多老师都在申请回北京,都排着队。后来北京户口紧张了,四个进京户口指标很难办,越往后拖北京就越不好进了。

此时郑天挺教授对我也很关心,历史系建立明清史研究所,需要招聘专业人才,所以写信给我说:"你到天津来吧,到南开大学来吧。"我说行啊,我回不到北京,天津离北京近,也可以,而且南开也是知名大学。于是他就给学校打报告调我。在郑天挺教授的鼎力支持下,我调到天津南开的事已成定局,我爱人的工作也已安排到南开中学。可是风云突变,因给我落实政策不彻底,整我的材料尚未处理。南炳文教授代表南开大学来取我的人事档案时发现了这个问题。29 中领导说这是民族学院整的材料,我们不负责处理,得由他们处理。南老师把情况告诉了我,我说那就等一等,等到这个问题解决完了以后再说吧。没想到,就在这个过程中,坚决要调我到南开的教授郑老先生不幸去世,后来又牵扯到了户口问题,我失去了调到南开大学的机会。

没能调到人民大学和南开大学工作,是我人生一大憾事,但我始终感谢戴先生和郑先生,他们的知遇之恩我永远铭记心中。

1980 年下半年,我被调到东北师范大学,开始了我后半生的新的征程。

1979 年秋,王钟翰老师在丹东参加了一个清史学术会议,东北师大的李洵老师、薛虹老师也参加了。李洵就跟王钟翰说,东北师范大学(当时叫吉林师范大学)要成立明清史研究所,你在民族学院,比较熟悉满文班的学生,你能不能推荐一个会满文的到我们那工作。王钟翰说,刘厚生在你们吉林市呢,他学得很好,可以找他谈谈,不过刘厚生正在往北京调呢,要赶快联系他。

不久薛虹教授和陈作荣教授(当时是清史所的副所长)冒着大雪到吉林市 29 中找我谈话,希望我能够到师大工作。我说不行,因为人民大学、南开大学都在调我,而且我家人都在北京,我是独生子,我还是要回去照顾家人的。

薛虹说他们很急需,希望我先工作几年,培养几届研究生以后再回去。我说我考虑考虑吧。薛老师和陈老师非常热情,他们三次到我家中劝我去师大工作,使我很感动。之后我就开始思考这事,跟我爱人商量去不去师大。我爱人是吉林师范大学(现东北师大)数学系毕业生,工农兵学员。她对师大比较了解,她说师大是不错的,有很多很有名望的教授,特别是历史系。如果人大、南开去不了,暂时过渡一下,先在师大去也可以。结果我还没有同意去呢,薛虹老师都没跟我商量就到了吉林市教育局,找在那工作的吉林师大毕业的学生盖了戳子,一下子把手续都给办完了。办完以后才找我说，不去也不行了，那就去吧。

当时我爱人的工作还解决不了，我只身到师大报到，住在集体宿舍。后来学校又给我一间房子，但是我说，不行啊，我爱人的工作解决不了啊，我还有两个孩子呢，上户口也是问题。他们当时帮我想了各种办法。

我爱人陈思玲当时在吉林市三中当老师，为了去长春，只好到长春实验小学当了小学老师。由于没地方住，实验小学的人就让我们先住他们的办公室。那怎么行呢。李洵老师就找师大领导谈。当时正赶上下放的老师回城，房子实在挤不开。我就到什么地方住呢？二楼最边上的走廊。那有窗户，学校给我兼并成一个小屋子，但告诉我不能用火，上课时不能大声说话，因为旁边就是教室。我一看，这叫什么屋子？就是拿板凳、桌子搭的床铺。但是有些老师调回来也没地方住，都住在厕所了。我没办法，只能在那住了。两三个月后学校就给我分了旧房子。在东北师大折腾好几次，但环境逐渐改善，最后搬到有电梯的楼上去了。

到了师大以后工作就走上正轨了。薛虹的许诺是口头的，当我真要走、真有单位来调我的时候，他就不同意了。中国社科院历史所派所长来了，在欢迎的饭桌上，寒暄几句后，来客还没说话呢，我们所长李洵教授就说："你来干什么呀？是不是要调刘厚生啊？调谁都可以，就是不能调刘厚生。"就这样东北师大把我给留住了，我在东北把后半生奉献给了党的教育事业，奉献给了满语文，我无怨无悔。

我从大学毕业到吉林市，又到东北师大，经过了一段很曲折的人生道路。挨过整，受过委屈，但最受委屈的是我爱人。因为大家都不知道"五一六"是怎么回事。所以我过去教的那个班和她任教的那个小学的老师们，一听说我是"五一六"分子，那简直不得了，虽然那时我们还没有结婚，但是他们还是把她当成反革命家属。1972 年，邓小平主持中央工作，大学开始招生，我爱人冲破重重阻力，报了名，参加了考试，取得吉林市的第一名，被吉林师范大学(现东北师大)数学系录取。后来我爱人常调侃说,坏事变好事,这是辩证法。1975年初,她大学毕业,分配到吉林市三中,那时我还在校办工厂劳动改造,她没有嫌弃我,毅然跟我结了婚,因此,我没有理由不对她好。在今后的日子里,她抚养孩子,承担了全部家务,我的教学和科研工作,她也给了我大力的支持。在电脑还不普及的年代,我的书稿、发表的文章,大部分都是她帮助誊抄的。有了电脑后,她又帮我打字、编排收发稿件,可以说,我所取得的成绩有她的一半功劳。

加入中国共产党

1980年年末,我正式调入吉林师范大学后,我向系总支书记姜守鹏同志汇报了我受审查的情况,并要求进一步落实党的政策。他表示组织上很重视,一定会给我落实好政策。大概是第二年春天,我收到了民族学院给我的一封信,表示清查"五一六"是错误的,向我道歉,专案组成员搞"逼供信"要认真检讨和处分。我把信给姜守鹏书记看了,他说他们已经知道了。后来我给民族学院写了一封回信表示:我挨整是四人帮的罪过,我在这个过程中经受住了考验,使我在思想上更加成熟,更坚定了跟党走的决心,我没有怨言。而且我是大学教师了,我现在很好,家庭也没有受到什么损害。尽管精神上受到的压力很大,我也不希望你们对我进行什么忏悔、道歉,不需要。

后来民族学院又来信,整过我的专案组成员做了检讨,而且把检讨书给我寄来了。我就回信说,这件事情就算拉倒,已经平反了,他们也认错了,只要我的档案里不要有任何黑材料就可以了。不久姜守鹏书记跟我谈过一次话,他说这个问题已经彻底解决了,档案中有关"五一六"的材料全部在他监督下焚毁了,让我放心,没问题了。我非常感激历史系党组织,感激姜守鹏书记,他是我遇到的又一位好人。

　　我还有一个心结，就是我一定要加入中国共产党。我在学生时期没能入党，当时是积极分子，后来就"文革"了，所以此事就放下了。我入党没有别的目的，因为我从小热爱党。我就想用实际行动证明我对党是热爱的，是忠诚的，我一定要积极入党，实现我人生的政治追求。后来我把我的愿望向党组织汇报了，写了入党申请书，他们都非常支持。我热爱共产党，我相信中国没有共产党是不行的。另外我想证明一下我政治上是清白的，所以我一定要加入共产党。1986年6月28日支部大会后，我成为了预备党员，1987年7月1日转正成为正式的共产党员。

　　从少先队到共青团再到共产党，我都经历了。少先队、共青团培养了我，我在少先队和共青团都担任过重要的职务，受到了锻炼，所以对共产党的信念是不会动摇的。我对党有信心，我们党一定能够把自己治理好，把国家治理好。这一点我对学生们也有积极影响，我鼓励他们要相信党，要入党，鼓励他们要求进步，在政治风雨面前要站稳脚跟。

满语文的春天

　　打倒"四人帮"以后，百废俱兴，科学教育迎来了春天。很多大学恢复了正常教学，吉林师范大学也不例外。

　　吉林师范大学就是现在的东北师范大学，那时它是省属院校，所以叫吉林师范大学。吉林师范大学是一个有悠久历史的学校，它的前身是延安工学，东北解放后延安工学搬到东北来。校址曾辗转在佳木斯、本溪、吉林，最后到了长春。这个学校最早的几任校长都非常有名，如成仿吾，他是我们国家很有名的学者。还有张学良的弟弟张学思。吉林师范大学人才济济，特别是文科非常有实力，因为它接收了张学良的东北大学文学部这部分家底，东北大学理科部分在沈阳。

打倒"四人帮"以后，很多优秀的教授恢复了热情，他们很想干点事情。在历史研究方面，李洵老师是非常有名的教授，他和陈作荣、薛虹等老师就想把明清史研究重新做起来。搞明清史就需要满语文。由于满文档案太多又很少人能识得，需要培养这方面的人才，所以他们就把我调来从事满语文的教学工作。

我的任务，一个是要研究明清史，给本科生上历史课、上选修课；另一个就是给明清史所的研究生上满语课，而且满语课是我教学的主要任务。从1980年年底开始，我就给研究生上课了。

从1979年到我1980年调来之前这一年多，我开始编写教材，作了有朝一日专业归队的准备。由于当时资料很缺乏，编写时很困难。好在大学时很多讲义、笔记我都留着呢，我就以原来的讲义为蓝本，用新的办法来编写，把我大学时学的知识与现代语言学的知识结合起来。为了保证质量，我又请教我满文班的同学，像富丽、栗振复、关孝廉几位，请他们认真阅读，提出修改意见。大概经过一年的时间，教材完成了，分上中下三册。① 有了教材我调入师大后马上就进入角色，开始进行教学了。当时清史研究所非常重视这件事，有几位有名的学者都在这个时期跟我学习满语，包括李洵、薛虹、陈作荣、赵德贵几位老先生，当时他们都年事已高，还坚持要求学习。

研究生们学习满语都很认真，热情很高。他们学习时间是一年，我又带他们到北京故宫的第一历史档案馆实习了半年。实习的指导老师就是我的同学，所以第一届研究生的质量是相当高的，他们完全可以看满文档案，达到了我们预期的教学目的。以后历届明清史的研究生都要学满语，这是必修课，而且所有的研究生都要去北京实习。

我不仅给东北师大的研究生上课，② 后来又被许多大学聘任为客座教授。现在的吉林师

① 教材是内部印刷，2009年经修订后正式出版。
② 东北师范大学在满语文教学方面开了先河，是打倒『四人帮』以后全国第一所认真进行满语文教学的大学。

范大学(原四平师范学院,我校改称东北师范大学后,该校改称吉林师范大学)、长春师范大学、北华大学等高校的研究生都跟我学过,一些本科生也和我学过。

研究生在中国第一历史档案馆听屈六生老师讲满文课。前排左起:刘厚生、杨洪波、冷东、赵轶峰。后排左起:谢景芳、赵毅、杨连庆

研究生们与实习指导老师合影(前排左起为孟宪振、刘厚生、关孝廉、屈六生)

在我从事满语文教学的过程中,为了把我满文的特长运用到历史研究中去,我首先涉足的领域是满文家谱。

满语文的文化样态·满文家谱

　　我喜欢田野调查,收集口碑资料。1985 年前后一个偶然的机会我结识了石光伟同志,他是满族,沈阳音乐学院毕业,在吉林省艺术研究所从事满族音乐的研究工作。他知道我懂满语文后,他时常拿些用满语演唱的民歌让我翻译成汉文,后来又把他家的满文家谱和萨满神词让我看,我感到很新奇,那是我第一次接触到这些资料。

　　满文家谱的写法是把始祖的满文名字放在最前边,后边接着写后代。始祖的前后都会有一些画,有钱的就可以画得很复杂,甚至整个家谱都装饰得很好,一般人家也会在始祖附近画一个小亭子或者其他图案。有的还画始祖的像,甚至想象着祖先穿着黄袍马褂。老石家的始祖是骑着大马的,画得很形象。"文革"期间,许多满文家谱作为"四旧"给烧了,谁都不敢留。大胆点的把它藏起来,有的

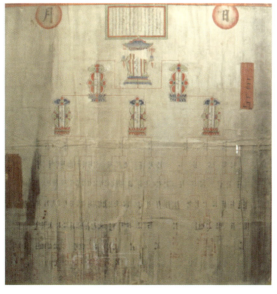

满文家谱

藏到房梁上,有的藏在烟道里。所以他拿出来的家谱外面的包皮都是黑灰,好在还是有些人把它保存下来了。石光伟家的满文家谱就是族人冒着很大风险给保存下来的,很是珍贵。我帮他翻译,同时获得了不少知识。此后,石光伟陪我走访过吉林、黑龙江两省的许多满族家庭和老人,看到过很多珍贵的家谱、族谱,受益匪浅。

我们在吉林看的伊尔根觉罗赵氏的家谱,始祖乌木谱可追溯到清入关前的努尔哈赤时代,其族人于清嘉庆年间始立谱,并立了满文碑,世世代代保留下来,"文革"期间也是藏起来的,没有被红卫兵破坏,所以比较完整。满文家谱像这样的还不是很多,大多是谱单子,全是人名。红颜色的名字就是在立谱的时候人还活着,黑颜色的就是修家谱的时候人已经去世了。还有一种是谱书、谱序。有的家谱很完整,讲他们祖先是从什么地方来的,又到什么地方去,什么时候开始写家谱、什么时候萨满或者是谁续谱,都写得很详细,但记得像赵氏家谱这么完整的不多,而且有碑印证。我把满文家谱和满文碑文翻译出来,引起了社会的广泛关注,应其家族之请出了一本书,

圆形家谱

《吉林打牲乌拉佛满洲镶蓝旗伊尔根觉罗赵氏家族》（吉林文史出版社，2016年），受到称赞。满文家谱一直是我研究的一个非常重要的领域。

2011年的一天，我接到一个电话，是海南海口一个叫林小平的人打来的。他说他的祖上林宜华是清代同治年间台湾总兵，因保卫、治理台湾的卓越功勋，光绪皇帝御赐牌匾一块，上面刻有满汉对照的鎏金文字，以嘉奖林宜华。但由于年代久

满文匾额

远，有些字已经剥落。他多方打听到我会满文，请我去看看，希望能对这块珍贵的匾额进行修复。应他之邀，我三次去海南，幸好牌匾中汉文损坏的地方所对应的满文的部分尚能看清，而满文不清的地方，汉文还能辨认。于是我对照着，分别把满汉文对释出来，由篆刻师傅修补刷金，修复如旧。其实在民间还庋藏着许多有关满文的珍贵文物，这些真是需要我们下力气去挖掘的。

满语文的文化样态·萨满教

萨满教与满语文关系密切。因为萨满祭祀

时要唱神歌,神歌都是用满语唱的。

萨满教研究是一门国际性学问,世界有萨满教协会①。匈牙利人霍帕尔②是学会会长,他曾经多次来中国,也到过吉林,我接待过他。外国人研究萨满教没有资料,更没有影像,深入研究下去很困难,所以他们急着到中国来研究中国的萨满教。

我曾经跟石光伟写了一本书叫《满族萨满教研究》,是想研究中国萨满教特别是满族萨满教的特点,但是我更注意的是它的神词。现有满文的神本,能留下来很不容易。不懂满文怎么能看懂呢?有一种神本都是汉字标音。我要把汉字标音翻译回满文很不容易,因为汉字有四声,这四声不同,可能这个汉字对应的意思或者满文就有变化,所以把神本译成满文,然后再根据满文译成汉语,这项工作只有会满文的人才能做到。因此,萨满教研究要继续走下去,它的瓶颈、障碍主要是在语言上。因为萨满教的程式,也就是萨满跳神的过程,研究萨满教的人基本上都很熟了,老石家、老关家跳神都拍了录像,但是对萨满神词的研究还是一个问题。

①即国际萨满教研究会。

②米哈伊·霍帕尔(Mihaly Hoppal 1942—)匈牙利人类学家、民族学家,匈牙利科学院教授,国际萨满教研究会主席。主要研究比较神话学与萨满教,编纂有《西伯利亚的萨满》《萨满:历史与当下》等论文集,并著有《转型下的萨满传统》《神话学与乌拉尔语系下的萨满研究》等书。

与石光伟
先生研究萨满
教问题

萨满神词有很多。每一个姓氏的萨满神词都不太一样,没有一个统一的范本。每个姓氏都有自己的萨满,我的萨满不能到你家跳神去,你可以来看,但是你不能当主持人。所以,萨满歌曲的唱词,老石家有老石家的,老关家有老关家的。即使很多词都有相同之处,词意也不一样,所以留下来的满文萨满神词相当丰富。有些研究萨满神词的老先生搜集了很多一手的口传资料,也有人在做翻译工作,但是大量的、科学的翻译,既懂萨满教又懂满语的人的翻译那就太少了。所以我研究满语文的另一个领域就是萨满教,重点研究萨满神词,跟一些老先生一起把它们认真地翻译出来,然后出书。这是很费时费力的事。但是我做可能还方便点,因为我会满语,可以看懂他的满文神词,也能看懂他用汉文记的神词,而且这几十年一直在研究萨满教,算是比较熟悉。我对清代宫廷中的萨满教也有所研究,出版了《清代宫廷萨满祭祀研究》(吉林文史出版社,1992年)一书。

关于萨满教的传说也有一些,可惜文字资料太少。有一个叫《尼山萨满》的故事,它是清朝人用满文写的。原始本让俄国人给掠去了,后来又复印回来,北京中国社会科学院民族研究所和民族学院都有原始本的复印本。讲的是一个财主的孩子去打猎,突然得了病,灵魂就被阴间取走了。财主费了很大劲才把女萨满尼山请过来,请她去阴间为孩子夺魂。女萨满去阴间的过程中就有很多的波折,受到很多阻碍。她死去的丈夫也对她不满,说我是你丈夫,你都不把我的魂取出来让我还身,你却救一个孩子。最后她从阴间把孩子灵魂救出来了,这孩子就又活了。本子里说故事的背景是明朝。

这个故事有满族的文化色彩,有汉族文化色彩,有佛教色彩,也有道教色彩,经过了许多人的演绎。非常重要的是,它是用满文写的很完整的传说故事,这在我们今天很少见。满族不像其他少数民族,像蒙古族、藏族都有流传的本子,这就给我们申请非遗造成了一个障碍。有些非遗专家认为满语文不够资格入选国家级名录,因为它没有像蒙古族《江格尔》、藏族《格萨尔》那样完整、那么大部头的作品,缺乏文学贡献。我对这个观点持异议,要从文学角度评价,我们有萨满神词,尽管不长,确实有,我们还可以挖掘,也可能挖掘出更多的东西。我们所正在挖掘说部,这个说部就是满族说唱故事。可惜没留下满文的,我想进一步的挖掘还是有可能发现更多的满语文的说唱故事的。

黑龙江省黑河地区四季屯有位九十岁的满族老太太叫何世环,我多次拜访过她,她会用满语演唱尼山萨满的故事。吉林省搞的说部是重要非遗成果,已经编了很多书,大致有上千万字了。

满语文的文化样态·地名、名著中的满语文

满语文在东北的遗存非常多,到处都可以找到研究的课题,特别是地名。比如说吉林市有个地方叫哈达湾,"哈达"就是满语,指比较矮的山,比较平的山,松花江在"哈达"这个地方要转弯了,所以叫"哈达湾"。

松花江是很有名的,它的满语名叫松阿里乌拉,有天河的意思。吉林省的吉林就是满语,吉林是"边沿"的意思,还有一些区、县、村用满语的很多。

文学著作中也有满语,如曹雪芹的《红楼梦》。我写过文章专门探讨《红楼梦》中的满语名称。[1]这个探讨是受启功的启发。启功是满族,爱新觉罗家族,在20世纪80年代主持整理曹雪芹的《红楼梦》。他有一条注释,我记得是118回有一条关于克什的注释,说克什就是皇上把吃不完的食物赏给大臣吃。后来又发展到老人给孩子们吃食,比如说过年过节送点吃的,这也叫克什,他说这是满语。

这个满语怎么来的呢? 克什应该是满语中一个

① 刘厚生:《红楼梦》与满语言文化刍议", 《清史研究》2001年第4期。

字的音,叫作 kesi。kesi 是恩惠的意思,克什就是 kesi 转变来的,因为清朝皇上赏给大臣是一种恩惠。kesi 这个音翻译成汉字的时候,汉语把它叫作克什。当然,发音多少有些变化,不是很准确,这是因为汉字有四个声调。

《红楼梦》中到底有没有满语?于是我就把《红楼梦》从头到尾翻了一遍,发现除了克什以外,《红楼梦》中确实还有一些满语。比如"嬷嬷"这个词,这是满族经常用的词,是指老太太。还有在《红楼梦》中的一些萨满祭祀。另外还有一些不像汉语,我认为可能是满语文,比如说警幻仙子。《红楼梦》中专门有一章谈警幻,把警幻这个神描写得非常好,非常漂亮。警幻这个词在汉语中很难理解是个什么意思,我们查了满语,警幻这个词是一个很接近满语的词,表示很光亮、光彩、漂亮,也就是光彩夺目的意思。

我大概查了一二十个很像满语的名字,这些都可以通过它的音找到对应的词。克什肯定是 kesi,这个词和它的用法跟满文这个词很相近,这没问题。但是我找到的文字没有进一步的考证和佐证,所以我只能说是一种假说。《红楼梦》中有满语文,这与曹雪芹的家族有直接的关系。我估计他的祖上会满语,他的爷爷、父亲都是内务府的重要人物,后来任江南织造,是非常受康熙皇帝恩宠的人。在雍正时期,曹家被抄,家庭败落。这个过程在满文档案中都有记载。所以研究《红楼梦》等清代古典文学中的满语,也很有学术价值。

清代满文和汉文互相影响。当然汉文对满文的影响更多些,所以满文造了很多带有汉文色彩的词。但是满文对汉文也有影响,包括今天我们吃的、住的或者穿的东西都有满文和满族的文化元素。比如旗袍,就是满族的。北京人爱吃的萨其马,也是满族的食品。本身就是满语。艾窝窝是北京小孩爱吃的甜食,这也是满语。可惜我们对两种语言的相互影响研究得不够,或者说重视不够。这就需要更多人学会满语,进行民俗调查、民俗研究。

满语文的文化样态·满语歌曲

满族原来是一个善歌善舞的民族,可惜优良传统没有流传下来。我们从萨满祭祀可以看到,萨满就是一个舞蹈家,外国学者也这么说。萨满甩的腰铃不是一般人能够甩起来的,而且鼓点、腰铃配合得很好,其中包含了很多的音乐元素。另外满族爱唱歌,历史档案中有记录。民间爱唱歌,宫廷更爱唱。宫廷的舞蹈和音乐很有章法,礼仪上要求都很严格,对此专门有书记录。可惜我们在这方面研究不够,音乐家在搜集满语歌曲、挖掘满族音乐方面做得很不够,我估计主要是语言有障碍。

石光伟是满族音乐家,研究满族音乐的"老三点"很有成就。他说,萨满跳神怎么打鼓,打鼓节奏哪个是高亢的,哪个是低沉的,都有很多讲究。我们东北师大音乐系倒是有一个萨满研究所,他们专门研究萨满音乐。如果能懂得满语,深入进去,我想一定能够取得成果。

我曾跟满族朋友说,满族人有一千多万,你们的歌舞有什么特点呢?春节联欢晚会上,一看,这是蒙古族,这是朝鲜族;一听,这是藏族。别人都是一张嘴就能知道这是哪个民族,可是满族的歌舞没有上过"春晚"。满族歌唱家有很多,他们唱了很多汉族歌曲,满语歌曲一首都不会唱。所以我就想培养一些会唱满文歌曲的歌唱家。本溪的小学教师王晓丹、史长军都是跟我学满语的老师,他们很爱唱歌。2012 年辽宁民族会演,他们穿着满族服装,演唱满语歌曲《祝酒歌》,获得了二等奖。辽宁省那么多剧团都没有获奖,而这两个非专业的小学老师去跟那些专业的人比赛,能获得二等奖很不容易。为什么能获得二等奖呢? 因为他们是满族,是用满语唱的,所以当时获得了非常热烈的掌声,特别受欢迎。我特意到沈阳去看他们的演出,去给他们鼓劲,我当时真是热泪盈眶。我感觉我的学生真好,这不在于他们的歌喉如何，而是他们充满着对民族文化的热爱，有弘扬民族文化、弘扬满语文化的热情。

我想，将来我们要多编一些满语歌曲，发掘更多的满族民歌，让孩子们唱，让唱满语歌曲形成传统。等创作成熟以后，再到北京请一些歌唱家演唱，这是我的一个夙愿。

本溪满族自治县王晓丹和史长军在沈阳比赛现场

满语文研究

研究清史、研究满文历史档案是我教学和科研的主要方向。从民族学院毕业后，虽然从事非所学的工作，但是我始终没有放弃对满语及满文历史档案的研究，在调到东北师大之前，我就编写了一本《满文奏折成语》，手抄成册，由我爱人用锦缎装裱书皮，用隶书书写书名。到东北师大后，出版的第一本著作是《清雍正朝镶红旗档》[1]，共五十四件满文档案，是研究八旗制度的非常珍贵的原始史料。

① 《清雍正朝镶红旗档》，东北师大出版社 1985 年。

①官名。清代于各衙署设置的低级文官，掌理翻译满汉章奏文书。

②巴克什额尔德尼和扎尔固齐噶盖。

这是我研究满文档案的开始。下一个重要的工作是研究《旧满洲档》。

"旧满洲档"这个说法是中国台湾的学者提出来的。努尔哈赤和皇太极入关前，一些文人（后来叫笔帖式①）每天都要记录他们的生活情况、战争情况。当时条件很艰苦，纸张奇缺，所以他们的记录都是记在明朝官衙的公文纸的后面。前面是公文，背面是空白的，尽管透了一些汉文，他们还是用那样的纸记录了努尔哈赤、皇太极时期的历史。当时用两种文字，一种是初期的老满文，就是 1599 年努尔哈赤让额尔德尼和嘎盖②创造的文字。老满文是按照蒙文字母来编排的，没有圈点。没有圈点有什么问题呢？比如说嘎、喀、哈这三个音，都用一个字母表示。现在蒙文也是这样，蒙文不太好学就在这儿。写这么一个字母，是念嘎，念哈，还是念喀？初学者就会觉得困难。嘎、喀、哈、哥、科、喝这几个字都用一个字母表示就会出现这种问题。当时额尔德尼造字的时候就是照蒙文造的，所以他没用圈点来区分。皇太极感到用蒙文字学满语有点问题，嘎、喀、哈有时候分不开就造成很多误解。1632 年又出现一位语言学家叫达海，达海把老满文进行了改造，他的功绩就是加了圈点，比如"喀"，圈点都没有，如果是"嘎"就在旁边多一个点，如果是"哈"就加一个圈。这样嘎、喀、哈就成为三种不同样子的字母了：一个带点的，一个带圈的，一个没点没圈，学起来就方便了。除此之外，还有一些圈点的问题也解决了，所以满语对初学者来说很好学，只要把这个字母记住，把连字法记住，这个字不认识也可以读出来。这跟汉语就不一样了。汉语拿出一个词来，读不出来就不知道它的意思，学起来就非常困难。满语是拼音文字，是比较好学的。明朝末年到中国来的外国传教士，他们到东北来先学满语、满文，然后学汉语，因为他们本国文字也是拼音文字，他们觉得满文很合乎他们的规律，所以更易接受。很多传教士满语、满文都相当好。

满文写起来也快。我记得"文革"初期我国搞过一次语言文字的比赛。蒙古文是世界第一，写得最快。满文当时可能没参加，如果参加可能是第二，因为写圈会多占时间。

满语言文字是我研究的一个重要方面。我从《旧满洲档》开始着手研究。我跟中国台湾一位叫李学智的学者合作，我们想把《旧满洲档》翻译出来。因为《旧满洲档》的原始档是抄在旧纸上的，到了乾隆时期，乾隆皇帝看到了，说这个纸都糟旧了，将近百年了，需要重抄好保留下来。但是乾隆皇帝搞文化专制，编纂《四库全书》时烧了很多对他不利的汉文书，也包括满文书。他也不想保留记录他祖先污点的文字，就都烧光了，所以我们对努尔哈赤上一辈的历史情况都不是很清楚。对《旧满洲档》乾隆皇帝也进行删改，原始件的老档里可以看到用毛笔画的道道，有些被大量地勾掉。我举个例子，褚英是努尔哈赤的长子，已经定下将来要继承皇位。但是褚英这个人性格不好，对他弟弟妹妹们都很蛮横。而且对他爸爸也不太恭敬，甚至偷偷地进行萨满祭祀，弄个小人念咒希望他爸爸早死，这事让他弟弟知道了，就报给了努尔哈赤。努尔哈赤非常生气，就把褚英关入高墙让他反省。褚英也不好好反省，努尔哈赤觉得他不可救药

1991 年 8 月，在成都清史会上与中国台湾清史和满文专家李学智先生（左一）在一起

1992年李学智先生访问东北师范大学清史研究所。后排左一为刘厚生，左二为赵德贵

了，最后就把他给杀掉了。褚英是一个善战的人，打乌拉的时候很有功劳。这段真实的历史《旧满洲档》上有，长子被处死是家丑，所以乾隆看到以后赶快拿笔勾掉了。

乾隆皇帝下令抄写了两份，比较大的黄绫本，留在北京，小黄绫本留在沈阳。大小黄绫本是乾隆修改以后的重抄件，它有失实的地方，把不好的地方都删去了。现在最宝贵的就是原始件，可是这原始件没在大陆，在台湾。好在台湾的满文学家李学智、广禄他们研究满文老档的时候能够亲眼看到。李学智都拍了照，而且那些勾掉的文字在太阳下有的能看出来，他就进行了整理。努尔哈赤初期的档案就是他亲自整理的。

李学智是河南人。去四川开清史会的时候我见到了他，我们俩谈得很投机。他说："我很想把旧满文档翻译出来，而且我这个档案是最正宗的。"为什么最正宗呢？有一次下雨，台北故宫博物院房子漏了，工作人员就搬动了这些东西，因为不懂满语，就把次序搬乱了。后来他进行了整理，把材料按次序调顺，基本都弄好了。他希望跟我合作，我也愿意合作。老先生非常执着，回去以后把他整理的那些卡片、照片装了一大麻袋，带着老伴从台湾到长春来了。他们坐的小飞机，颠簸得很厉害，很危险。而且飞机晚点，两点多钟才到。李学智在东北师大住了四五天,薛虹老师和李洵老师都热情地接待他。当时因为两地往返很不容易,联系也比较麻烦。我们只合作了一部分,他把已经编出来的东西都给了我,让我认真校一下。

这位老先生脾气比较暴躁。因为没儿没女,晚年没人照顾,身体就越来越不好了,老伴去世不久,他也就去世了。过了很长时间,他的学生给我来了一封信我才知道他已故去。后来我跟他的学生们说,如果你们还有意愿,我们可以共同把这事做完。但之后就没有联系了,此事不了了之。

但是我出了一本书,叫《旧满洲档研究》。书里有一些我翻译的东西,这是我的一部比较重要的著作,是用比较研究的方法研究满洲原始档,目前还没有这样的专著。这本书获得教育部等单位的多项奖励。但是我这本书还是比较肤浅,因为我还没有去台湾认真看原始档。好在十多年前中国社科院历史所编清史的时候,为了增加一些新资料,曾从台湾买了《旧满洲档》的影印本。《旧满洲档》没有汉文的,都是满文,分十册出版。当时也给我复印了一份。所以,我想有机会把它全部翻译成汉文,供大家使用。

我大学时期就很注意搜集满文文献。因为我家住在天桥附近,离琉璃厂的古书店很近,我每个礼拜回家的时候,几乎都要到琉璃厂去转一转,买古书。那时候偶尔还能见到一些跟满文有关的古书,比如说《清文启蒙》①《清文虚字指南编》②,我见到都买,所以现在我家里还有很多满文的书,包括一些字书和《清文补汇》③《清文总汇》④这样的古书。其他还有一些还是乾隆年间的,那纸都糟了。《钦定清汉对音字式》⑤这类书多数都是光绪年

①《清文启蒙》,舞格寿平著,中国清代用传统方法讲授满文的教科书,也是最早的满文教科书之一。

②《清文虚字指南编》,清万福厚田辑著,满文语法辞书。

③《清文补汇》,八卷,清宜兴撰。此书是满汉合璧注解辞典,为修订、增补《清文汇书》而编成此书。

④《清文总汇》,十二卷,清志宽、培宽等编。是清代早期的满语词典,按部类分别收列词条。

⑤《钦定清汉对音字式》,乾隆帝为规范满蒙语人名、地名、敕令军机处翻书房编纂而成。书中统一了满汉文译音标准。

① 东洋文库是日本收藏东方学图书资料的图书馆兼研究所。前身是英国人莫里逊（Geoge Ernest Morrison）创立的莫里逊文库。1917 年 8 月 29 日莫里逊将文献卖给日本三菱财阀的巨头岩崎久弥。岩崎久弥于 1924 年 11 月正式建立「东洋文库」。

间的。我跟出版社说过多次，我有生之年，希望能出一套清代满文珍稀善本丛书。一本一本的影印，给后代留下。因为这些东西，我们在市面上见不到，有一些图书馆也没有收藏。另外，有一些图书馆条件不好，书都糟了，我们得抢救。我到日本去，看到"东洋文库"①的书，保护得很好，我们也应该采取保护措施了。我一直都有一个愿望，将来有机会可以把国内没有的满文善本书复印回来，保存起来。所以，我委托在美国、日本学习的学生、朋友，希望他们

2008 年，在黑龙江齐齐哈尔市富裕县三家子村采访孟淑静老人，收集口述史料，抢救满语文

2006 年，在黑龙江省黑河地区四季屯采访何世环老人，收集满语口语资料

能把国外的满文书的目录带回来。

为了研究生教学的需要,我看了许多书,搜集了大量资料,自 20 世纪 80 年代开始,我就着手编写教材和工具书,先后公开出版了《简明满汉辞典》(河南大学出版社,1988 年)、《汉满词典》(民族出版社,2005 年)、《满语文教程》(吉林文史出版社,2009 年)。这些书的出版受到普遍欢迎,推动了满语文的普及和传承。

满语文的传承

从 20 世纪的 80 年代到 2010 年,我主要在大学从事教学,培养的学生大概有几百位。

2005 年我逐渐退下来了,我开始考虑满语文的抢救和传承,如果仅仅靠大学是不够的。大学是一个象牙塔,它培养了很多尖端的学生。但是,这些学生还是按照传统思路成长,学习满文就是为了将来研究档案、研究历史。如果按这个路走下去,就会越走越窄。因为像我这一代学习满文的人要陆续退出历史舞台了,能够教满语文的人越来越少。我招了十几个博士生都学满文,但他们学了满文也不是研究满文,而是研究历史,研究东北史。满语文缺少语言学层面的研究,这个领域一直到现在还是一个空白。我们大部分力量都在培养研究历史的、研究社会史的、研究民族史的研究生。以后还有谁去教满语,研究满语文呢?

我想这样不行,将来满语文的传承要成问题。好在这个时期我们国家非常重视非物质文化遗产了,把满语文列为非遗项目,满语文发展迎来了新的契机。作为遗产来研究它,来保护它,来传承它,就需要更多的人从事这件工作。所以我退休后,为了能让更多的人学习满语文,让更多人了解满语文,我在东北师大办了两期短训班,为社会上那些从事民俗、旅游、档案管理、历史研究的在职人员提供学习机会。这个短训班的目的就是让他们知道满语文是什么,进行入门教育。如果他们需要深造,还可以继续再往下学。但是学生们毕竟是在职的,年岁偏大,记单词、记语法还是比较困难的。后来我想,除了在校的这些本科生和研究生以外,还得向社会招收更多的青年人来学。

2007 年,东北师范大学成立了东北民族民俗博物馆,2008 年下设满语言文化研究中心,这个研究中心受到了吉林省省委省政府有关领导的高度重视。满语言文化研究中心的工作内容之一就是向

2007 年,吉林市满语文学习班师生合影

2008 年 11 月 30 日,东北师范大学满语学班第一期初级班开学典礼

2008 年 11 月 30 日，东北师范大学满语学班第一期初级班学员合影

社会推广满语，招收社会青年来学习。所以我们在东北师范大学专门开辟了一个平台，向各大学发广告，向社会发广告，无偿地为他们提供培训。社会青年来了不少，最多的时候一个班五十多人，屋里挤得满满的。后续办了几期，不仅在长春，还到吉林市、白山市、伊通满族自治县等地去办，累计学员数百人。

社会上来的人职业就多种多样了，除了在校的学生以外，还有中学老师、小学老师、搞广告的、搞旅游的，等等。办班的目的是让更多人了解满语文，虽然他们是初步学习，但是社会影响很好，在吉林省带动了一个学习满语文的高潮。除了我们办的班以外，长春还有两三家办班，他们自编教材，热情很高，借用大学教室无偿地为大家服务，带动了更多人学习。后来我把他们叫作"山寨派"。我觉得这个形式很好，于是就形成了学院派和山寨派。学院派以东北师范大学为主，后来还带动了吉林师范大学、北华大学、长春师范大学等的参与。而且逐渐深入，在历史系的本科中还搞了一个满语文专业，吉林师大还争取到了满语文的博士点，聘我去上课，促使很多年轻人肯用更多的精力来学习满语文。

吉林省带头推动了东北三省的满语文普及教育，也带动了辽宁省、黑龙江省的满语文学习，各种学习班、讲习班、培训班应运而

① 刘厚生编写的《满语文教程》，是东北师范大学『满语言文化研究丛书』的首部图书，于2009年5月由吉林文史出版社出版。

2008年，东北师范大学满语言文化研究中心成立

生，培养了很多的社会青年。这也说明，在国家帮扶的大背景下，抢救满语文的工作逐渐受到了重视。

东北师范大学的满语文教育做得好。为什么呢，一个是我们时间长，1980年开始教学，取得了丰富的经验；另外我们的教材是最新的，又是最全的。前面已提及我们有一本《满语文教程》①，这是一本比较成熟的而且经过了多年实践才出版的教材。

这本书中满语的语音、词法、句法和选读都有，是比较全的，是1980年我教研究生的教材。这本书一共三册，编完并没有马上公开出版，是想实践一段时间，使它少出点问题，而且可以使内容更丰富。所以，很多年后才公开出版。这样能够保证教材质量。

东北师大的教材都是公开出版物。20世纪80年代，我们给东北师大研究生编了《简明满汉辞典》，我带着我的学生，还有我的满文班同学编写了一年多，下了很多功夫。那时候没有软件，都是用铅字排版的。民族出版社在中关村，离民族学院很近，有几位说蒙语的老工人懂得满文，所以这些铅字都是一个一个堆积出来的，花了一年的时间，很不容易。

版制好了，找谁出版呢？因为出书还需要有一定资金。后来我的一个学生叫牛建强,他是河南大学到东北师大进修的老师,他回学校与校长朱绍侯说了。朱先生毕业于东北师大历史系,是一位老教授了,他很懂满语文的重要性。他说:"这个书我们出吧,我们出版社刚刚成立,需要几本打人(有分量)的书,所有经费我们出,我们一定把这个书出好。"所以他派了一位女同志叫刘晓敏,专门在北京进行校对。为了保证质量,还让王钟翰先生审定。王钟翰懂满语,他特意为这个书写了序。这本书出版以后影响比较大。东北师大有教材,又有这本字典,所以教学质量较高。

在教学过程中,我感觉还有问题。《简明满汉辞典》是满文打头,这样的话普及就难了。比如说知道"乌拉"这个词是满语,是"江"的意思,但不懂满语,要查一个满文的"江"怎么办呢? 知道汉族的"江",不知道满文怎么写,那怎么办呢? 所以就需要一本汉满字典,就是以汉字打头的字典,所以我们又组织一些人编写了以汉字打头的《汉满字典》。这个字典准备得比较充分,而且北京有计算机软件了,用电脑排的,质量就比《简明满汉辞典》要高一些。

现在我们东北师范大学既有教程,又有辞典。所以,现在我要普及满语文相对具备条件,同时,满语作为非物质文化遗产需要抢救,国家有政策予以支持。因此,我退休以后为自己划定了工作范围,重点就放在普及满语文、抢救满语文和培养满语文人才及传承人方面。

抢救满语文过程中,我认为表现最好、收效最大、成果最丰富的,非辽宁本溪满族自治县莫属了。2010 年,本溪县领导派县教师进修学校白文阁校长和谢文湘主任来长春找我,说本溪满族自治县很希望学生学习满语,请我去培养师资。我欣然答应了。从该年 9月份开始,县里从各小学抽调近三十名教师,集中在教师进修学校学习,由我给他们上课,历时半年。我每隔一周去上一次课,长春到本溪县山水相隔数百里,乘完火车还要换汽车,风雪无阻,想起来还是挺辛苦的。学员们学习很认真、很努力,热情很高,我很欣慰。在短短的几个月内他们就学会了语音、语法,可以看懂简短的句子和文章。学习班获得了很大成功。在毕业典礼上,县领导和各个学校的领导前来观模学员们的学习成果,学员们现场用满语朗诵古诗词、演唱满语歌曲,展示优美的满族舞蹈及满文书法。濒临消失的满语文有救了,这坚定了他们拯救、传承、弘扬满语文的决心和信心。年末学习班结束了,在我的指导下大家开始自编满语教材。2011年3月全县小学的5—6年级开设了满语课,至今已经坚持了六年的时间,走出了一条非常成功的道路,总结了一套完整成熟的经验,称之为"本溪模式"。本溪在全省乃至全国树立了一面旗帜,辽宁省还发了文件号召向本溪学习,要求省内所有满族自治县小学开设满语文校本课,一个学习满语文的热潮在辽宁省迅速展开,受到了有关部门的肯定和广大满族群众的欢迎。

满语文要传承下去,必须从娃娃抓起。在辽宁省的带动下,东北其他地区小学也把学满语列入正式课程。吉林省伊通满族自治县小学5—6年级、白山市江源区部分小学也开始学满语了。

满族文化的抢救、满语的传承一定要发动群众。基层开始认识了,会推动上层领导改变观念。现在国家民委、政协多次派人到本溪去采访,给了他们很大的鼓励,而且将来会在资金上给他们资助,

刘厚生在授课

2010 年,辽宁省本溪满族自治县满语文师资培训班开学典礼。前排右二为刘厚生

2010 年,辽宁省本溪满族自治县满语文师资培训班毕业典礼

满语文教学

我想这是很重要的事。

满语文的传承很重要，满语文的研究更重要，越深入，需要做的事情就越多，需要研究的领域、需要的人才也会更多，所以培养人才是首要的。而培养人才应该从娃娃抓起，从青少年抓起。在青少年时期打一个好的基础，然后到大学中再深造。我们需要有精英来参与满语文的传承。在大学认真地培养科班人才，培养出一些精英，有了这个基础，我想今后会产生很多语言学家、历史学家的。

我对地方史、地方文化、民族文化一直十分重视，我是吉林省长白山文化研究会的副会长，也是发起人之一，我用几年的时间主编了一部比较厚重的著作《中国长白山文化》，出版后有一定的影响，受到好评。我还与朋友黄斌合作了一套丛书，给东北古代的少数民族地方政权都写了简史，如《后金国史话》《大金国史话》《高句丽国史话》《渤海国史话》，等等，每个政权一本，共计十多本。地方史的普及教育工作，也很有成效。我粗略统计了一下，截至目前，我已出版了三十几本专著、编著和教材，公开发表了百余篇论文、文章，回头看一下，没有虚度年华，似乎没有什么可遗憾的了。

我已年逾古稀，我能得到的都得到了，资深教授、博士生导师、非物质文化遗产代表性传承人等学术光环至今还戴着，并享受着相应的待遇，我很知足了。然而学无止境，我还要证明我存在的价值。我时刻都在努力，不放弃追求，活到老，学到老，做到老，绝不因为年高体衰而有所懈怠。

2016 年岁末，我收到了"教育部社科司关于批准下达 2016 年度教育部哲学社会科学研究重大课题攻关项目的通知"，该通知说我投标的 2016 年度教育部哲学社会科学研究重大课题攻关项目第 33 号招标课题：《中国满语文保护抢救口述史与满语音像资料库建构》，经组织专家评审中标了，现正式批准立项了。这对我和东北师大,都是一件绝好的消息,也是我多年来的一个夙愿。在学校的支持和帮助下,我们计划在三年之内对全国满语的历史和现状做一次普查,我们组织了六个课题组,几十位学者参与,准备对东北三省及京津冀地区,以及新疆地区分别进行调研,其中对黑龙江省齐齐哈尔市富裕县三家子村、黑河地区四季屯目前健在的会说满语的满族老人尽快进行录音录像,把活态的满语资料整理和保存起来,这是亟待抢救的活化石和文化遗产。

刘厚生为吉林省非物质文化遗产项目满语文省级代表性传承人

刘厚生的满文书法作品

刘厚生的满文书法

今年 8 月上旬,利用暑假期间,我带领哈尔滨师范大学和齐齐哈尔大学的两个课题组成员,二十几位学者携带三台摄像机,用了半个月的时间, 分别对三家子村和四季屯十几位满语传承人进行了采访和影像录制,其中四季屯的老人何世环已经九十多岁了,但她精神矍铄,满语对话流利清晰,相当标准,还会演唱满语歌曲,十分难得。我们精心地录制了下来。若干年后这些资料的价值无可估量, 我们的后代可以从这些录音录像中和口述史中获得历史的真知。

我们的事业利在当代功在千秋,我会带领我的学生们及志同道合的朋友们协手并进,继续奋斗!

满文、锡伯文书法

满族的先世女真人创立女真文，但随着被蒙古国统治，女真文逐渐被遗弃，基本以蒙古文作为书面语言。1599年，清太祖努尔哈赤命大臣将蒙古文按满语拼写，结合汉字的书写特点，创制满族人正、草、隶、篆的书法体系，锡伯族又在满文的基础上加补字母创制出锡伯文。

清朝时期，为了巩固和加强清政府对西北边陲的统治，很多满族和锡伯族官员及家属来到新疆并定居，主要分布在天山以北。满族和锡伯族语言文字及书法在新疆被完整地保存下来，主要流传于乌鲁木齐市、伊宁市、察布查尔县、博乐、塔城地区等地。

2014年，满文、锡伯文书法入选第四批国家级非物质文化遗产代表性项目名录。

格吐肯书法作品《汉、锡、满合璧七体书》，规格67cm×100cm。（图片出自《格吐肯书法艺术》，新疆青少年出版社，2014年，第30页。）

格吐肯

国家级代表性传承人

格吐肯（1944—　），字山人，又字阿林，锡伯族。国家级非物质文化遗产代表性项目满文、锡伯文书法代表性传承人，中国首位三语书法家。现任中国书法家协会教育委员会委员、中国艺联副主席、中国民族艺术家协会副会长、中国文化学会艺术委员会主席、新疆作家协会会员、锡伯族书法研究会会长等职。作品有长篇小说《眼泪与露水》、叙事长诗《孤女沉怨》，主编《满汉词典》《格吐肯书法集》等。

采访手记

访谈时间：2014 年 10 月 7 日
访谈地点：新疆维吾尔自治区乌鲁木齐市格吐肯老师家
受 访 人：格吐肯
采 访 人：宋卫红

入秋的新疆，天气舒适宜人，到处瓜果飘香。刚欢度完古尔邦节（也叫宰牲节）的人们，依然沉浸在浓浓的节日气氛里。乌鲁木齐的大街小巷和巴扎里都能见到满脸笑容、欢喜忙碌的人们。我们从伊犁察布查尔锡伯自治县赶到了乌鲁木齐市格吐肯老师的家。格吐肯老师平时大部分时间是待在浙江杭州，每年的夏天他会在乌鲁木齐住上一阵子，听说我们要来，老人家把回杭州的行程往后推了几天。我们还没到，格吐肯老师和妻子就早早地在楼下等着，见到我们后，一个个热情地握手道辛苦。听老人家说话，一口浓浓的锡伯族腔调普通话，如果不是在眼前，会以为自己置身在伊犁察布查尔锡伯自治县街道的某个角落里，听一位长者热情的关心问候呢。端详格吐肯老师，身穿蓝白格子衬衫，外面套着黑色毛衣坎肩，显得肤色更加黝黑了，阳光下他的脸型线条分明，鼻子坚挺，目光刚毅，皱纹在他的额头上像是刀刻过的一样。他伸过来握着的手厚实有力，很容易让人联想到新疆作家刘亮程笔下的那些扛着铁锹站在黄沙梁上赶着毛驴的农民伯伯。但眼前的格吐肯老师可不是扛铁锹的，他是握毛笔的，是书法家，是满文、锡伯文书法传承人：他自成一派，精通汉文、满文、锡伯文书法，自创书写体。接下来的访谈中，一个感性、执着、热爱书法艺术的格吐肯老师让人印象深刻，他是个有故事的人。

格吐肯口述

耿晓迪 整理

我和我的家庭

我叫格吐肯,锡伯族,我的家庭是一个农村知识分子家庭。我爷爷曾参与过四乡①搞的尚学会运动②,我父亲伦昌也是农村知识分子,当过会计,后来当了信用社主任。我父亲和四乡著名的诗人管兴才、西里春、勇水创办了一个《文化向导》杂志。这个杂志是缮写出来的,对我们锡伯族的文化发展起了很大的促进作用。我父亲从小就教我们唐诗。我七岁的时候,就叫我背:"锄禾日当午,汗滴禾下土。谁知盘中餐,粒粒皆辛苦。"还有曹植的《七步诗》:"煮豆燃豆萁,豆在釜中泣。本是同根生,相煎何太急?"还有"春眠不觉晓,处处

① 四乡,位于新疆维吾尔自治区伊犁哈萨克自治州特克斯县。

② 1949 年以前,四乡发起过尚学会运动,即崇尚学习的运动,抵制当地一些不良生活习惯。格吐肯的爷爷积极参与了这个运动。根据佟克力《尚学会与民国时期锡伯族文化教育》(《西域研究》2009 年第 2 期,第 109—114 页)的论述:1901 年伊犁受清政府「新政」影响,派遣各族子弟到俄国留学。该会开办民营新学校,1914 年,学成回国的锡伯族学生创办锡伯营第一个民间文化团体——尚学会,开展农村文化活动,农民技能竞赛,并广泛参与社会整治工作,推动了锡伯族文化教育事业的发展。

闻啼鸟。夜来风雨声,花落知多少"等十多首诗。我父亲还经常教我读《二十四孝》,我从小就受到爸爸很深的影响。

我高中毕业(1962年)后本来想考大学的,我准备到伊犁考大学,就在高考前一天晚上,家里发来一份加急电报,说我母亲病危。当时我心里很难受,根本没有心思考试!我半夜三更带着我的枪(当时我是学校里的基干民兵),带着我的妹妹,一路上哭哭啼啼地回家。一到家,母亲没什么事,父亲也等着我呢。我就问母亲:"母亲,我明天就要考大学了,您为啥不让我考大学?"我母亲说:"孩子,你看看我们家庭这个条件,能让你上大学吗?"我也知道,我们家确实贫困,生活拮据,没有办法供我上大学,我只好辍学。但是我没有放弃学习,当时我家里有《千家诗》《唐诗三百首》《宋词二百首》,还有《古文观止》,虽然我要去劳动,但我经常看这些古典书籍。

当时,我劳动也是特别勤奋的,干了一年多。家里喂了牛羊,每天早晨我一起床,就去割青草。我上午去劳动,中午回家的时候还背一捆青草。人家骑马,把青草驮在马背上,我家没有马,我只能自己背。晚上下班的时候,还要割一捆青草。就这样,我七个月就割了八百捆草。我这个人年轻时好胜心比较强。有一次,生产队进行割麦比赛,人家要了三个工(六亩地),我却要了五个工(十亩地),必须一天割完。第二天一早,天还没有亮,我就去割麦了,当天我一直割到快中午了,十亩地差不多就剩下房子这么大一块地方,我累得实在割不了了。最后我哥哥过来了,边骂边给我帮忙,说:"你这个人好胜心特别强,你为啥这样做?"在他的帮忙下,我还是割完了。

那时候我是不愿意参加工作的。当时,我有一个表哥叫双成,正好在我们县组织部工作,每一次招干的时候都提我的名。第七次提名的时候,我父亲把这个事情给我们公社富春书记汇报了,又给我们四大队书记汇报了。富春书记和项党乡书记听了我爸爸的汇报后,给我做工作,这次正好博尔塔拉组织部招干部,一共招了五个人,其中有我。就这样,我在1964年10月7日参加了工作,经过两年社教运动①以后，州组织部把我分配到州纺织纤维站。

1966 年我开始在纺织纤维站工作。当时我是全州学习毛主席著作积极分子。我经常给食堂挑水，做好人好事。"文化大革命"的时候，军分区军管会的领导刘文法看中了我，把我调到农机厂（1970 年），叫我做"火车头"，带动工作。我在农机厂的翻砂车间当了工人，后来去做食堂的管理员。因为我书法好，文笔又好，又让我同时做宣传工作。我自己是不太想当干部的，后来我就回到翻砂车间去了，那里的工人师傅们都很好。我在农机厂的时候，我们四乡去了一个函，说要把我退回去，我感到莫名其妙。农机厂的秘书孙振道和我关系特别好，他悄悄地给我看了那个函。这个来函，颠倒是非，混淆黑白，把我说得一塌糊涂，还把我家划为"漏划富农""现行反革命""修正主义分子"，说正在批斗我父亲。他们说五类分子②的子女没有资格当干部，没有资格当工人，必须把我调回去，来函的语言很恶毒。孙振道当场撕掉了这个函，悄悄地跟我说："现在咱们虽然讲成分，但是不能唯成分论，应该重在政治表现。"我那时候还是全州的学习毛主席著作积极分子。后来，又因为我文章写得好，书法也写得好，诗歌也能写，博尔塔拉州党校的校长看中了我，1980 年把我调到党校去当宣传干事。刚开始我还不太愿意，博尔塔拉州劳动局局长于仁涛说："你有这个才华，不应该当工人，早就应该调到你合适的单位。"

我到博尔塔拉州党校后，主要搞宣传工作，这样我更能发挥自己的才华。博尔塔拉州党校的老师们搞了一个板报，我负责整个板报，有次在全州板报比赛中我的板报荣获第一名。我在博尔塔拉州党校工作到 1987 年，1988 年我调到乌鲁木齐新疆人民出版社。我调到新疆人民出版社是由好几个人推荐的，其中有著名的锡伯族作家、诗人郭基南，组织部处长焦习良，新华书店的何新民，还有贺

① 全称为社会主义教育运动，也叫四清运动，指 1963 年至 1966 年中共中央在全国城乡开展的社会主义教育运动。一开始在农村"清工分、清账目、清仓库和清财物"，后把在城乡"清思想、清政治、清组织和清经济"。②五类分子，"文化大革命"时期对政治身份为地主、富农、反革命分子、坏分子、右派等五类人的统称，合称"地富反坏右"。

忠德、安鸿毅,这五个人都是比较有威望的人,也都是锡伯族。他们说,你这样的人必须到新疆人民出版社工作,才能发挥自己的才华。我就这样调到了新疆人民出版社。到了出版社以后,在锡伯文编辑室做编辑工作,负责《锡伯文化》。后来这个杂志改革为一部分是汉文,一部分是锡伯文,也就是双语杂志,这对我双语写作很有好处。我是1988年调来的,直到2003年退休。

结识爱侣

我爱人是汉族,我是锡伯族。当时是"文化大革命"时期,我的家庭已经被打成"现行反革命",划分为"修正主义分子",尽管我是学习毛主席著作积极分子,但好多女孩子都对我敬而远之,都害怕。当时的年代是最讲究出身成分,像我这种戴三个"大帽子"的人,谁还敢接近?我爱人的表叔曾育英(现还健在),他看我这个小伙子很好,很老实,又能干,又有知识,他觉得我这种人找不上对象没道理。他主动找我说,我给你介绍一位对象,你先写封信,然后把你的相片一起给我,我帮你把这个信寄给她。我就老老实实地写了一封信,当时信上我就直来直去地说了。我给她信上写,我父亲是"现行反革命",我家庭被划为"漏划富农""修正主义分子",我实际就是"五类分子"的孩子。我一个月的工资是四十八块钱,一没有政治地位,二没有经济地位。但是呢,我就把《庄子·逍遥游》的一段故事,给她在信上讲了一遍,说出了我的抱负、我的理想,最后信上我是这样结尾的:爱情是理想的意志,意志的融洽,不是物质的代名词,不是金钱的奴仆。我的意思就是,我已经把自己的家庭出身,我个人信息全都给你暴露了,你愿意的话就愿意,不愿意的话就算了。她后来给我讲,就在我写信的同时,她哈密的一个同学也给她介绍了一个,那个人的信她也收到了,所以就把两人对照。那人是干部,一个月工资六十多块钱,信上说给她四大家具,还给二百块钱。但我什么也没有,我是一无所有的,我只能给一百块钱路费。最后她姐姐看了我的照片后说:"这个小伙子嘛,虽然黑一点,但是很老实。"她爸爸读了我的信以后说:"你不要看他只有高中文化程度,他的文化水平挺好的,信也写得好,是一个很有抱负的人。"就这样,她们家同意了。她是1973年4月23号到的乌鲁木齐市,我们5月1号就结婚了。

我们结婚时也没有办多大的酒席,婚礼很简单,跟你们说你们可能会笑,一个箱子都没有,没有桌子,也没有床。一般结婚最起码有个床吧,我们什么也没有,真是一穷二白。没办法,我那时在翻砂车间,我们家庭被打成那样子,父亲戴了"三大帽子",我就在翻砂车间进行改造。不过,我们翻砂车间的工人很好,把车间的桌子借给我用。最后我们木工师傅给做了一张农村劳动时候的一种床,就是做馍馍的那种板床。我们把那个当作床,还有一个连油漆都没有刷的大木箱子,我们就那样结婚了。结婚以后,我们两人各做了一套衣服,我的工资就四十八块钱,而且我做好人好事,用钱帮助贫下中农,帮助困难的家庭,把我的工作服都给了人家,没钱呀。"文化大革命"的时候,结婚不准请客,不给送礼,可是我们大批判小组的朋友们打破了这个规定,给我送来了锅、热水瓶、杯子等生活用品。后来我们两口子为了改变眼前的一穷二白的困境,同心同德,开始找挣钱的门路。有一次,她的表叔给我们找了打土块的零活儿。我是白天工作,下班回来以后,我们俩急急忙忙到她叔叔家的院子里头打土块。就这样给她买了一块一百二十块钱的北京手表,当时这个表还是名牌表。

我特别感激我妻子,她这个人的确是一个贤妻良母,我们两人是真正的白手起家。现在我们生活条件好了,我应该报答她,所以家里的经济让她管,这样我才对得起她,对得起自己的良心。

书法缘

小时候,我们家里有一个清朝时候的瓶子,瓶子的一面有国画,一面有书法。当时我七岁,我对那国画不太感兴趣,对书法反倒感兴趣。后来我就问父亲:"父亲,这是用什么东西写的?"我父亲说:"这是软笔写的。"当时我们家生活比较拮据,没有毛笔。我就把树枝折下来,再缠上棉花,试着蘸钢笔水写。我父亲看了后说:"你这个能成吗?成不了的。"从那时候开始,我就喜欢书法了,而且特别喜欢。我上初中就有了钢笔,我就用钢笔缠上棉花练书法。我记得当时我们学校搞社会主义和共产主义教育运动①,我写大字报,就是用钢笔缠上棉花写的。这等于就是我的毛笔了。我正儿八经地学书法,是从 1964 年参加工作以后,我买了唐朝著名书法家钟绍京②的小楷,从那时起正式练书法,我的书法也有点成就了,不久"文化大革命"开始了。

博尔塔拉地方虽然不大,但是有很多文人,我拜了一位叫张宪三的老师。在博尔塔拉,他的书法是最好的,每一次我写完一幅书法作品以后,礼拜天就到他们家去,让他点评。就这样,我在他那儿受了很大的教益。我这个老师呢,原来是精河县的县委书记,人很正直、很正派。我是在社教时候认识他的,我是他的通讯员,他是我们的队长。那时候我就练书法,搞宣传工作,不用排笔,都是用大毛笔写。狂风暴雪的一天,张队长他来到贫下中农家访贫问苦,正好那天他来到我住的那个人家里。当时我们都是住在贫下中农家,到最苦的家里去住。他到了我那儿的时候,满头满身都是雪,他看到我在练书法,就说:"你还喜欢写书法呀?"说完就给我指点,你那个地方行,那个地方不行,这样指点以后我才知道,他是个书法家。从那时开始,我就拜他为师。

当时伊宁县有个地主,我老师在对这个地主成分划分的问题

---

① 中共中央于 1958 年 8 月 29 日发布《关于今冬明春在农村中普遍开展社会主义和共产主义教育的指示》:"为着及时地总结经验,发扬共产主义精神,保证一九五九年夏季和全年全面的更大丰收;为着就农业社的收入如何分配问题和是否建立人民公社问题进行鸣放辩论,今冬明春在农村中进行一次广泛的社会主义和共产主义的教育运动,是必要的。"(《社会主义和共产主义教育运动学习文件》,上海人民出版社 1958 年,第 37 页。)

② 钟绍京(659—746),字可大,唐代虔州赣县(今江西兴国县长岗乡上社)人,官至中书令,越国公。传世书法作品有《灵飞经》等。

上，跟社教团团长闹了一些矛盾，就一下子被调到博尔塔拉州当州知青办公室主任。他在精河县当县委书记，是实权，当知青办主任那就不一样了。当时我也有点想不通，这么好的一个领导干部，为啥要把他调走。那时政治上的一些东西，说实话我们不太懂。不过，他调到州上以后，反而对我起了好作用了。我每个礼拜到他家，请他给我指导书法。他是非常好的一个人，很正直善良的人。他给过我一本赵孟頫的书法字帖，现在还在我们家放着呢。他还写了一百本《兰亭序》，第三本给我了，也还在我这儿，我把它好好保存起来了。那时候，我已经结婚了，我妻子没工作，当时他正好管知青，我老伴那时候也是知青，都是他给安排工作的。我调到乌鲁木齐以后，张宪三老师就去世了。

我在翻砂车间里工作，有一个好处，是啥呢？翻砂车间有大大小小的毛笔，因为翻砂车间搞铸造，把机器零件用砂子做模子。修砂子模子的时候就用毛笔，小模子用小毛笔，大模子用大毛笔，还有黑铁皮，这就给我创造了一个练书法的条件。翻砂车间还有"干子土"，书面语叫黏土，我们口头上说"干子土"。我把"干子土"用水和了以后，用大毛笔在黑铁皮上练狂草。我那时学怀素的狂草，在黑铁皮上练了擦，擦了练，这样一共费了三张铁皮。我最感谢的是我们工人师傅，他们非常支持。假设当时他们把我揭发，说你这是浪费的话，我真的在那个地方待不下去了。而且我们翻砂车间，还有个好处，是啥呢？倒铁水的时候，烟特别大，把四周墙壁熏得黑黑的。因此我还可以用毛笔，用"干子土"在墙上写，我的书法功夫就这样练出来的。

1978年，博尔塔拉州搞了一个书法展，我的小楷入选了，我写的是唐朝书法理论家孙过庭①《书谱》里的几段话，反响非常好，大家对我的评价比较高。有一次，我也想去看一看，我就带了几个朋友去看那个展览。正好有一个瘦瘦的老人正在看我的书法，边看边点评，突然我听到这么一句话："哎呀，这个小楷写得真好，

① 孙过庭（646—691），一说名虔礼，字过庭，河南陈留人；一说名过庭，字虔礼，浙江富阳人。唐代书法家、书法理论家。其著作《书谱》现藏于台北故宫博物院，该卷首题："书谱卷上。吴郡孙过庭撰"。

可惜丢了一个字。"我大吃一惊,为啥呢?孙过庭《书谱》呀,写的都是文言文,这里头三千多个字,我挑着写的一段话,他怎么会知道丢了一个字呢?后来我问这位老人:"老师,您怎么知道这里头丢了字?"当时我还没介绍这幅书法是我写的。我这一问,他说:"这幅作品写的是孙过庭《书谱》里头的一段话,孙过庭《书谱》我全都会背。"啊,这才是天外有天,山外有山呀,我心里真的佩服这个老人。后来我跟老人说了实话:"老师,这就是我写的字。"他马上就跟我握手,非常激动:"啊,你写得太好了,你不要见怪。"他很谦虚,后来我把自己的情况给他介绍以后,他给我讲了些书法道理,他讲得非常好,都是理论上的东西。他跟我说,你不光要看理论,必须要理论和实践相结合,这样才能提高你的书法艺术水平。后来我就问他:"老师您是哪里人?"他说,他是清华大学的教授。我才知道,哦,他是清华的呀!当时我们都觉得清华大学是很有名的大学,而且他又是教授,那我心里更佩服他了。我们两个聊了好长时间,他走以前给我讲了好多做人的道理,写书法的道理。他讲的道理和张宪三老师讲的差不多,因此他的话对我也起了很大的作用。

其实我认为人品和书法是有联系的,一个真正的成功者,搞书法艺术,必须要品行端正,人要站得正、坐得正,必须看得远。你要没有这样的人品的话,你的书法肯定也会受影响的,私心杂念太多了以后,写出来的东西是不会好的。回忆当年,我给少数民族兄弟做了好多好事,我在社教的时候,有一次库那洪队长的房子着火了,我把五米条绒都捐给了他,还给他买了一套毛主席著作。我自己穿的棉衣棉裤有十一年了,都是补丁,油乎乎脏得很,我本来想做一套条绒棉衣棉裤的,最后没做,捐给队长了。还有一位少数民族兄弟,他叫买买提,社教时我住在他家,我经常给他父母洗衣服,用自己的钱帮助他们,做这做那,后来我们社教工作队回城以后,这位买买提同志,每年新西瓜出来以后,他都用毛驴子驮着一麻袋西瓜走十五公里路给我送来,这样连续送了三年。再后来,我调到其他单位后,我们的关系就断了。不只刚才说的这几件事,还有很多这样的事,因此他们对我非常好。我对民族同志感情也很深,我认为如果要加强民族团结必须从自身做起,自身要做好,这样才能搞好民族团结。

结婚以前,我自己一直在练书法,也有些成就了。结婚以后,家里边对我练书法支持最大的就是我老伴。她的哥哥、爸爸都支持,她哥哥给我寄了赵孟頫的字帖,她爸爸给我寄了小楷毛笔。那个时代,实际上我们家庭最大的困难就是成分问题,但是我没有办法。压力最大的时候,我对妻子说,我政治上是没有前途了,虽然我一直在学习毛主席著作,但不管你有多努力,多奋斗,人家还是把你当作"五类分子"子女。所以我只能靠自己在文化艺术方面去努力奋斗,这样我才有前途。于是我就安排好自己学习的固定时间,早晨五点钟起床,是新疆时间五点钟,一小时学哲学,一个小时学文学,一个小时学历史,计划是定死的。"文化大革命"时候,我订了《文史哲》①杂志,还有《红旗》②杂志。为了练好书法,我把这些杂志看完以后,把《红旗》杂志,还有废报纸用红铅笔画上一厘米的格子。一厘米的格子里头,只能写半厘米的字了,我那时候眼睛特别好,把《新华字典》的全部词条,几年里头就写了三遍,我就是这样下功夫的,一直坚持到现在。我主要是书法理论看得多,还有碑帖、唐诗、宋词等古典文学。

刚开始练书法时候,因为经济条件的限制,有时候买不起宣纸。有一次没宣纸了,我就没法写字,这半个月时间,我好像得了病一样的,在家里说话也少,吃饭也少。我妻子看出来了,一发工资,她第一时间就给我买了宣纸。她特别支持我,知道装裱特别贵,还曾学过装裱。我来乌鲁木齐的时候,装裱一幅条幅要一百二十七块钱呢。后来我的一位朋友,叫周福元,他本来是位装裱师,还有一位叫施惠昌,也是装裱师,他们跑到我们家里来教我老伴儿装裱技术,她一个礼拜就学会了。他们都问:"哪有你这么快学会的?"我老伴儿就说:"都是我老头

① 《文史哲》杂志由中华人民共和国教育部主管、山东大学主办、国内外公开发行的综合性人文社会科学类学术期刊。1951 年创刊,为双月刊。1954 年改为月刊。1959 年 1 月停刊,同年 8 月复刊。1966 年再停刊。1973 年再次复刊。
② 《红旗》杂志由中国共产党中央委员会主办,红旗杂志编辑委员会编写,于 1958 年 6 月 1 日创刊,于 1988 年 7 月 1 日终刊。

子自己写的,我裱坏了,他重新写就是了。"那个时候,她胆子太大了,一幅好作品如果装裱坏了的话,不一定能再写出来。

1986 年,在中国民族文化宫主办的展览上,我的作品不但入选展出,而且民族文化宫收藏了我的书法作品,还给我八十块钱。我老伴儿特别高兴,买了一个小箱子,专门保存我的资料,那个箱子现在还在。我在博尔塔拉州的时候,已经打好了书法基础,加入了新疆书法家协会,1988 年就加入了中国书法家协会。

书法创造

七岁时,我开始喜欢书法。前面基本上都是练汉文的,开始琢磨满文、锡伯文书法是 1980 年。当时全国掀起了书法热,不光是汉文书法,蒙文、哈文、维文其他民族的书法都起来了。当时我在想,锡伯族、满族也有文字,为什么不能把锡伯文、满文变为书法艺术?当然,过去的老人也已经开始追求满文、锡伯文的书法艺术。但是,由于他们各方面条件的限制,没能把满文、锡伯文升华为书法艺术。正因为如此,我想开创锡、满书法的雄心壮志,早年就已经开始在我的心中慢慢树立起来。有一次,我在博尔塔拉开文代会①的时候,陶德明部长点名叫我发言,当时我就谈怎么把满文、锡伯文书法开创出一条新的路子。我发完言以后,参加会议的一位维吾尔族宣传部领导感动了,他用手拍了我一下说:"好,你作为一个少数民族,为什么光写汉文,为什么不把自己民族的文字发展为书法艺术?"就在这个会议以后,我下定了决心,当时我保证,我必须把满文、锡伯文书法开出一条新路。

但是,说时容易做时难。当时我为了满文有没有书法艺术这个问题开始进行调查。

① 文代会,全国文学艺术工作者代表大会,后改称为中国文学艺术界联合会代表大会,分为中央文代会和地方文代会。

1987年我到沈阳去开会，参加辽宁省锡伯族史学会①首届研讨会。参会后，我到沈阳故宫、北京故宫参观。我要调查满文究竟有没有书法。后来我发现，满文是属于实用文字，傅恒②虽然创造了三十二种篆字，但是没有变为书法艺术，它是篆刻上用的。调查完以后，我自己就暗暗下定决心，必须要把满文和锡伯文变为书法艺术。为了开创满文、锡伯文书法，我写的锡伯文的长篇小说《眼泪与露水》二十三万字，还有叙事长诗《孤女沉冤》四千两百行(都已经发表)，它们的草稿和第二稿全都用毛笔写，我光缮写的文字就有八十万字。就这样，我以汉文楷书点画开创了锡伯文的楷书。过去的楷书和现在的楷书是不一样的。之后，我又以汉文行书的点画特点开创了锡伯文和满文的行书，以汉文草书的点画开创了锡伯文、满文的草书。后来我又想，一个民族的书法书体越多越好，它的艺术价值也越高。所以我产生了创造其他书体的想法。

我还在党校的时候，有一次去青年园林栽树，我提前一小时就在党校院内观察天空。突然天空上有一只大雁在一朵白云下面长鸣而过，这时我灵机一动，拿起一个树枝子，在地上写了锡伯文的飞字，李云福老师看到以后，说："你今天有什么好事？怎么自己一个人笑呢？"我说："你不知道，等一会儿，等我回去你就知道了。"我就马上回去，铺开纸写了一个飞字，是锡伯文的飞字，这是我第一个创作的锡伯文的象形文字。我经常观察大自然，观察大自然云彩的变化。有一次我正在党校院里散步的时候，西北的天空上有一块云彩，很像锡伯文的云字，我即刻回家就铺开宣纸，写了一个锡伯文的云彩的云字，这个字也是象形文字。还有一次我和女儿、儿子看电视，突然看到一个美女跳飘带舞，那个舞姿真是美啊，当时我看到这个飘带舞以后，当场写了一个锡伯文舞蹈的舞字。这三幅字

① 辽宁省锡伯族史学会，是辽宁省历史学会于1987年5月15日成立，是辽宁省第一个单一民族的历史学会，是辽宁省历史学会的下属学会。

② 傅恒，即富察·傅恒（约1720—1770）字春和，户部尚书米思翰之孙，察哈尔总管李荣保第九子，清高宗孝贤纯皇后之弟，清朝名将，满洲镶黄旗人。乾隆时期历任侍卫、总管内务府大臣、户部尚书等职，授一等忠勇公、领班军机大臣加太子太保、保和殿大学士、平叛伊犁型统帅。撰写《钦定旗务则例》《西域图志》《御批历代通鉴辑览》等书。

都在辽宁锡伯族史学会收藏着。可是,正如党校赵志忠老师提出的意见一样,象形文虽然看起来好看,但它毕竟是超出了书法艺术的范畴,所以我们不能大力提倡。我为了开创锡伯文、满文书法新的书体,从1980年开始,就经常观察大自然,观察高山峰峦,川流泉溪,古松密林,飞禽走兽,想把大自然之美融进锡伯文、满文书法之中。于是我以松树杆子线条为主旋律,创造了"松魂体",以烟云线条为主旋律创造了"烟云体",以松树杆子和烟云线条为主旋律,创造了"松烟体"。这些名字也是我起的。

格吐肯创作锡伯文「龙」(松魂体)

其中,"松魂体"对我创作《百龙百虎图》起了决定性作用。《百龙百虎图》全都是用松树杆子线条写的,我创作了锡伯文、满文一百种虎,锡伯文、满文一百种龙,汉文的一百种虎,一百种龙字,一共四百幅。松魂体、烟云体创作完成以后,光我自己认可不行啊,必须要回察布查尔去,让锡伯族的知识分子、有关文化单位认可才行。为了我创造的松魂体、烟云体得到本民族认可,我特意把自己创作的作品《红梅傲雪》和《云中行》带到伊犁察布查尔。到伊犁以后,我先到苏德善家,真是无巧不成书,当我一进门,苏德善家正好有诗人佘吐肯、文人尔吉春、画家佟嘉福等七人。我们寒暄以后,他们说:"你带了啥好东西?"我就说:"我先给你们拿出来看一看。"我把字给他们一看,他们异口同声地说:"这是什么?这么好看。"我回答说:"这是我最近创作的书法作品,我给你们念念。"他们说,你先

格吐肯书法作品《龙》（百龙图之一），规格：67×133cm（图片出自《格吐肯书法艺术》，新疆青少年出版社，2014年，第68页。）

格吐肯书法作品《虎》大篆（百虎图之一）规格：67×133cm（图片出自《格吐肯书法艺术》，新疆青少年出版社，2014年，第67页。

不要念，我们认一下，最后大家都用锡伯族语念出"红梅傲雪"和"云中行"。他们都认为字非常美。后来我又去察布查尔找报社、文工团、文化局、宣传部等单位，他们对我创作的这些作品都认可。最后察布查尔报社社长伊克坦说："干脆你写一篇论文，把你创作的作品一起在察布查尔报纸第一版上发表。"于是，我就写了一篇关于锡伯文书法的小论文，在察布查尔报纸的头版头条发表了，字也发表了。这是1987年的事。就这样，我创作的松魂体、烟云体都成功了，我们的民族也认可了。我现在创作的书法内容好多是自己编写，比如《海纳百川》题跋的话是我自己编写的："沧海因其博大而接纳百川，大地因其无私而包容万物。"有时候，有些创作的词语也是我自己编写的。

我现在再谈一下满文的篆字创作。哎呀，满文的篆字太难了！北京故宫的安双成，根据故宫的资料编写了一部满文篆字，但是那个篆字是用尺子画出来的。我先大体上把满文的来源介绍一下。1599年，努尔哈赤把额尔德尼①几个人找来，给他们说，你们要

① 努尔哈赤于1599年命额尔德尼和噶盖二人借用蒙古文字创制满文，创制的满文是无圈点满文，也叫作老满文。

创造出满文来。额尔德尼问,怎么创造?努尔哈赤给他们讲,你们把蒙文的字母 a,和蒙文字母 ma 加起来,就成 ama,ama 就是父亲的意思;蒙文的 e 和蒙文的 me 字加起来,就成 eme,eme 就是母亲的意思,就这样创造。额尔德尼很聪明,他就奉命创造了老满文,老满文是没有点圈的满文,很不好念。比如 gaha 是乌鸦的意思,满文 ga 没有点字的话成 ka,ha 没有圈字的话是 kaka,不成一个东西。但创造字的人,自己是知道怎么回事。语言文字都是发展的东西,过了三十三年,到 1632 年的时候,老满文已经到了非改进不可的地步。后来大学士达海①改进老满文,加了点圈,成为新满文。蒙文的点圈,一般左边多、右边少,满文的是右边多、左边少,这就是创造满文的过程。新满文又叫清文。乾隆皇帝和康熙皇帝是很精通满文字的,当时朝中的文件都是亲自过目,亲自红批修改。乾隆十三年(1748 年),乾隆皇帝的一位大臣叫傅恒,根据汉文的三十二种篆字②,创造了满文的三十二种篆字③,我刚才说的篆字就是他创造的。这汉文三十二种篆字好多人不知道,见都没见过。这三十二种篆字中,蝌蚪篆、上方大篆、龙爪篆、麟书篆、穗书篆,都是象形的。经过我多年的研究,这三十二种篆字里头只有七八种文字是可以用毛笔书写的,其余都不能用毛笔书写。

傅恒创造的篆字,主要用在皇帝的玉玺和地方的官印上,没有把它变为真正的书法艺术。我根据汉文篆字的笔法、笔画,创作了满文的八种篆字,又创作了满文的草篆。为了丰富锡伯文、满文书体的多样性和艺术化,1995 年我以满文篆字为主旋律,由汉文隶书的八分体的笔势、笔画的特点,

① 皇太极于 1632 年命达海改造老满文,在老满文上添加圈点,区别发音,即有圈点的满文,也叫作新满文。

② 汉字的三十二种篆字可参见《乾隆御制三十二体篆书盛京赋》。该赋于 1743 年(乾隆八年)乾隆皇帝赴盛京(今辽宁沈阳)谒陵时所作。追溯满族的源流,赞美盛京建筑的辉煌和满族地区山川、民风。1748 年(乾隆十三年)乾隆皇帝授意由大臣傅恒、汪由敦、蒋溥等任总裁官缮校,以篆书三十二体作为书写形式,成书《乾隆御制三十二体篆书盛京赋》。该书中三十二体篆书即蝌蚪篆、上方大篆、柳叶篆、小篆、奇字篆、钟鼎篆、倒薤篆、坟书篆、垂露篆、鸟迹篆、剪刀篆、刻符篆、殳篆、转宿篆、麟书篆、缨络篆、龙爪篆、雕虫篆、鹄头篆、芝英篆、穗书篆、悬针篆、金错篆、鸟书篆、飞白篆、龙书篆、玉筯篆、大篆、篆、碧落篆、龟书篆、龙爪篆、鸾凤篆、穗书篆。

③ 也称乾隆篆书,名称与汉文三十二体篆书一致。

格吐肯创作满文篆体「龙」

参照大自然之美开创了锡伯文、满文的隶书字,凡八种,虎劲隶、清风隶、玉箸隶、长城隶、闪电隶、幽静隶、绝壁隶、流云隶,总称为格隶体,填补了锡伯文、满文无隶书的空白。1999 年,我又以格隶体为主旋律,以汉文章草笔画特点创造了锡伯文、满文章草,填补了锡伯文、满文无章草的空白。我创造这些东西不是为了出名,我是抱着一种社会责任感、历史责任感、民族责任感来创造的,要给后代留些东西。

其实,我创作的时候也是有阻力的。我们原来的书协主席赵彦良有一次这样说:"你嘛,以后汉文就是汉文,锡伯文就是锡伯文,满文就是满文,分开写,不要弄在一起写。"但是我自己想,朋友是朋友的感情,每一个人对艺术追求的方法、目的都不一样。因此我还是坚持自己的追求,最后成功了。我的创作实际是书法史上的一个创举,过去没有人这样创作过。

书法传承

满文、锡伯文书法和维吾尔文、哈萨克文不一样的,哈萨克文、维吾尔文书法使用排笔写,满文、锡伯文书法是用文房四宝,毛笔、

宣纸、砚台、墨汁等都是必需的工具,而且毛笔必须好毛笔才行。书
法的工具很重要,如果工具不好、宣纸不好、墨汁不好、毛笔不好的
话,写出来的艺术效果也是不一样的。

我从2004年开始在察布查尔义务教学书法,教了八年。刚开始有
九十多人,后来能坚持下来的有四十二人。这四十二个人里头,有十五
人加入了新疆书法家协会。我有一个学生叫赵春芳,在察布查尔电视
台工作。我刚开始教她写的时候,她写不成,字太难看了,第二天还是
不行,第三天还是不行。经过我细心教导,第五天她的字开始变好了。
后来她很努力,很勤奋,在自己的努力之下加入了新疆书法家协会。现
在她的书法作品出现在好多地方,伊犁不少酒店也挂了她的书法。

我自己心里明白,现在是商品社会,假设我收学费的话,也是应
该的,因为付出了劳动嘛。但是我没有这样想,我是为了抢救民族文
化,是抱着这种目的。因为这样,我不收他们任何费用。佟瑞清当县
长的时候,就说:"格老师,你教书法也很辛苦,应该适当收费,哪怕
五十元钱也可以,我带头交。"我跟他说:"我不会收钱的,察布查尔
是贫困县,我教学的目的不是为了挣钱,而是为了抢救自己的民族
文化。"学生们刚开始很积极,到后面产生了一些阻力,我们这里的
某些领导不支持我的学习班,反而阻止职工们参加学习班。当时我
们负责文化的佟副县长带头来参加学习班,县里某些人说他是民族
情绪严重,这种话我听了很伤心。我们都是为了民族文化,也没带着
什么政治目的,我一个退休人员,到哪都是为了民族文化。但我心里
明白,一个人再好,肯定也有反对的人,这个社会是在矛盾中前进
的,好与坏、恶与善都是相对的,也是互相促进的。

目前,在我的学生里头没有一个是我真正的得意门生,他们还
没达到我心中的水平。因为啥呢?他们对锡伯族的语言文字不那么
精通。我心目中满意的徒弟应该是这样的,最起码文化上要懂锡伯
文、满文,会用锡伯文、满文写诗歌、文章,把汉文能翻译成锡伯文、
满文,把满文、锡伯文能翻译成汉文。我的要求很严格的。

吴元丰

中国第一历史档案馆满文处研究馆员

吴元丰，(1956—)，男，锡伯族，新疆维吾尔自治区伊犁哈萨克自治州察布查尔锡伯自治县人。1978年毕业于北京故宫博物院明清档案部满文干部培训班，1986年毕业于首都师范学院夜大历史系。他是中国第一历史档案馆满文处研究馆员，从事清代满文档案的整理、编目和编译工作。兼任全国古籍保护工作专家委员会委员、国家民族事务委员会少数民族古籍保护与资料信息中心学术委员会委员、中国民族语文翻译委员会副主任、中国民族古文字研究会常务理事。主持整理了归化城副都统衙门满文档案、内阁满文题本、军机处满文录副奏折等档案八十余万件。主持编译出版《锡伯族档案史料》《清代鄂伦春族满汉文档案汇编》等十四部、八百余册档案史料，以及《清代边疆满文档案目录》《中国第一历史档案馆藏西藏与藏事档案目录》(满文、藏文部分)《北京地区满文图书总目》《北京地区满文碑刻拓片总目》四部、十五册满文古籍文献目录。同时担任《中国少数民族古籍总目提要》编纂委员会成员，《中国少数民族古籍总目提要·锡伯族卷》编纂委员会副主任。著《锡伯族迁徙考记》(锡伯文)、《锡伯族简史》(锡伯文)、《锡伯营职官年表》(锡汉文合璧)、《锡伯族历史文探究》《满文档案与历史探究》等。

采访手记

访谈时间:2014 年 11 月 25 日
访谈地点:北京市西城区新丰街吴元丰老师家
受 访 人:吴元丰
采 访 人:范瑞婷

在正式访谈吴老师之前，我们已经拜访过老师两次。因为老师是满文和锡伯文方面的专家，所以我们在外出拍摄相关项目之前，特意先去请教了他。吴老师的工作单位是中国第一历史档案馆，在故宫里面，所以老师出来接我们进去的时候，感觉很特别，有一种进入皇家重地的感觉。

老师的办公室非常整洁，书桌上还放着满文的清宫档案，这是他们最近正在进行的项目。他的爱人跟他一样，都在中国第一历史档案馆工作。为了让我们感受下锡伯语，老师给爱人打了电话，用锡伯语商量了周末的出行计划、手头正在进行的工作，非常有意思。

吴老师是锡伯族人，他为我们介绍了他的家乡察布查尔锡伯自治县目前锡伯文和锡伯语的使用情况。访谈中，老师结合自己的求学及工作经历，给我们介绍了国家满文、锡伯文的各项政策、措施，以及满族、锡伯族的发展、变迁历史等内容，让我们受益匪浅。

中国第一历史档案馆

吴元丰口述

耿晓迪 整理

锡伯族的来源

我是锡伯族人。锡伯族是中国五十五个少数民族之一，它发源于大兴安岭及嫩江、松花江流域，是一个北方民族。康熙年间锡伯族作为八旗兵进入到辽宁、北京、河北地区，乾隆年间，一部分锡伯族人西迁到新疆。我的老家就是新疆察布查尔锡伯自治县，我就出生在那里。其实，北方、东北地区的民族溯源是很复杂的，很难下一个定论。现在一般认为锡伯族是鲜卑的后裔，这个说法不只锡伯族自己承认，清代很有名的学者何秋涛在《朔方备乘》里头也说锡伯族是鲜卑。大家知道鲜卑族建立过北魏，北魏在文化上信佛教，敦煌石窟、洛阳龙门石窟，都跟北魏有关系。最近我听说发掘鲜卑北魏墓以后，做了个 DNA 比较，跟目前新疆的锡伯族的 DNA 比较接近。而且从历史地理学角度来看，像嘎仙洞①的发现地点是在阿

① 嘎仙洞，中国北魏拓跋鲜卑先祖所居住石室，洞内有北魏太平真君四年（443）祝文刻辞。该地位于内蒙古自治区鄂伦春自治旗阿里河镇西北十公里、嫩江支流甘河的北岸。

里河，在甘河那边，这与文献记载的锡伯族活动过的地方比较吻合，锡伯族是从大兴安岭、甘河，走到扎赉托罗河①、走到嫩江、松花江这一带。

从我目前看到的有确切记载的文献资料和档案史料来看，若锡伯族是鲜卑的后裔，它是有自己的语言，但没有文字。锡伯族早期使用的语言可能是鲜卑语，但可以肯定的是，元朝和明朝，特别是明末清初的时候，大部分锡伯族是说蒙语的。锡伯族早期家谱里的人名大部分是蒙古语的名字，这就是说锡伯族接受蒙古语言文化的可能性很大。

锡伯族生活的地带，正好是两个比较大的民族中间，以嘎仙洞和嫩江作为一个标志，东边是女真族，西边是蒙古族，所以锡伯族必然受到这两个民族文化的影响。大概在17世纪中叶，锡伯族就逐渐接受了满文，真正编入满洲八旗是在康熙三十一年（1692）。锡伯族编入满洲八旗以后，就完全接受满族文化了，集中住在伯都讷②、齐齐哈尔、吉林乌拉，后来进入到辽沈地区，大概有三分之一的锡伯族进入北京。康熙年间进入北京的这部分人，在光绪年间（1875—1908）还有档案记载，但现在就根本找不到了，完全融入别的民族，特别是汉民族里头去了。

锡伯族西迁③

清朝在乾隆二十五年（1760）统一新疆以后，西北边防空虚，需要加强，清朝政府就决定迁一部分八旗兵过去。于是乾隆二十九年（1764），乾隆皇帝下令，从辽宁各个地方选了1020个锡伯族官兵，

①扎赉托罗河，位于海拉尔东南。

②伯都讷，也可称白都讷。清初设置，位于吉林扶余北，是当时通往蒙古的重要驿站。

③锡伯族西迁的时间为乾隆二十九年（1764）的农历四月十八，后来每逢这天，新疆维吾尔自治区察布查尔锡伯自治县的人们会开展各种活动，纪念祖先的英雄业绩，成为锡伯族的传统节日。该节日也称『迁徙节』『农历四月十八节』『农历四月十八西迁节』等。锡伯族西迁节于2006年入选第一批国家级非物质文化遗产代表性项目名录。

让他们带着家眷,加起来是 5050 人迁至新疆。这些人先到盛京城(现在的沈阳市)的锡伯族家庙集合再出发。他们从盛京城出来以后往北走,坐着牛车,走蒙古高原,通过现在的蒙古国,再翻过阿尔泰山,穿行天山山脉里的果子沟,走到伊犁,大概走了一年多的时间。最后就在伊犁河南扎根下来,戍边屯垦一直到现在。我们家的家谱上记载,我们家是镶蓝旗,乾隆二十九年从辽宁的熊岳城(今属营口市辖区)过去的。现在中国有将近二十万锡伯族人口,新疆有四万多人,大部分锡伯族人还在东北,辽宁省最多。①

① 据 2010 年全国第六次人口普查,锡伯族总人口为 190,481 人,其中辽宁省锡伯族人口 13.3 万人,占全国锡伯族人口的 70.2%,居全国第一位。

② 八牛录,镶黄旗乌珠牛录,正白旗依拉齐牛录,镶白旗孙扎库齐牛录,镶红旗宁古齐牛录,正蓝旗纳达齐牛录,镶蓝旗扎库齐牛录,正红旗堆齐牛录,镶黄旗寨牛录,正白旗。

戍守边疆的锡伯营

锡伯族从东北迁到新疆以后,编成一个相对独立的营,叫锡伯营。锡伯营下面有八牛录②,现在到新疆维吾尔自治区察布查尔锡伯自治县去的话,在锡伯族居住区分一牛录、二牛录、三牛录、四牛录、五牛录、六牛录、七牛录、八牛录,我家就是八牛录的,这是唯一保留到现在的以八旗的编制命名的行政区划。

锡伯族比较勇敢,善射骑,一直到 20 世纪初,都是职业军人。在清代,锡伯族作为军人,是不给国家交赋税的,他们是守边的主要武装力量,有俸饷,但是没有粮食,粮食要自己生产。所以锡伯营具备了两个功能,一个是守边,一个是屯垦,当然守边是主要的。所以,在锡伯族的家庭中,有丁就必须要当兵。比如我父亲兄弟两个,其中一个就要当兵,就是我的大伯去当兵,我父亲留在家里。

清朝疆域辽阔,为了驻守边疆,在伊犁有两个满营,锡伯营、索伦营、察哈尔营、额(厄)鲁特营,共六个八旗组成的营在驻扎。锡伯营建立了以后，领队大臣是从北京过去的一个满族大臣，叫伊尔图。他这个人很厉害，他在锡伯族的八个牛录里头，都设了学校，其他的营有的根本没有学校，而锡伯营就有八个学校，自己出钱，自己筹资建。

锡伯文的诞生与发展

在清朝，国语是满语，清朝政府倡导国语、骑射，会讲满语，会骑马射箭，这是八旗或者说清朝的立国之本。锡伯族的每一个人在当时的政权下必须要学，要掌握国语和骑射。锡伯族人普遍都会这些的。当从辽沈地区西迁到新疆的时候，锡伯族就已经使用满语满文，到新疆去以后继续保留这个传统，而且因为居住相对集中，甚至比辽沈地区掌握得还好。

锡伯族西迁到新疆以后，实际上是从东北的语言环境离开后，在新疆形成了很小的一个语言群体。再加上与当地文化互相影响，口语、书面语都发生了变化，锡伯族的学者们就在 1947 年对锡伯族当时使用的文字进行了一项改革。原来的满文是六个元音字母，二十二个辅音字母，十个用来拼写外来借词的特定字母，一共是三十八个。改造的时候，就是把六个元音改成五个元音了，把一些经常不用的辅音字母去掉，文字更简化了，更简洁。同时也改了一些比较复杂的书写方法。这样的话，锡伯族就不叫它满文了，就叫锡伯文。

但是东北的锡伯族已经不会说锡伯语了，新疆的这部分就会说，完整地保留了自己的生活习俗和语言文字。1954 年新疆察布查尔锡伯自治县(全国唯一的一个锡伯族自治县)成立以后，按照国家的民族区域自治法和国家的民族政策，从法律上确定了锡伯文的地位。现在自治县里都能看到很多匾额是用汉文和锡伯文两种文字书写的。《察布查尔报》，还有我们的广播电台、电视台也使用锡伯语，新疆出版社也有锡伯文编辑室。

可以说 1947 年是一个界线，1947 年以前是满文，1947 年以后是锡伯文。两种语言是有传承关系的，可能 90%左右都是相同的。虽然锡伯族已经有自己的语言和文字了，但它毕竟跟满文的关系是无论如何也分不开的。所以，锡伯族人从事有关满文方面的工作有着得天独厚的优势。锡伯语的保留不只是锡伯族的问题，锡伯族也是满语文的一个守望者。我看到有的档案记载，乾隆年间（1736—1795），有的地区满族人都不会说满语了，包括辽宁南部地区，还有河北雄县这些地方，但锡伯族居然会说，这是在给皇帝呈报的折子里头说的。中华人民共和国成立以后，满文人才的培养跟锡伯族都是有关系的，如果没有锡伯语的话，咱们国家满语文的恢复，可能走的路要比现在更漫长一些。包括我国台湾也是这样，因为广禄①老先生到台湾去了，他培养了一部分学生。

一开始，锡伯文与锡伯语的普及和发展情况还是不错的，人们都用锡伯文书写，后来还有双语教学。不过在"文革"时期，有将近十五年到二十年一个断层，锡伯族地区的锡伯语教学全部停了，"文革"结束以后才恢复，这对锡伯族文字的普及影响很大。如果我不到北京的话，我也不会，不懂满文和锡伯文，我们这代人都不懂。

现在有一个问题是，锡伯语消亡的速度太快了。在我的老家，过去十年前去街上，我还能很普遍地见到能说锡伯语的人。但现在到商店去也见不到了，只在家庭、在特定的环境里头才说锡伯语。我给老家的亲人打电话，小孩第一句话都是汉语，甚至家长都是先说汉语，知道是我了以后，才改成锡伯语。我觉得这和现在科技的发展，媒体发挥的巨大作用是有一定关系的。不过，值得欣慰的一点是，锡伯文是拼音文字，锡伯族小孩在网络上聊天直接用汉语拼音说锡伯语。如果语言能保留的话，文字恢复起来是很快的。

国家满文人才培训

我 1975 年高中毕业,正好那一年北京故宫博物院要培养一部分满文人才,我就碰到这次机会,被招到北京来,上了三年满文班的培训,班里有二十一个人,锡伯族有三男三女。

我是到北京以后,才知道这个满文培训班是被当作咱们国家重要的一件事来办的。因为 1949 年以后,懂满文的人很少了。可是在故宫里头,保存着很多满文档案。大家都知道,清朝是满族建立起来的政权,满文作为国语推行,在办理政务的过程当中,形成了很多满文档案。而且清朝是最后一个封建王朝,与它相关的档案里头记载的很多东西与现代社会密切联系。比如有些人的家族成员或者是生活过的地方都能从档案里头找到。而且,非常重要的是咱们和周边国家的一些边界划界、边界谈判,包括条约签订等等,都可以通过档案来查定。最有名的是康熙年间与俄罗斯签订的《尼布楚条约》①,这是清朝跟外国签订的第一个条约。

① 康熙二十八年七月十四日(1689 年 9 月 7 日),清政府全权使臣索额图与俄罗斯帝国全权使臣戈洛文在尼布楚(今俄罗斯涅尔琴斯克)签订《尼布楚条约》,这是清朝与俄罗斯帝国签订的第一份边界条约。条约划分了中俄两国的东西边界,法律上确认黑龙江和乌苏里江流域包括库页岛在内的广大地区属中国领土。

我也是后来才看到《尼布楚条约》,它有满文版本、拉丁文版本、俄文版本,没有汉文版本。而且满文档案里头还有很多早期的跟俄罗斯的交往记录,当咱们国家跟苏联就边境问题谈判的时候,就需要翻译这些历史档案了,国家也很重视这部分档案怎么翻译。中国第一历史档案馆就设在故宫里头,而且全部都是故宫里头保存的档案。按目前计算的话,大概有一千万件,里头有二百万件是满文档案,相当于五分之一啊,量很大。所以新中国成立初期,国家领导人就准备培养一部分满文专业人才。

第一批人才培养就在 20 世纪 50 年代初开始,1954 年,启功等人提出来要培养满文人才,周总理很重视,就委托郭沫若、范文澜等人进行落实。当时是准备在北京大学办班,招了学生以后,结果找不到满文老师,在北京找了半天没找到。最后找到了一位懂满文的蒙古族学者克敬之先生,老先生当时已经七十多、快八十岁了。考虑到老先生的年龄比较大,因此历史所和语言所(当时中国科学院的历史研究所和语言研究所)就一块儿办班。最后老先生的满文课,基本都在他家里上。当时准备培养十几个,最后剩下的只有两三个人,这就是咱们国家最早培养的满文人才。后来只有两个人从事满文的语言研究工作。

到准备培养第二批满文人才的时候,克敬之先生去世了,就没办成。不过,最后周总理委托国家民族事务委员会的刘春副主任来负责满文人才培养的事,准备在高校里培养。那时候已经成立了中央民族大学,当时叫中央民族学院,就准备在这里办班。1961 年 9 月,这个班就办成了,一共招了二十一个人。当时通过民族调查、语言调查,咱们国家已经知道新疆的锡伯族人的语言跟满语非常接近,而且一直在使用。所以当中央民族学院的满文班办起来的时候,政府从新疆招了四个人,其中一个人身体不好回去了,最后这个班里剩下三个锡伯族学生。老师都是从新疆调过来的,像赵玉麟老师、涂长胜老师、钟棣华三位老师,都是研究语言的锡伯族老师。

这次培养非常正规,用了五年,到 1965 年快要毕业的时候,就碰上"文革"。原本这拨学生毕业后大部分是准备要分到档案馆、图书馆、博物馆工作。"文化大革命"开始以后,毕业的学生有三分之二被分到各地方,上山下乡,受教育,改行,最后大概有七个人留在了北京,在档案馆、图书馆和大学工作。这两次满文人才的培养,周总理都知道,因为第一批是他建议培养的,第二批也是他提议培养的,所以 1972 年,美国总统尼克松访问中国,周恩来总理陪他参观故宫。尼克松看到故宫匾额里头有满文,也有汉文,就问周总理,你们中国有没有研究这种文字的人? 周总理回答说,我们有。

后来大概在1972年底1973年初的时候，鲁迅的弟弟周建人，那时候是全国人大常委会副委员长，他给中央写了一封信，说故宫里头保存那么多的档案，要培养满文人才。这封信给中央报上去以后，周总理，还有当时的"文革"小组成员江青、姚文元、张春桥、康生这些人都批了。当时"文革"还没结束，大家还在"破四旧"，这时候通过周建人提了这么个建议，很快基本上当时国家最主要的领导人在这个问题上都有表态，没有反对，都要办班。

当时没有教育部，是国务院科教组。国务院科教组派人到故宫去做了调研，给国务院提交报告，提出来两个方案，一个就是20世纪60年代中期毕业的那部分人，没有归队的人要归队；第二个就是说，要培养一部分年轻的搞满文专业的人，还特别在附加的一个文件里提到，最好是要招懂这个语言的学生，可以从锡伯族里头招些学生来。可惜的是因为"批林批孔"的政治运动①，这个事耽搁了一年多，到1975年的时候，中央领导就批示要继续开展满文人才培训。正好我的运气好，我是察布查尔锡伯自治县在"文革"以后的第一批高中生，那年7月份正好要毕业，这时候故宫来人招学生，我就报了名。②

难得的学习机遇

我是八牛录的，1972年中学毕业。虽然是"文革"时期，不过我所在的那个地区对教育还是比较重视，当时叫公社，现在叫乡，乡一级都有小学和中学。我的父亲懂

① 1973年7月，毛泽东在对王洪文、张春桥的谈话中指出，林彪同国民党一样，都是"尊孔反法"的。他认为，法家在历史上是向前进的，儒家是开倒车的。毛泽东把批林和批孔联系起来，目的是为防止所谓"复辟倒退"，防止否定"文化大革命"。江青一伙接过毛泽东提出的这个口号，经过密谋策划，提出开展所谓"批林批孔"运动，把矛头指向周恩来。1974年1月18日，毛泽东批准王洪文、江青的要求，由党中央转发江青主持选编的《林彪与孔孟之道》。这个运动从1974年年初至同年6月，历时半年左右。这次"批林批孔"运动，不但在历史研究领域和社会伦理道德方面造成混乱，搞乱了人们的思想，而且在江青一伙煽动的所谓"反潮流"的冲击下，使周恩来主持中央日常工作以来出现的各方面工作好转的局面又遭到挫折。材料来自中国共产党新闻 http://cpc.people.com.cn/GB/64162/64167/4527263.html。

② 1975年，经国务院总理周恩来批示，北京故宫博物院在其所属的明清档案部开设满文干部培训班，招收学员二十一名。

满文和汉文，那时候我快毕业了，也没有高中可以上，没事干。我父亲就让我在家里干一点儿农活，学点儿满文。我父亲给我写了十二字头①，没事的时候让我读着玩儿。有一天我们在学校院子里头玩，看见一个骑马的人进来了，我们也不知道是谁。一会儿，老师就叫我们过去，说县里头要成立高中班，准备挑学生，从我们八牛录的中学里头准备挑六个人去。我听了挺高兴，就报了名，最后被选上了。1972年初，我就到县中学去报到了，那时候是春节以后报到上学，和现在不一样。

① 满文按音节可分为十二字头。

虽然高中刚刚成立，但给我们配的老师特别好，都是大学毕业以后工作了很多年的老师，虽然我初中没学到什么东西吧，但在高中学下来不少。1975年，就在高中快要毕业的时候，我又听到一个好消息，就是故宫要招人了。其实当时我所在的学校准备留我当老师，我在学校当了几年的班长，也是我们县一中的学生会主席，而且我的物理和化学特别好，我的物理老师和化学老师特别喜欢我，毕业之前我就已经在学校给初二和初三的学生讲化学课了。那时候大学也没有恢复，最多就有两个出路，或者可以叫三个出路。其中最好的就是高中毕业以后去当兵，第二个呢，能当个工人也是很好的，第三个就是上山下乡了。当时征兵的时候我也报过名，空军啊什么的，可能因为各种原因吧，比如我的家庭成分是中农，那时候讲究成分嘛，跟贫雇农比的话，我的条件可能就上不去了，我也知道我这个情况。

当时有两个高中，除我们县里头的一中外，在金泉镇，当时叫金泉公社，也办了一个高中班，一牛录、二牛录、三牛录、四牛录的学生全部到一牛录的金泉镇的高中去上学，五牛录、六牛录、七牛录、八牛录的都到六牛录所在地的察布查尔锡伯自治县一中读书。

我因为父亲懂满文，有一些满文的基础，而且第一批满文班里头的一个女学生是我们家的邻居。所以我小时候就知道有这个事。在我的印象里头，知道北京也需要满文这种文字。我知道故宫来招人,就去报了名,我也知道我的老师们一直在积极地推荐我,但一直没有消息,我就觉得可能成不了。跟当兵一样嘛,北京来招人的话肯定要看条件,在当时环境下最主要的就是成分嘛,唯成分论,还是很厉害的。我就想,能要就要,不要就算了,当个老师也不错。这是我刚才讲的三条路之外最好的一个出路了。虽然一直在等消息,不过自己很坦然,毕业了嘛,没事的话就该玩玩儿。后来我知道定下去北京的学生,都已经家访完了。有一天下午突然通知我,让我体检去,跟他们一块儿。我就高兴得不得了,非常不可思议,跟天上掉下来馅饼一样的感觉。我说不是开玩笑吧?是不是替补啊?回复说基本定了,六个人,有你一个。后来体检完了,填完表了,我问为什么会要我。回复说本来准备在金泉中学要两个学生,一男一女,在一中里头准备招两男两女。最后金泉中学那个男学生,被选上之后,他的父母不同意,怎么说也不同意。最后,那个男孩就没来成,我就替补上去了。可以到北京来学习,我当然是高兴得不得了。

在北京的学习与生活

后来我一直在想,我的机遇真是太好了,一次是高中,一次是到北京来。我到北京的过程也很逗。我从我们老家到乌鲁木齐坐的是卡车改造成的客车,坐了可能有三天三夜了。然后我们再从乌鲁木齐坐火车到北京,也是四天三夜,我是第一次坐火车,坐了那么长时间。我们到的是现在的北京站,故宫这边是用卡车接我们的,记得是解放牌卡车,我们的行李都用解放牌卡车装的。故宫派来到北京站接我们的人,看到我们的时候都惊讶得不得了,为什么呢?当时我们男的穿的是黑条绒的夹克,女士们穿的大花衣服的衬衫,都是十九、二十岁嘛,皮肤比较有光泽,相貌也比较英俊。故宫的人就问,你们是不是因为要到北京,特意穿了这些衣服?我们说不是,我们上学时候就这样穿。当时我们皮肤可能也比较白一些。故宫的人就说:哎哟!怎么你们的皮肤那么白。都很惊讶。我老家伊犁那边是在咱们国家最西边的边境，过去跟苏联是接壤的，苏联解体后跟哈萨克斯坦接壤，从我们县到阿拉木图（曾为哈萨克斯坦首都）去的话，骑马可能一天就能走到，现在首府是阿斯塔纳了嘛。伊犁河谷是一个好地方，降水量很多，物产也丰富，号称"塞外江南"。有句话叫"不到新疆不知道中国之大，不到伊犁不知道新疆之美"。陆上丝绸之路的北路就是从伊犁过去的，它一直都是中西文化交流的一个通道，我们那边的人当时穿的都比较时尚，皮肤什么的可能跟高原上的人不一样。

北京太大了，坐上卡车，坐了好长时间才进了故宫。故宫也非常大，到处是红墙，在我们老家庙才是红的，所以我刚进到故宫的时候，就感觉不太适应。我们就住在故宫里头，是现在叫南十三排①的地方。当时那个房子的顶都是用纸糊的，那房子简直是又黑又破的。后来听说和我们一起的三个

1975 年吴元丰（后排中）和锡伯族同学在天安门前合影

女同学连衣服都没有脱，一晚上就坐着过来的，我们男的也没有办法。我们以为是头一天临时住这，没想到第二天一问，是要长住下来。所以我们头一年很艰苦，冬天也没有暖气。当时蜂窝煤供应很困难，我们用的煤球，烧起来很不好受，现在想是不堪回首啊。不过头一年

① 南、北十三排指今位于北京故宫博物院内宁寿宫外东侧的排房，南、北各十三座，东依紫禁城城墙，为乾隆年间所建。

233

过了以后,第二年就用暖气了。国家对我们这个班很重视,让我们带薪学习。头一年每月工资三十多元,第二年就四十多元,在20世纪70年代,这个工资已经很高了。我们问过很多北京的家庭,都是五十多块钱养好几口人,是一家人的收入。我们学习的地方是故宫内阁大堂的配殿,曾经是清代大学士们工作的地方,配备也好,聘了很多有名的教授来给我们讲课。满文班从1975年10月开始到1978年7月份结束,整整三年,学习上对我们要求很严格,每天要背一篇古文,进行严格考试,没有寒暑假。这也为我们打下了很好的基础。

满文班学员上满语课

① 1975年,北京故宫博物院从新疆察布查尔锡伯自治县招收应届高中毕业生和在职工作人员各一名,从黑龙江富裕县招收初中毕业生和在职工作人员各一名,从北京市招收应届高中毕业生十三名,"上山下乡知识青年"九名。此三十名学员于1975年8月1日到故宫报到,成为故宫博物院的正式职工。资料引自吴元丰:《故宫博物院满文教学概述》,《满语研究》,2014年第2期,第31页。

后来我才知道,当时招生的时候一共招了三十个人。从三十个人里头挑了二十一个人作为满文班的学员培养,剩下的在档案馆里头做别的工作。黑龙江省富裕县三家子村那边有懂满文的,所以特意到那里招了两个人,一男一女,本来也计划在内蒙古自治区招收懂蒙古文的两个,但没招成,新疆是六个,剩下的全部都是北京的。北京的里边,一部分是应届高中毕业生,一部分是知青,二十一个学员的基本情况就是这样。①不过,在学习期间，黑龙江的女孩因故退学回去了，最后毕业的是二十个人。毕业的时候，全部分到当时的故宫博物馆明清档案部，从事满文档案工作。1980年，明清档案部划归国家档案局，成立了中国第一历史档案馆，但是没有离开故宫。这样明清档案部的满文组有三代人在那工作，有从新疆调过来的赵玉麟老师，还有中央民族学院满文班培养出来的学生，再加上我们故宫博物院满文班的二十个人，是至今在档案馆里满文人才最多的时候，达到了三十多人。

1978年满文班毕业照，后排左一为吴元丰

我毕业以后就一直在中国第一历史档案馆工作，进行满文档案的整理、编目、翻译和研究。到现在，我在北京已经几十余年了，我对我的家乡还是很留恋的。

哈萨克文书法

哈萨克族把书法称为"喀特开勒克"。哈萨克族曾使用过三种文字,最早使用古代突厥文,后期使用粟特文和阿拉伯文字母文字。

历史上曾流传过很多书法形式,后来经过人们总结和提炼,渐渐形成了一些主要的"努斯卡"(书法形式)。哈萨克文书法在哈萨克族的生活中得到广泛应用,书法作品既作为艺术品被欣赏,又作为座右铭鼓励自己和教育别人。哈萨克文书法除了讲究根据内容选择字体外,还将字体组成一幅画,使其看起来更加生动形象、富有艺术感染力,这也是哈萨克文书法的魅力所在。哈萨克文书法的内容以名言名句、格言、谚语为主,表达对祖国对人民的热爱,是表现哈萨克族文化的一种形式,因而对研究哈萨克族文化有很大的帮助。

2013 年,哈萨克文书法入选新疆维吾尔自治区第四批非物质文化遗产代表性项目名录。

黑扎提·阿吾巴克尔

新疆维吾尔自治区代表性传承人

黑扎提·阿吾巴克尔（1939—2017），男，哈萨克族，新疆维吾尔自治区阿勒泰市福海县人，新疆维吾尔自治区非物质文化遗产代表性项目哈萨克文书法代表性传承人。

黑扎提自幼即喜欢哈萨克文书法。1953年在农村上学期间，有幸得到老师阿尼西·河泰白启蒙，自此对线条艺术产生浓厚兴趣，笔耕不辍，即使在『文革』期间也没有放弃。黑扎提积极学习哈萨克文书法，熟练掌握了九种不同的书法形式，形成了自己的风格。他的书法作品内容以名人名言、格言警句、赞美家乡为主，先后在1983年、1999年、2000年地区举行的书法作品展览上获奖。

采 访手记

访谈时间:2014 年 10 月 1 日
访谈地点:新疆维吾尔自治区阿勒泰市
受 访 人:黑扎提·阿吾巴克尔
采 访 人:范瑞婷

　　我对黑扎提爷爷印象最深的地方,不是他的专业成就,而是他幸福的家庭。他特别和善,初次见面就让人感到很亲切,他手上一直戴着婚戒,让我感觉到了他对家庭深深的责任感。访谈的时候,他的女婿给我们做翻译,访谈之前他非常自然地给老人整理衣领,可以看出这是一个非常和谐幸福的家庭。采访结束的时候,他老伴特意换了漂亮的衣服跟我们合影、拥抱,这一家人都让我们感觉特别舒服、温暖。

　　哈萨克文书法属于硬笔书法,是用木笔来书写的。在我们拍摄过程中,黑扎提爷爷还拿了刀子削木片,亲自给我们示范如何做笔。他在一张张纸上给我们示范几种不同字体,非常耐心,怪不得是一位深受学生喜爱的好老师。

黑扎提(左三)及其妻子(左四)、女婿(左二)与中国记忆项目中心拍摄团队合影

黑扎提·阿吾巴克尔口述

别尔克努尔、多哈德尔别克·吐尔逊别克、努尔扎提·叶尔波 翻译

范瑞婷 整理

一块木板半支铅笔，我们用了一年

我的名字叫黑扎提·阿吾巴克尔，是阿勒泰地区福海县人。我的父母是牧民，在我八岁的时候，也就是 1947—1948 年之间，父亲把我送到乡里的阿訇那里去学习。当时没有正规的小学，阿訇大多是有时间就教，没时间就布置作业，让我们回家做。所以我们就自学，自学认字，学做简单的加减乘除。牧民是没有纸可以用的，我们就用一种木板学习。父亲给我和弟弟做了两个木板，把一支铅笔分成两半给我们用，那半支笔我们俩用了一年。半支笔怎么坚持用一年？因为舍不得用那半支铅笔，我们放学回家后，就把木头点着，用木炭写字。

我们学算术，或者是学写字的时候，就用木炭写在木板上，写完可以把它刮掉，这是非常实用、简单的工具。我们出去放牛放羊，也会把小木板别在腰上，随时拿出来用。如果看到字写得比较好的人，就会请他们把字写到这个板子上，然后就学习他们的写法，更

正自己的字体。我们还用这个木板,向村里会算数的人学习请教。总之,这就是我们当时的学习条件,当时大多数家里条件比较差的人,都是这样学过来的。

学习写字期间用的小木板

我是在新中国成立之后,在现在的阿勒泰一中念的中学。但是在1948—1952年之间,阿勒泰的社会不是很安定,①所以学习被迫中断了几年,那段时间只能在家帮忙放牛放羊。到了1952年之后,像我这样认得字的学生,都到我们阿勒泰市来上学。我在阿勒泰中学读了三年的书,那时候纸和笔还很稀缺,我们自己是没有课本的,只有老师那里才会有,我们就在上课的时候把老师讲的内容全部记下来。那会儿阿勒泰市有报社,我们去报社排队,把报纸上剪下来的多余的纸领回家,做成本子来学习。当时除了学习哈萨克语以外,还会学习数学、化学、物理、历史、地理、体育、美术等课程。在学习书法的过程中,我觉得最大的困难就是缺乏纸和笔。

1957年,我中学毕业,各项学习成绩优异,最终被新疆师范大学②录取。之后从1957年到1960年,我在新疆师范大学的化学生物系学习。那几年刚好处在"大跃进"的时期,学校的教育条件比较差,上课的时候,教室不够用,就借用附近小学的教室。小学生白天上

① 国民党新疆省警备总司令陶峙岳于1949年9月25日发出通电,宣布率全省军政人员起义,新疆获和平解放。1950年,乌斯满等人策划了反革命叛乱,为维护新疆的社会秩序,新疆军区迅速组织了剿匪指挥部,到1951年11月,叛乱人员基本被歼灭。
② 即现在的新疆师范大学。1906—1978年间,为乌鲁木齐师范学校(乌鲁木齐市第一师范学校)。

课,大学生晚上上课。我当时做过班干部,后来还参加过学生会。当时劳动多,全校师生一起炼钢铁,人民公社又刚成立,再加上新疆首次建铁路,所以劳动是家常便饭。可以说三年的学习时间实际上只学了两年,另外的一整年基本上都是在劳动中度过的。

我遇到很多好老师,学习他们漂亮工整的字

1953 年 1 月我重新开始上学的时候,自己的阿吾勒①没有学校,我们需要从县里到市里去上学。当时那个学校里有不少老师,其中有一个阿尼西·河泰白老师让我印象深刻,因为他的字写得非常漂亮又工整,我因此喜欢上了他的书法,开始专心学他的字体。可以说,阿尼西老师是我的启蒙老师,他跟另外一位叫帕丽达的老师对我的书法还有文化课学习,都有很大的影响,但是后来阿尼西老师教了我们一年就被调走了。在我们那个年代上学的人,最看重的就是字写得好,谁写得好看我们就学习谁的字体,所以其实我在遇见阿尼西老师之前,就已经喜欢上了书法。

虽然小时候我跟着毛拉②阿訇学习认字,自己已经有了一定的基础,但是我们当时的学生,特别尊重老师,不敢要求阿尼西老师单独给我们开设字体课,只是让他有时间的时候教教我们,然后我们回去照着练字。阿尼西老师给我们教字母,总是不厌其烦。

还有两个老师让我印象比较深,一个叫阿斯哈提,一个叫吾木别提。吾木别提老师是从塔城③毕业的,很年轻,阿斯哈提老师年龄比较大,专门研究哈萨克语语法,是一位很有经验的老师。中学的时候,每个星期会有一堂书法课,这对我们的帮助特别大。我自幼喜爱读书,可是那时候阿勒泰本地很少出书,大部分的书

① Awïl,哈萨克族氏族的血缘社会基层组织,通常由十几二十户人家集居在一起,形成游牧村落。
② Mawïa,伊斯兰国家(或地区)中对人的一种敬称,是伊斯兰教职称谓。
③ 地名,位于新疆维吾尔自治区西北部。

243

都从哈萨克斯坦来,他们的文字是斯拉夫文,[1]而国内的哈萨克族使用的是以阿拉伯文为基础的老文字,这两种文字我都是在自学过程当中逐渐掌握的。

黑扎提老师收集的漂亮的书法作品

那时候在学校,没有书法比赛,但老师会根据字体来表扬写得好的学生。1957 年之后,因为我的字写得好,很多人来找我写大字报,我就这样写了很多字,自己的书法风格也慢慢练出来了。1965 年到 1982 年期间,我们废弃了老文字,使用了新文字,1982 年之后又开始重新使用老文字。[2]这段时间,我参加了一些县、地区举办的书法比赛,也拿了不少的奖。书法比赛使用的是老文字,我的作品内容一般是写阿拜[3]的箴言警句,还有民间的一些格言。

①哈萨克斯坦使用的文字是以斯拉夫字母为基础的西里尔文。

②哈萨克老文字是哈萨克族现在使用的文字,是以阿拉伯字母为基础的拼音文字。1959 年,我国哈萨克族设计了以拉丁字母为基础的新文字方案。于 1965 年开始推行,后实践表明推行条件尚不成熟。新疆维吾尔自治区人民政府于 1982 年 9 月 13 日决定全面恢复使用老文字,将新文字作为拼音符号加以保留。

③阿拜·库南拜耶夫(1845—1904),哈萨克文学代表人物。哈萨克斯坦人、哈萨克族思想家、哲学家、诗人。

在文字改革期间,我因为会写斯拉夫文,所以很快就掌握了新文字。但是新文字改革给其他人的书写以及书信来往,带来了不少困难。所以我就担任起了教大家学习新文字的工作,主要教大家如何识字、写字。在"文革"期间和文字改革期间,不论是用新文字还是老文字,我都没有中断过书法练习。

黑扎提书法作品

只要是学生提出来想学的,我都会教他们

我是从 1965 年开始教别人新文字的,1982 年开始,又教别人老文字。我的学生中,有许多是政府工作人员。平时教课就是在课堂里,把农村的教师、干部集中起来教。1965 年那时候是十天休息一次,到后来变成一个星期休息一次,我们就利用休息时间,给他们上课。

我当年要求比较严格,布置的作业也多,用这种方式给学生一定的压力。一个学生从开始学到完全掌握,至少需要一年的时间。在我的学生当中,个人能力差异比较大,有些文化水平比较高,有些只是认字、会写字。来学习的人主要有两种情况：一是政府组织的，因为单位需要他来学；一是自愿的，这些自愿学的大多是小学老师，是为了回去教更多的学生，还有一些政府机关从事秘书工作的人，也是自愿学的。

我的学生当中比较突出、比较优秀的，现在在社会各界工作。像在(阿勒泰)地区教育局工作的吾尔列吾，就是学得比较好的学生，他现在就在从事这个职业。他的一个朋友，也是我的一个学生。他们俩一起合作出了一本关于哈萨克文书法的书籍。还有一个学生叫古丽旦，她在福海县文体局工作。这几个学生的成绩真的是特别优秀，也帮助我推进了很多书法活动，比如我们福海县的一些书法展，他们对我的影响也是比较大的。还有一个学生叫哈杰提别克，他写的字很漂亮，后来他在政府担任秘书。我还有其他的一些朋友，也在从事书法方面的工作。遗憾的是我的孩子们上的都是汉语学校，他们没有学书法。

作为一名教师，有人想要学我就会去教，政府要求教，我就去教。

我的很多朋友都是我的学生。有一个叫哈再孜哈克的老师，他既是我的学生，也是我的同事、朋友。我的学生都觉得我教课好，所以他们比较喜欢我。只要我知道的，我的学生提出来想学的，我都会抽出空来教给他们，没有拒绝过。另外，在县城里面，我会去给别人家装玻璃、垒火墙，做些维修的活儿，只要有人提出来要帮忙，我都不会拒绝，所以说我人际关系比较广，就这样跟大家相处得很好。

我教书法的学生当中，大部分在校生，都一直在我这里学到毕业为止。像社会上的学生，愿意学这些的，我会一直教到他们能够独立书写为止。当时我在学校没有设立专门的书法课，我是抽一部分时间，把字写在黑板上给学生讲解，给他们起个带头示范的作用，他们都是自愿学的。

黑扎提老师示范哈萨克文的书写

我的本职工作是老师，写书法是爱好所致

其实我的本职工作是化学老师和生物老师，而我写书法，最主要的原因就是自己的爱好。

我是 1960 年参加工作的。1960 年到 1980 年间，我在社会上遭到排挤，因为我被判定出身不好，社会关系不太好。后来这些对我不利的名号越来越多，导致我耽误了学习的时间，尤其是学习书法的时间。我说什么或者写什么都不算数、不被重视，所以学校要求我做什么，我就安安静静地做什么。那时候社会上提倡自力更生、勤俭节约，我在教学工作之外，还做过木匠，还装玻璃、垒火墙、砌墙、种菜，这些活儿我都做过。别人在学习的时候，我不得不做这些活儿，有一段时间为了劳动甚至还停止了讲课。我在学校和农村，劳动时间比较长，一年要下乡劳动三到五个月甚至半年。在这二十年中，我从社会上也学到了很多东西。

这段时间我也没放弃写字,因为"文革"期间我经常要写大字报、写语录,那些都是需要用书法来书写的,人家来找我,我就帮他们写。

如果说在书法方面,我通过自己的努力达到了今天的成绩的话,那么在我的学习方面,对我影响大的人,第一个是我的父亲,第二个就是我的哥哥。我是在他们的支持帮助下才能完成学业的。我父亲虽然是个普通的牧民,但是他在当时是个比较有影响力的人。新中国成立前,他参与了一些组织牧民的活动,新中国成立之后,做了乡长,再后来做了福海县政协委员。他虽然没有上过学,不认得多少字,但是,他是一个思想开放、有远见的人。1953年的时候,他让家里的两个孩子当了工人,但是对于我,却要求我一直学习,不能荒废学业,因此我的父亲对我的整个人生都有很大的影响。但是,1931—1940年间,我的父亲因为有一定的财产,还参与过组织牧民的领导活动,被判定为是地主阶级,到1959年的时候就被抓走了。直到"文化大革命"结束的时候才平反,重新确定为中下层阶级。我们家族里上学的,有一定文化水平的,就我一个人,其他的哥哥以及亲戚也都支持我的学业。爸爸让我哥哥当工人去了,所以他的文化水平是比较低的,但是他有一定的工资保障。

我除了书法,还有一些木匠技能,但是这些技能也不能说是个人的爱好,是在当时的那个环境下不得不学出来的一些技能。后来各类政策好了之后,我们就可以从事自己喜欢的工作了。我是在五十多岁的时候,才开始从事文学写作的。我开始接触一些写简报、写新闻的工作。我当了三十年的教师,后来当了校长,再后来调到政府科委部门工作,在那里做过党委书记、科委主任。我到科委以后,工作有了很大的变化。到了新单位,主要的工作就是接收并完成上级项目,或者自己做项目,在农村进行科普教育等。我利用以前教课的经验,还有在农村科普教育的经验,写了实用科技考察类、历史文献调查类近六十篇文章,担任了《新疆日报》《新疆科技报》等报的记者。

自此之后，我渐渐开始关注别的领域，在 20 世纪 90 年代出版了两本书，一本是有关畜牧业用药的基本知识的，另一本书是有关甜菜根的种植技术的。我还尝试文学写作，写了一部中篇小说和三本文学方面的书，还写了两本家谱方面的书。现在我正在编写一本有关哈萨克文书法的书，主要讲的是哈萨克文字的形成过程，也快要出版了。这本书介绍了哈萨克文书法从什么时期开始形成等内容。我们哈萨克文书法，从元代开始形成，在历史上有个著名的书法家叫康里子山①，他对汉族及其他民族的书法贡献很大，哈萨克文书法不同字体的使用方法不同，我在书中一一介绍九种哈萨克文书法字体，分别写字示范，并介绍在学习过程当中应该注意的事项等。

① 据元人陶宗仪《书史会要》所记，古代哈萨克族的书法家就有康里子山。康里回回、康里不花等，其中康里子山特别有名，世人将他与元代大书法家赵孟頫相提并论。
② 突厥文，是一种音素、音节混合的文字，主要来源于阿拉伯字母。突厥、回鹘、黠戛斯等族都使用过这种文字。
③ 粟特文，是一种拼音文字，字母来源于阿拉米字母，是在阿拉米草书基础上，根据粟特语发音特点创制的。

哈萨克文历史悠久，书法有自己的字体和特点

我们哈萨克族和许多其他少数民族一样，有自己的语言文字，为中华民族文化增添了风采。说到哈萨克族的文字历史，也是非常悠久的。人类因为需要用语言来表达自己的意思，文字作为记录也就相应地产生了。刚开始是象形字，靠画画来表示意思，就像汉语中的"月""山"等，都是通过画出这些物体的形状来表达内容。后来随着社会的进步，包括与其他民族之间的融合发展，我们逐渐形成了属于我们自己的最初的文字。我们作为游牧民族，最初使用的文字，叫作突厥文②，产生于公元 7 世纪，一直使用到第 10—11 世纪，这种文字现在还可以在一些考古碑铭、岩石壁画上看到。那个时候与突厥文一并使用的还有一种文字，叫粟特文③。10—11 世纪时期，

哈萨克族的一部分思想家、哲学家就用突厥文还有粟特文留下了一些作品。到了12—13世纪，我们游牧民族由于接受了伊斯兰教，同时也接受了阿拉伯文化和文字，开始阅读阿拉伯语书籍，使用阿拉伯文书写，我们自己的文字也就被阿拉伯文代替了，至今我们使用的也是阿拉伯文。但是，我们没有完全地使用阿拉伯文字和它的形体，而是在阿拉伯文的基础之上结合我们自己语言的特点，形成了我们现在的文字。在1920年的时候，哈萨克族学者阿合买提·巴依吐尔逊①，正式创造出了我们现在使用的文字，也就是常说的老文字。

① 阿合买提·巴依吐尔逊(1873—1938)，哈萨克斯坦人。哈萨克族著名教育家、语言学家、诗人。1920年，他提出了改进型的以阿拉伯字母为基础、符合哈萨克语音规律的文字方案，后相继出版有关哈萨克语语法、词汇、正字法的书籍。他的改革成果都得到认可和普及。

胡勒木尔扎岩画

我们的书法艺术形式，一开始主要是从阿拉伯、伊朗传来的，后来结合了自己的语言文字特点，形成了自己的书法。我们有九种书法字体，具体要根据我们所使用的对象来决定使用何种字体。在这九种字体当中，有一种叫提万立的文字，是在印刷方面用的，也叫正字书法，这是最基本的一种字体；第二种是在书写历史性材料时比较常用的，从波斯传来的一种字体叫柔黑，是手写时采取比较广的字体，它也可以在印刷方面用；第三种叫泰力克字体，这是适用于书写的，如果用在印刷方面的话，需要有一定包装性；还有就是在建筑方面用的书法，装饰花纹、刻章时使用的书法，叫库非；还有一个写法是用在装修方面，刻花纹的时候用的，比如容器上的装饰等，这时候使用叫吉利的写法；另外还有几种比较常用的，一个叫苏路斯，一个叫阿斯丽雅，还有一个叫切克斯坦的写法。还有一个后来产生的叫也里肯的写法，它是把前面所说的提万立、泰力克、苏路斯、阿斯丽雅等书法字体的特点都结合在一起而产生的一种书法字体。[1]

在写书法的时候，只能使用这九种字体当中的一种，不能掺杂其他的字体，要严格按照每个字体的书法特点来书写，保留所使用字体的原汁原味。每个写书法的人，由于书写能力不同，有的人写着写着，就会把其他的书法字体掺杂进来，但是明眼人一看，就能看出来不是同一种字体的书法。

[1] 九种书法字体对应的汉语名称翻译，参照任道斌：《哈萨克族美术史》，《新美术》1992年，第1期。但是具体解释有出入。

双语的菜单

哈萨克文书法在各个领域的书写都有要求，要根据图纸或者是物品、墙面等的大小、长短、宽窄等，来写不同的字。比如在房屋装修的时候，建筑师会留下相应的位置，文字书写人员自己去测量、标记，然后书写制作出来。现在书写比较多的是单位开会的横幅，还有门牌等，我们会根据实际情况来决定使用的书法样式。在我们这边多是用两种文字书写，就是汉字和哈萨克文字，有时候是三种，汉字、哈萨克文字、维吾尔文字。

在哈萨克族历史上有名的人物的格言、诗篇，到现在我们一直都在使用，比如《阿拜箴言录》，里面有四十多篇箴言，有很多内容到现在也是很有意义的经典作品。它是一种教育，鼓励我们不断向前进步，像这些积极向上的内容，我们就喜欢用书法的内容来呈现。但是随着社会的发展，也有一些不适应现代社会的内容，它自然是会被淘汰的。比如有从过去传下来的话，叫"女人的头发长见识短"，现在我们不能说这个话了，现在讲究男女平等，所以这些话我们更不会当作书写的内容了。

哈萨克文的书写方式是从右往左写，这个一直都没有变过，世界上使用阿拉伯文字的民族，都是从右往左写。我们的装饰书法，主要用于生活用品之中。因为我们哈萨克族作为游牧民族，没有像定居民族那么多的文献资料，历史上留下的书面文献较少。按照传统的生活方式，我们就将书法装饰在这些生活用品之中，比如说会把自己喜欢的图案以及文字等画在日常使用的碗碟之中，还有我们的毡房里，把毡房装饰得大方得体。后来，新中国成立之后，哈萨克族也有了自己的出版物，开始有印刷材料的需要了。一些书籍、报刊等也都开始需要书法文字来装饰，这样，哈萨克文书法才在书面上开始普及了。

哈萨克文书法跟美术有很大的关系，我们可以用书法字体来创作一幅画。根据自己的作品对象，可以把人、飞禽走兽还有其他一些生活用品的图像，用书法字体的方式画出来。比如今年是2014年，是马年，我们可以用文字的方式，把2014年画成马的图像。

黑扎提书法作品

黑扎提在"我们的文字"展览现场书写哈萨克文

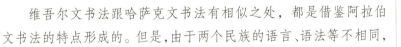

　　维吾尔文书法跟哈萨克文书法有相似之处，都是借鉴阿拉伯文书法的特点形成的。但是，由于两个民族的语言、语法等不相同，生活环境、习俗等方面也不相同，所以在形成自己书法文字的时候，都是根据各自的特点来改变的。

阿尔根拜·洪尔

中国民族语文翻译局译审

阿尔根拜·洪尔（1941—　），男，哈萨克族，新疆维吾尔自治区布尔津人，中共党员。中国民族语文翻译局哈萨克语文室原主任，2012年被中国译协评定为资深翻译家。

1962年毕业于新疆可可托海矿冶学校，同年6月入矿务局工作，任翻译副科长。1977年调入北京中国民族语文翻译局，从事经典著作翻译工作。审定了《马克思恩格斯选集》一、二、四卷，《列宁选集》一、四卷等重要著作的哈萨克语译文。1994年在中国和哈萨克斯坦边境谈判期间，任外交部代表团的翻译并完成了协议哈文本的审定工作。翻译出版了多本文学、科普、科幻著作。

采访手记

采访时间：2014 年 11 月 27 日
采访地点：国家图书馆古籍馆
受 访 人：阿尔根拜·洪尔
采 访 人：范瑞婷

　　阿尔根拜老师穿了一身挺括的西装接受我们的采访，整个人看起来又和善又帅气，让人好生亲切。当时天气已经很冷了，采访的屋子里没有暖气，中央空调开了之后声音又很大，会影响声音的录制。所以正式采访的时候，老师让我们把空调关掉了。老师穿的是西装，其实保暖性不好，他年纪又大了，我当时心里很不安，怕把老师冻感冒了，幸好后来老师身体没出什么问题。特别感谢老师对我们工作的支持和帮助。

　　阿尔根拜老师在访谈中，为我们介绍了哈萨克族所用文字的形成过程，哈萨克文的特点，新文字、老文字的比较等，表达了他个人希望继续推行新文字的愿望。同时，他也分析了现在哈萨克族年轻人因为找工作等各种原因，把更多精力投入汉语学习的情况，让我们多方面地了解了哈萨克文的历史和现状。

中国记忆项目中心拍摄团队正在采访阿尔根拜老师

阿尔根拜·洪尔口述

努尔扎提·叶尔波 翻译

范瑞婷 整理

从回鹘文、阿拉伯文，到哈萨克老文字、新文字

哈萨克形成一个民族，大多数历史学家都认为是从 15 世纪开始的。以前就是各种各样的部落、部落联盟，后来在这个基础上形成了民族。那个时候好多部落根据他们居住地区的具体情况，使用过各种各样的文字。比如说乃蛮部①使用过回鹘文②，就是古代的维吾尔文，这个有相关的传说。成吉思汗最初不知道文字是什么东西，他打败了乃蛮部落以后，才知道他们那里使用这种文字。想要说的话，有文字可以记在那，这是个好东西。他就开始学这个文字。后来蒙古人就在回鹘文基础上改造蒙古文字，一直延用到现在。

还有一部分人，就是接近阿拉伯、波斯的

①乃蛮，古代部落，于 11 世纪始居住在蒙古高原西部，是西部势力最强的游牧部落，操突厥语。

②回鹘文，是公元 8 至 15 世纪高昌回鹘人转用粟特文创制的一种文字。成吉思汗兴起后，曾以回鹘字母拼写蒙古语，成为回鹘式蒙古文；而满文则借自回鹘式蒙古文字母。

①察合台文，指从中世纪到 20 世纪 20 年代流行于中亚地区的，一种已经消亡的文字。它是一种阿拉伯字母系统的拼音文字。语文学上指察合台汗国的维吾尔人及蒙古人使用的书面语言。

②规定文字使用的规范性法则。

③盛世才(1895—1970)，字晋庸，原名振甲，辽宁开原人。属汉军旗人。历任国民政府北伐司令部参谋本部科长、新疆省边防督办、新疆省政府主席兼中央军校第九分校上将主任等职，中华民国陆军上将，自 1933 年到 1944 年负责新疆的军事、政治，号称「新疆王」。1949 年后到中国台湾，1970 年病故于台北。

中亚这一带的人，还使用过波斯文，还有阿拉伯文。乌孜别克族、维吾尔族、哈萨克族等这些重要的民族，他们用了察合台文①，这里边有伊朗语，也有阿拉伯语，是比较混合的那种语言，这些民族彼此都能听得懂。那时候民族的界限不是那么明显。信仰伊斯兰教以后，各地都使用过阿拉伯文，办经文学校，在经文学校里教的都是阿拉伯文。

到 20 世纪初的时候，在阿拉伯文的基础上，哈萨克族使用了以阿拉伯文为基础的哈萨克文老文字，也就是我们现在统称为老文字的文字。一直到 1929 年，中亚地区，包括哈萨克斯坦都使用这个文字。它的语法等各方面都是那时候形成的，正字法②也是。到 1929 年，他们就进行文字改革，哈萨克斯坦人改用了拉丁字母。到 1940 年，用拉丁字母拼写一些哈萨克语中俄语借词的时候出现了一些困难，又因为俄罗斯人当时占主导地位，有些矛盾不好解决，所以他们改用了以俄文字母为基础的文字，现在哈萨克斯坦仍使用这个文字。

中国哈萨克族现在使用的文字，也是从 20 世纪 30 年代开始的。新疆当时的统治者叫盛世才③，也叫盛督办，他为了巩固新疆的统治，大讲特讲孙中山的三民主义，跟苏联要好，然后从前苏联引进了以阿拉伯文为基础的老文字，还号召开办学校。那以前没有正式的现代意义上的学校，他号召以后，就用老文字，从哈萨克斯坦进口教材，在各地办学校。这个文字一直沿用到 1965 年。1959 年的时候，国务院设计和创立了以汉语拼音字母为基础的维吾尔、哈萨克新文字，1960 年开始试行。1965 年国务院就正式批准推行这个文字,学校里边就教这个新文字。

当时普及工作抓得不这么紧。因为那时候的干部大部分都是学老文字的工农干部,文化水平不高,掌握这个新文字很困难,做报告念不来,写东西写不来,相关部门也没有很好地抓推行推广工作。学校里边的教材,用新文字写出来的,老师不会念,怎么办呢?就找学生念,张三李四你起来给我朗读这个课文,就这样教了。也是正好遇到了"文化大革命",两报一刊①的社论出来了,就让一个学生朗读,就这样子。而且,除了红宝书②以外,也没有什么书可看了,所以这个环境就造成了新文字没有普及好的局面。"文革"后,自治区领导认为条件未成熟,就停止使用新文字,恢复了老文字。所以从 1982 年以后一直到现在,沿用以阿拉伯文为基础的这个老文字。

① 『文革』时期用词,两报指《人民日报》《解放军报》,一刊指《红旗》杂志。
② 『文革』时期用语,毛泽东著作被称为『宝书』,因为绝大多数为红塑料皮,所以称为『红宝书』。

我希望继续推行新文字,有利于地区间交流学习

新文字本来是一大进步。因为这个新文字采用以后,原来用手工排字,后来改成铸排机,用机器铸字。印刷技术方面也有很多改进。更重要的一条就是,汉语人名、地名,还有解释汉语名词术语的时候,可以准确地写出来。

现在改成老文字以后,好多东西老文字表达不出来。比如说浙江的"浙",zhe、che、she 和 zhi、chi、shi 分不清,同样写一个东西,人的名字也写不好。比如说老舍的"舍"跟"教师"的这个"师"分不清。所以给我们学习汉语、掌握汉语也带来了麻烦。如果是这个新文字推行下去的话,我们学习汉语和拼音字母就很方便了。

① 指事物以原主人所称之名为名。是现在翻译的重要基本原则之一。

所以我个人希望，国家能不能批准以拉丁字母为基础的新文字重新恢复推行。这样的话，是有很多好处的。比如外国人的名字写的时候就可以名从主人①了，汉语人名、地名也可以用拼音字母，因为联合国都有规定，中国的人名、地名都必须用中国的拼音字母写。再一个，"语音"也是根据语言的发展而发展的。原来我们的语言里头好多没有的音，现在因为学了很多新的词，比如说 F，原来我们的语音里头没有这个，后来我们加了这个语音方面的字。像 zhi、chi、shi 这些字，现在由于语言的发展，也需要我们增加文字，才能很准确地表达人名、地名。

我们翻译过马克思的书，里面几乎有 30% 的人名、地名，我们的说法和汉语不一样。我们要名从主人，欧洲人的话就是要按照欧洲人自己的那个名字发音写出来，所以我们就得查很多资料，麻烦得很。如果是新文字的话，就不存在这些方面的问题了。

我看现在推行新文字的话，可以开发一个软件，把新文字和老文字互相转写，这不需要费很大的劲。现在哈萨克斯坦使用的以俄文字母为基础的字母，都是安一个软件把它改写成老文字。如果我们用新文字的话，老文字的那些资料也可以用这种办法把它给转写出来，这样就没什么困难。

现在咱们使用的哈萨克文，就是从盛世才那个时候正式开始的。但是正字法到新中国成立以后，还有一些改正，原来不太好的东西都改过来了，现在比较好用。新中国成立以后，国家对少数民族的文化事业确实是很关心，开办各种各样的学校，小学到大学都有了。当时教材是个很重要的问题。编教材、翻译教材、印刷，那是个很大的工程。因为那个时候我们民族百分之八九十的人，是文盲和半文盲的状态；而且那个时候刚解放，百废待兴，没有那么多的人，自然也没有那么多的钱，也有财政方面的问题，搞出这个教材很困难。咱们国家当时跟苏联友好，苏联就支援了他们的教材，我们在上小学、中学的时候,数理化等理科的教材,都是直接用他们的;政治、历史这类的,是国内我们自己的老师,他们自己编的、翻译的。等于我们当时的一代人,实际上不出国门就留学了。后来两国关系出现了问题,我们又改成新文字,然后我们的文化来往就断了。后来我们自己的知识分子培养出来了,教材都自己编了,自己翻译出来。

维吾尔文跟哈萨克文,都是以阿拉伯文字为基础的老文字,新文字也同样是拉丁字母为基础的。文字是通的,我们都可以看懂维吾尔文,维吾尔族人也看得懂我们的。我们现在很多知识分子都会这个老文字、新文字,还有俄文字母为基础的哈萨克斯坦的文字,甚至乌孜别克文都能看。但哈萨克斯坦那边只有少数的老人才懂我们的阿拉伯文基础上的老文字,年轻人根本看不懂。我们如果用新文字的话,土耳其、乌兹别克斯坦、哈萨克斯坦人都可以看得懂,我们的人力资源可以共同享用。他们的东西我们可以看,我们的东西他们也可以看。现在很多国家很多民族的人学习汉语、想尽一切办法了解中国,我们也在这方面做工作,想把我们中国的成就,我们党和国家的政策宣传到他们那里去,文字是一座桥梁,可以起很大的作用。

哈萨克斯坦现在还是用俄文字母为基础的文字,据说他们已经做出决定,等条件成熟了,他们也准备改用这个拉丁字母的文字,方案都公布了。①乌兹别克斯坦已经用上了,土耳其也用这个字母,原来他们都是用阿拉伯文为基础的老文字,后来都改成了拉丁字母。这有种国际化的趋势了,它有利于地区之间的交流,方便互相学习,互相借鉴。

我们现在跟哈萨克斯坦那边走得比较近,人员来往也多起来了,他们也过来,我们也过去。现在哈萨克斯坦在北京也有好多留

① 2017 年 4 月,哈萨克斯坦教育和科学部科学委员会主席波拉特·阿布德热苏力在国家新闻发布中心召开的新闻发布会上表示:哈萨克文拉丁字母专项改革工作组已经成立,哈萨克文字由西里尔文向拉丁文字母回归的文字改革正式启动。

学生,学汉语,学各种各样的专业,我们石化、石油公司在那边,他们也派一些人过来学汉语、学技术。

我们是双语教育,但是学生的精力大部分在汉语学习上

我们在语言翻译质量方面,现在确实是不如以前了。老知识分子像我们这一代已经退出历史舞台了,现在活跃在台上的人是"文革"期间接受再教育的后来的工农兵大学生。他们有的是高中毕业,有的是小学毕业的,贫下中农推选上来上的学,知识断层表现得很明显。现在我们的语言水平确实是下降了,网上好多人都在这方面反应比较强烈,现在翻译水平下降了,写的文章水平也下降了。

我们小时候根本见不着一个汉族人,因为我们是农牧区,本来就没有人。现在汉族同胞多了,有做买卖的,有搞农业的,语言环境也好了。除了纯牧区的人,农区的人都会说汉语了,做买卖什么的不需要翻译。现在基本上已经扫盲完了,辍学的是个别的。现在几乎适龄的孩子都上学,有困难的家庭国家给补助,寄宿学校也都建起来了,确实是不错了。

我们上学的时候,初中开过汉语课,但是一个礼拜就一节课,根本没学到什么。现在是三年级开始就学汉语,而且不是一个礼拜一节课的那种,也配备了民考汉①老师。民考汉学生上的就是汉语学校,他们的教学很正规,学生各个科的负担也比较重。再一个,高考时每门学科都是汉语答题的,所以学生、家长的思想都是:别的不管,会说我们的语言,会认识

① 民考汉,指少数民族考生在高考时使用与汉族考生同样的试卷。对应专业及民族有相应加分。

我们的文字就行了，然后把主要精力放在汉语上面。这不是别人强迫他们的。

我们哈萨克地区现在是双语教学。说是双语，实际上学生的主要精力放在汉语的学习方面。学习和掌握汉语，可以学更多的知识，还要学外语，因为要出国。所以学生有精力的话，就会学汉语、学外语。他们的父母亲对民族语言文化的重视也不够。因为上民族学校的话，还要上两年的预科班，多花两年预科的时间和金钱，划不来，所以干脆直接上汉语学校，很多父母是这种想法。

哈萨克语是哈萨克族的民族语言，现在大多数孩子会说一些生活语言，但是深入不下去，写书、写文章用自己的文字写不出来，只能用汉语写，因为他主要精力放在这个大语言的学习上去了。想找体面的工作，你不懂汉语就不怎么好找工作；想学很多的知识，你不懂汉语掌握不了。而且上民族学校的民考民①考生，如果汉语不过关，将来上大学就困难了。所以说是双语，实际上就是把这民族语言文字学会了，会说一些常用的生活用语，就这个程度了。比如，朝鲜族是我们五十五个少数民族里边文化水平最高、大学生比例最多的民族之一。但他们出书征订印数，只有几十本，没有人看。最近翻译局翻译出版十卷本的马克思著作，找不到人翻译，老的人退休了，还有的人去哈萨克斯坦定居了。因为是经典著作，所以稿费很高，有的年轻人愿意翻译，但是翻译出的东西不是马克思的著作，可能只达到某个讲话稿一样的水平，质量无法保证。后来他们只好找到哈萨克斯坦出版的《资本论》，然后转写成我们的老文字，再跟汉文一一对照、定稿，《资本论》的哈文译文就这样校出来了。

我觉得马克思著作，是走社会主义道路、搞共产主义，必须要掌握的武器。但是现在好多领导干部都是精通汉语的，他们都可以看汉文。如果翻译的话，一是没有可以高质量翻译的人，二是低质量的翻译出来也是资源的浪费。所以，我觉得可以翻译一些必

① 民考民：指少数民族考生在高考时使用本民族语言的试卷，与民考汉相对。相应地，报考时也必须报考民考民的相关学校和专业。

须学习的单行本或个别著作,比如说《共产党宣言》。

我们这个民族里诗人多、作家多,但是水平确实是参差不齐。可能随着时间的推移,会越来越好,但目前是青黄不接。翻译过来的作品不是没人看,而是质量不行。高质量的东西,人们需要的东西,没有出来。新疆人民出版社的副总编,写了一篇文章,反映的就是这个问题,不是读者少了,而是读者需要的书我们没做出来,没有高质量的书。

达斯坦和阿肯弹唱

过去有很多民间艺人根本不认识字,但是他会背诵,会用冬不拉唱很多达斯坦①的内容。我们小时候会请这些人到我们家里来。民间的达斯坦,就是会弹唱很多诗篇,英雄诗、爱情诗。现在他们唱的内容也有文字的,民族出版社把它们都出版了。现在新疆有一个收集和释读古籍的杂志叫《木拉》,也收集这方面的东西,然后整理、发布。

现在唱这些的人,几乎都是识字的,很多篇目书上都有记录。我有一个同学,是县委副书记,他就爱这个,他在文学方面有天赋,可惜现在去世了。像阿肯弹唱②,两个人对唱的内容他都能背下来,再按照他们唱的那个调子就能唱出来。我说你这个书记怎么当的,就整天背这些东西了。他说我一坐车,车上的录音机一放,我跟着一唱,两次三次就记下来了。有的人确实是记性特别好,几次就把它给掌握了,语言能力确实厉害,这

① 这里说的是哈萨克族达斯坦。达斯坦是哈萨克族民间文化的重要载体,是历史悠久的民间说唱艺术。哈萨克族的很多民俗文化都是通过达斯坦代代相传。『达斯坦』原意为叙事长诗,是约9世纪到10世纪时产生的民间口述文学形式。
② 阿肯弹唱是哈萨克民族古老的、具有群众基础的民间艺术形式。逢年过节、红白喜事或有朋友来时,能歌善舞的牧民就聚集在一起弹唱。阿肯的才华主要表现在即兴创作上,他们一般能够触景生情、出口成章。弹唱的主要形式分为自弹自唱和对唱。

是一个天赋,不能不承认。他们用的很多语言都是押韵的,也容易记牢。

很多阿肯在婚礼上拿把冬不拉就开始唱,唱的都是祝福的话。比如说,新娘一行人来到新郎家,阿肯就开始唱,内容就是嘱托她对她的公公、婆婆要怎么样,对什么人怎么样,给她讲一些道理。或者说一些礼仪,比如要尊重老人、赡养老人,对公众要依循礼义廉耻,等等。

两位阿肯

现在很多老人都退出历史舞台了,有的年轻人则通过这个赚钱。因为家里娶了媳妇,家里人很高兴,阿肯为他们服务,他们就会给阿肯一些钱。有的人一次赚几千块钱,这也是生财之路了。

达斯坦这个东西,老人们爱听。过去没有别的文化生活,对不对?没有电影,没有其他的。大家聚在一块儿,然后把会唱的人叫过来,跟他们一块儿吃饭,让他给大家唱个歌,开开心。达斯坦一念,有的老人就激动地哭了。那时候有个叫"莱丽与麦吉侬"的达斯坦,已经出版成了一本书,我父亲去城里的时候买回来了。我小学的时候给他们念,那是一个爱情故事,说的是两个人相爱却结不了婚,然后男主人公麦吉侬跑到山上去了,跟狮子等各种动物在一块儿,遇到了很多困难,还吃不到东西。那个时候我母亲听了,就特别激动,哭得很伤心。

我们的文字,是后缀变化丰富的文字

除了中国和哈萨克斯坦以外,我知道蒙古、乌兹别克斯坦、俄罗斯、土耳其,很多中亚国家都有哈萨克族。哈萨克语几乎没有方言,都可以互相交流,大家都能够听得懂。哈萨克语是一种黏着语①,语法上讲的话,名词、数词、代词这些都有,后缀变化比较丰富。它不像汉语,比如说汉语里边的"我爱祖国",我、爱、祖、国,就是一个一个方块字放在一块儿,后缀没有变化。哈萨克语就不一样,men otanimdi suyemin,这里的"men"(我)是原形,因为是主格,然后"otanimdi"里边儿"otan"是"祖国","otanimdi"是"我的祖国",中间的"-im"表示领格,然后"-di"表示宾格,"爱"的客体是祖国,"爱"就是"suy","suyemin"中的"-emin"这是表示第一人称。很多人说学俄语笑着进去哭着出来,我们的语言也是一样,俄文有六个格②,我们是七个格,比俄文还多,变化太大了。本民族的话从小掌握还好,别人学起来确实有点难了。

我们文字是音素文字③,怎么说就是怎么写,像外文里头好多字写出来了,但是发音的时候不一定都发音。特别是法语最后一个字或者是什么字不发音,我们没有这种问题,什么音写出来就是什么。

哈萨克文有九个元音,还有半元音,比如说W,有时候它是半声。比如说W、A元音同时出现,W是半音,所以在这里W就不算元音了。它有名词、数词、代词等七个格,除了第一格是原形,其他的从第二个开始就得变。后面的后缀变化很多,有第一人称、第二人称、第三人称,还有时间、时态,现在、过去、将来式。动词的变化也多,还有单数和复数的变化。

现在老文字是从右向左写,但这里有一个矛盾。比如说你写论文,数学公式是从左边开始写,你这个文字从右边往左写,矛盾就出来了。改新文字的话,这个问题就解决了,所有的东西都是从左边开始写。

阿尔根拜书法作品

在拼写方面，所有的拼音字母都有正字法。比如说在汉语拼音里头的 j、q、x，跟 ü 拼在一起，ü 上面都不加两点。但是其他的 ü，比如说 lǚ、nǚ，都有点。哈萨克语里的 G、K、E，这三个字母跟元音一起的话，软音符号就不需要了。

书法方面，维吾尔族发展得更好，因为他们擅长经商，有好多广告都需要写。他们是定居在一个地方的，房子里边装饰的时候，会用书法。这跟生活习惯还有生活环境有关系，现在我们的民族也在城里定居了，也会用到这些方面的内容。也有一些诗人，比如阿拜，他是哈萨克族的一位诗人和思想家，是哈萨克族现代文学的奠基人。他的名句、诗歌也被写成书法。

当时你中有我，我中有你，谁也不能说这个就是我的

过去确实是有各种各样的语言。哈萨克部落的成分特别复杂，有蒙古人，也有契丹人，有各种各样部落的人。这些人的语言不是那么一致，但是很接近。后来在哈萨克汗国的统治下，语言就开始统一起来。蒙古的一个学者编了一个字典——《蒙哈辞典》，共四万条，他是精通蒙语的，也是语言学家。他说，哈萨克语当中有阿拉伯语的成分，伊斯兰教传入以后，跟伊斯兰教一块儿进来好多阿拉伯语词汇。还有其他的，比如说跟俄罗斯人接近以后，就有了俄语的部分，还有汉语的部分。蒙语当中也有梵语，也有藏语，如果把它所有外来的语言除掉以后，哈萨克族和蒙古族剩下的语言词根基本上是一样的，我同意这种观点。因为好多畜牧业方面的词我们跟蒙语几乎是一样的。因为我们的生活习惯、生产环境都是一样的嘛。现在蒙语里边，有些词到底是蒙语的还是哈语的，分不出来，好像一杯水里头倒一勺奶，这两个混在一块儿了，怎么分也分不出来。我看过一个论文，说现在英语词汇已经达到一百万了，其中只有

40%才是他们本民族的语言,其他的语言都是外来语言,有三四十个国家的,也包括中文在里面。所以这些附近生活在一块儿的民族,比如说维吾尔语,通俗说是阿尔泰语系突厥语族,这语言里边谁是谁的,都分得不怎么清。

好多人都提出"鄂尔浑–叶尼塞"[1]这个碑文,当时也是中国皇帝帮着他们做的。还有一个建筑叫"艾合买提·亚萨维",类似纪念馆,那个里边有这个人的坟墓、墓碑等好多建筑。有的人说是维吾尔族的,也有说是突厥的。但当时民族还没有形成,谁也不能说就是我的。

那上面的文字,就是原来在阿拉伯文字基础上的老文字[2]。阿拉伯文的写法跟我们有些不一样,我也不太懂,它们的元音不写出来。上下有些符号,根据这些符号是读O还是A,只有他们自己知道。

现在国家不管我们出书有没有盈利,其实几乎没有什么盈利,报刊、书,都是国家拨款。哈萨克斯坦的人都说了,中国的哈萨克族才一百多万人,但是在中国的首都有哈萨克语广播电台,有哈文出版社,有翻译局,大学各个系都有了。当时在苏联这么大的国家里头,莫斯科却没有过这样的机构。确实这方面他们很羡慕我们国家的民族政策和对民族语言文化的关怀。

我那天看到一个报道,说全世界每年有两千多种语言在消亡。社会在发展着,一个民族的语言没人说,或只有几个人说,这种情况是有的。

生活就是这样的,我父母放牛放羊,就那么过来的,我现在在都市生活,搞翻译,搞文字工作,将来我的孩子会不会继承我的事业,不一定。他不需要用哈萨克语说话,因为他生活在这个地方,他的朋友同学都是这样的,语言

① 1889年,俄国人雅德林采夫带领考察队在鄂尔浑–叶尼塞河流域发现了《阙特勤碑》和《毗伽可汗碑》。根据这两块石碑,丹麦的语言学家汤姆逊解读出了古代突厥文。
② 应该是古代突厥文。

交流一点障碍都没有。将来他们不会我的语言,这些我也不后悔,反正他们有自己的生活。对于自己的民族、父母的宗教信仰,这些东西知道就行了,我没有过多的要求。我大儿子娶的是伊犁这边的一个姑娘,她们家的人就很传统,说你的儿子不会民族语言,这不行啊,你得把他送到哈萨克斯坦去学习民族语言。我重复了上面说的话,我说他在这工作,他不需要用哈语说话,如果他有空就学一点本民族语言,他会听得懂,但是不会说。那没有办法,他语言环境就是这样。

傣绷文

傣绷文是居住于云南省耿马傣族佤族自治县孟定坝的傣族所使用的文字，它是德宏傣文的前身。傣绷文与傣那文比较类似，都来源于缅文字母，属于古印度的婆罗米字母①体系。声母有 19 个，经常使用的韵母有 45 个，词汇量非常丰富，句型结构独特。由于傣那文采用毛笔书写，傣绷文使用硬笔书写，二者的字形逐渐出现了分化，傣绷文至今仍然保留着圆形的字体。傣绷文是从左至右横着书写的，字与字之间不留空当，也会有区分音节的符号。傣绷文是傣族文化遗产中最重要的部分，佛寺的长老们通过教授年轻人学习这种文字，维护着大家对傣族文化的延续感和认同感。

2006 年，傣绷文入选云南省第一批非物质文化遗产保护名录。

① 婆罗米字母，一种音节文字的符号。原为印度文字字体系的最早形式。四至十世纪曾用于书写和阗－塞语、焉耆－龟兹语和突厥语族的语言。行款从左向右横书。引自《民族词典》，上海辞书出版社，1987 年。

尚三果

云南省代表性传承人

尚三果（1975—　　），男，傣族，法名『班底达』，云南省临沧市耿马傣族佤族自治县人。2014年云南省第五批非物质文化遗产代表性传承人，现任临沧市佛教协会副会长，孟定镇罕宏村上寨佛寺的住持长老。

尚三果师从已故的云南省非物质文化遗产代表性传承人苏米达长老研习南传上座部佛教。由于他勤奋好学，很快就掌握了研习佛经的基础——傣绷文和巴利文[1]。班底达长老平时会带着两个徒弟艾依（召长——亚林达）和依李（召长——果里亚）在计算机上使用傣绷文软件编制教材，每年编制、印刷的费用都是由班底达长老一己承担。不仅如此，班底达长老义务为放寒暑假的孩子们开设傣绷文培训班，在农闲或夜晚教授傣族妇女简单的傣绷文识读和拼写用以记事记账。

① 据说佛就是用这种语言说法的，所以弟子们也用这种语言诵他的经教。巴利语虽然早已不通用了，但是靠佛经而保存了下来，是锡兰三今斯里兰卡）、缅甸、泰国等地方的佛教圣典及其注疏等所用的语言。属印欧语系，是印度中期雅利安语中初期地方语（Prakrit）之一。

采访手记

采访时间：2014 年 11 月 9 日
采访地点：云南省临沧市孟定镇罕宏上寨佛寺
受 访 人：尚三果
采 访 人：戴晓晔

尚三果是班底达长老的俗名。在访谈中,我们都亲切地称他为班底达长老。

班底达长老自幼跟随苏米达长老学习,苏米达长老在孟定镇享有很高的威望,被评为云南省非物质文化遗产代表性传承人。在苏米达长老的谆谆教诲下,班底达长老不仅熟练掌握了傣绷文和巴利文的阅读与书写,对南传上座部佛教的佛经教义也有很深的研究和造诣,更是接下了苏米达长老传承、教授傣绷文的使命。

班底达长老无数次告诉我们,他心中一直牢记着苏米达长老的嘱托,将承载着傣族历史与文化的傣绷文世代传承下去。

尚三果口述史

戴晓晔 整理
艾 依 翻译

我是云南省耿马县孟定镇[1]遮哈村新贺岭寨人，我的俗名叫尚三果，出生于 1975 年 1 月 8 日。十二岁时，我来到下坝村滚乃寨当和尚[2]，1997 年还俗。回家四年后，在 2001 年 12 月 28 日，我又回到滚乃佛寺披袈裟，在芒汀佛寺升为长老[3]，苏米达长老[4]给我取法名为"班底达"，来到罕宏上寨佛寺当长老至今。

尚三果长老在罕宏上寨佛寺

① 孟定镇为云南省临沧市耿马傣族佤族自治县辖镇，地处云南省西南部，是云南唯一的副县级镇，距县城 80 公里，东与耿马傣族佤族自治县贺派乡、耿马镇相连，南与沧源县芒卡镇接壤，西与缅甸滚弄交界，北与镇康县木场乡为邻。

② 和尚，佛教称谓。在印度原为师父的俗称。在南传上座部佛教的僧侣等级中，属于最低等级。

③ 长老，佛教称谓，对年长德高的僧人的尊称。在南传上座部佛教的僧侣等级中，属于最高等级。在我国佛教典籍中，一般为对佛教师长的尊称，后成为僧人的通称。

④ 苏米达长老（1939～2013），男，傣族，临沧市耿马傣族佤族自治县孟定镇下坝村滚乃村人。1979 年，苏米达出任滚乃佛寺长老后，非常重视傣族传统文化的传承和普及，致力于傣绷文的传承工作。他编写的傣绷文教材，内容涉及傣绷文字母书写、拼读以及傣绷文经书的吟诵等，为广大傣族群众学习使用傣绷文创造了条件。

傣族文字的历史

如果要讲述我们傣族文字的历史,可讲的故事有很多。

我们这里流传着这样一种说法:傣族最开始使用的是象形文,1311 年傣族人拥立新王"思汉法",自称"勐卯弄",汉译"麓川王国"。这是傣族地区最稳定、繁荣和强大的时期,傣文使用的是"立给闪"体(傣语音译,一种早期的字体形式),逐渐发展到长豆芽体(约 1300 年)、短豆芽体(约 1313 年)。后来傣族社会动荡,产生出了"立干允"(约 1416 年,长豆芽体、短豆芽体的混合文体)的字体形式。到了罕边法①执政时期,罕边法是一位非常有见识的土司,他主动找到了傣族地区著名的大长老召雅那甘皮腊。这位大长老居住在景冒②、景海地区,培养出了一千多位僧人,后来他把这一千多人分成两股,每一股有五百多人,第一股途经版纳、勐海③、勐呃、勐连④、耿马、孟定,到千玉(缅甸地名);另外一股途经勐苏、勐密、腊戌这些地方⑤,布经传教,最后抵达千玉,与另外一股人会合。土司罕边法和大长老召雅那甘皮腊聚集起来后,思考如何改革我们的文字,才能更好地记载巴利文佛经,研究产生了圆体傣文,又被称作傣绷文。

听老人们说,孟定的傣族是从勐卯⑥迁徙过来的,在孟定安家落户

①罕边法执政三十年,自傣历 834 年至 864 年(公元 1472 年至 1502 年)。在位期间,佛教从勐艮(今缅甸景栋)传入耿马地区。死后传子罕信法。

②该行政村隶属云南省普洱市孟连傣族拉祜族佤族自治县景信乡,地处景信乡西北边。

③勐海县,位于云南省西南部、西双版纳傣族自治州西部。

④勐连傣族拉祜族佤族自治县(简称勐连县)位于云南省西南部,是普洱市下辖的自治县,是通向缅甸、泰国等东南亚国家的重要门户,为省级开放口岸。

⑤勐苏、勐密、腊戌都属于掸邦,掸邦位于缅甸东部,与中国、泰国和老挝接壤。

⑥勐卯镇是云南省德宏傣族景颇族自治州瑞丽市辖镇,勐卯镇地处瑞丽市中部,是瑞丽通往内地和缅甸的交通要道。

小知识：

　　傣绷文是我国云南省傣族使用的四种傣文中的一种，另外三种分别是傣泐文、傣那文和傣端文（金平傣文）。傣绷文是居住在耿马县孟定坝的傣族所使用的文字，也被称作"怒江下游的傣文"，来源于缅文字母，属于古印度的婆罗米字母体系。傣绷文由于使用人数较少，加之主要靠佛寺中的和尚传承，现已成为濒危民族语言文字。

　　不久，孟定就发生了一场大瘟疫。迁徙的人们开始反省，认为他们距离佛祖太远，远离佛祖的时间太久了，才会产生这样的疾病。老人们经过一番思考后，请来占卜师和懂得佛理、佛经的能人们，在佛寺里布经传教，时间大约就在五六百年前，傣绷文就是这个时候传到孟定的。

　　傣绷文的组成规则是声母在前，韵母在后，声调符号最后标注。傣绷文的声母有十九个。

① 颜思久：《南传上座佛教概论》（滇南民族宗教论集），昆明：云南民族出版社，2008 年，第 111 页。

小知识：

　　孟定也流传着一个召武定的传说。傣语"孟"与"励"同音，意为地方，"定"为弦。相传体纳嘎鸟从勐卯叼来已经怀孕的皇后，生下儿子召武定，天神赐给他三十二弦琴，指引他成长，不断开辟土地建立村寨，世代繁衍生息，发展成今天孟定的傣族。

　　根据当地史料记载，傣历 827 年（1465），孟定一带发生瘟疫，当地百姓到缅甸木邦拜佛了愿，求佛保佑消灾。缅甸仰光大佛殿派出大长老经瓦城（今曼德勒）、木邦到孟定传教，并建立了第一所佛寺。傣历 835 年（1473），耿马城郊芒雨寨百姓岩波望等四人，到缅甸勐艮（今景栋市）经商，闲游到勐坑的一个佛寺，听到抑扬幽婉的诵经声，寺中长老向他们讲述信佛的好处。岩波望等人向长老求得一尊佛像，并由英达、转达两名僧人一同护送到耿马。耿马土司罕边法看到佛像很喜欢，听了岩波望等人的叙说，相信佛法大有好处，当即奖赏岩波望等人，组织百姓在东门外的畔满燕建寺，从此南传上座部佛教在耿马传播。①

韵母方面，从开始的十个单韵母，七个 i 韵尾的复韵母，七个 u 韵尾的复韵母，逐渐发展出八十八个韵母。这些声母和韵母拼写在一起，加上声调，就构成了傣绷文。傣绷文的声调发展是这样的轨迹：以前的老傣绷文没有声调，不能准确地表达意思，阅读的人难以理解，也会产生歧义，使用起来有很多不便。在大长老召怕弄邱(约公元 1938 年)时期，出现了可以辅助理解的三个声调。但是，声调不全的老傣绷文在书写、造句的过程中，遇到同音字的时候，只能依靠前后语义来判断、识别意思。到了 1938 年大长老召雨及呀能大时期，这位长老知识渊博而且德高望重，对傣绷文有独特的见解。他将傣语的声调扩展为五个，但还未广泛利用时就发生了第二次世界大战，到 1946 年 8 月 8 日才让宰旺撒印刷推广。直到 1969 年，爱好傣绷文的青年人士以及各界学识高深的有识之士在洞寄(缅甸地名)召开会议，在五个声调的基础上又加了一个声调，成为六个声调并传承至今，又称"新傣绷文"。

傣绷文 19 个声母

新傣绷文的标音相对完善，补足了以前傣绷文的不足，书写的人可以准确地表达出意思，阅读的人也可以准确地进行解读。

傣族的信仰与习俗

小知识：

　　生活在云南的傣族民众大部分信奉南传上座部佛教，傣族男子一般都会在青少年阶段进入寺院出家，更换法名，过一段修行的宗教生活，接受佛教教义教规的教育，学习傣族文化和文字，习诵经书。入寺年龄一般在七至十五岁之间，当和尚的时间长短没有规定，经书说"几年也行，白天也可"，取决于家长和长老。

　　出家修行的傣族青少年，大部分都会还俗回家。还俗的和尚称为"贺"，佛爷以上的僧侣还俗后被尊称为"康朗"，升至长老的高僧则很少还俗。

① 南传上座部佛教又称巴利语系佛教，公元 5 世纪传入缅甸，15 世纪以后大规模传入云南省西双版纳等地少数民族地区。傣族是我国最早信仰南传上座部佛教的少数民族。

② 赕佛是西双版纳等地傣族祭祀佛祖的活动，赕佛时既有大型香信庙会期间集体赕佛的"庙赕"，也有在一家一户内部赕佛的"家赕"，还有在同族之内赕佛的"族赕"。

③ 傣族人民有许多丰富多彩的节日，他们把这种节日活动叫作"摆"，按傣语的原意，"赶摆"就是过好盛大节日或集会活动的意思。"摆"的规模大小、参加人数、内容、时间都不一样，但表达目的都是寻求安乐的生活。

　　我们傣族信仰的是南传上座部佛教①。傣族信仰佛教的历史非常悠久，我们在身体健康、生活美满的时候，不忘记佛祖的教导；在变得富有的时候，也要想起赕佛②、供佛。傣族的生活与佛教息息相关，傣族的村村寨寨都建有佛寺，因为佛寺是佛教圣地，是傣族老人念经赕佛的地方，也是傣族孩子当和尚，学习佛教礼仪、道德品行、传统文化的地方，同时也是傣族人民举行文娱活动的主要场所。由于以前社会不繁荣，物质比较匮乏，几乎没有任何文化娱乐的条件，文娱活动都只能在佛寺里举行。

　　我们傣族的传统节日有很多，我们通常叫作"赶摆"③。其中升"长老"和升"和尚"，是比较隆重的佛教仪式，与佛教有关的节日还有开门节、关门节、泼水节等。节日期间，我们会跳"咩南诺"舞（孔雀舞)、跳"朵"舞(马鹿舞),以及唱歌对调等。除此之外还有一些比较特殊的小节日,比如:傣历①正月十五,我们要过烧白柴节②;傣历六月十五,我们会举办大型的供奉"算朵龙"活动(供奉各式各样的蔬果);傣历十二月十五,我们会举办供奉袈裟的仪式,也就是通常说的"开门节"③,等等。

以前听我老师苏米达长老讲过,我们的佛教文化曾经非常繁荣,信仰佛教的学生和徒弟也很多。佛教典籍中,总纲为"素担"三部,"玉捏"五部,"啊辟塔玛"七部,其余的八万四千卷都是从总纲中衍生出来的。但是,在"文化大革命""破四旧、立四新"期间,我们傣绷文的佛经典籍都被拿去焚烧掉了,损失很大。后来党和国家恢复了民族宗教信仰自由的政策,我们又开始寻找和恢复傣绷文的典籍,但是已经不能够恢复齐全了,很多现存的典籍和经书都是德高望重的长老们凭记忆重新默写出来的。后来,我们也借鉴了缅甸、掸邦傣族的一些典籍经书,所以我们的经书在内容和形式上会与缅甸、掸邦的经书相似。

① 中国傣族的传统历法。傣语称「祖腊萨哈」,意即「小历」,是一种阴阳合历。其起源可上溯至周秦之际,现行傣历则始于明代以前。

② 烧白柴节为傣族迎春节之际,傣历年正月十五,系南传上座部佛教节日。白柴塔是烧给佛祖的,烧白柴就是告别冬天,迎接春天,祈求幸福。

③ 开门节,也称「出夏节」是傣族、布朗族、德昂族、佤族等信奉南传上座部佛教民族的共同节日,时间在傣历十二月十五日,与关门节(入夏节)相对应,源于古代印度佛教雨季安居的习惯。

学习经历

我十二岁的时候来到滚乃佛寺,苏米达长老是我的老师,他是一位学识十分渊博的人。他不仅精通傣绷文的知识,还懂得如何教育学生。苏米达长老非常热爱傣族传统文化和佛教文化,他经常教导我们:必须重视我们自己的傣族传统文化和佛教文化,特别是要重视傣绷文的传承工作。他常对我们说,要学以致用,将傣绷文用于记录每天发生的事情、书写诗歌、记录佛经和民间故事与典故。

我当小和尚的时候,每天早上我们起床后,先要换花水,然后拜佛念经,念完经后打扫庭院卫生。每天下午我们都会学习傣绷文。教授傣绷文的时候,苏米达长老会按照以下几个步骤教我们:第一步,教授十九个傣绷文声母;第二步,教授八十八个傣绷文韵母;第三步,教授六个傣绷文声调;第四步,教授傣绷文阅读和书写的知识。

当时生活条件没有现在好,佛寺里的笔墨和纸张非常紧张。我们的粉笔是用风化石做的,练习写字的小黑板是用木炭将小木板抹黑做成的。每天晚上我就会提前准备好小黑板,做好自己的事情以后,我就抽时间练习傣文,拿去给苏米达长老批改。他会给我指出哪个地方写得不对,耐心地教导我正确的书写方法。每次书写结束后,为了反复使用,我都会清理小黑板,用糯米饭蘸一点水,在小黑板上使劲地来回涂抹,抹成糨糊状,然后用手掌在小黑板上轻轻地按压均匀,直到糯米和木炭融合在一起,最后洗净晾干,以便下次使用。

我学习傣绷文的时间,大概有一年多。一年后我学会了全部的字母拼写,开始练习阅读。可以熟练地阅读后,我就开始练习写字造句和抄写经书。我抄写的第一部经书是《毕达嘎啊鼓》,通过文字的书写,我感受到每一句佛经中所包含的博大精深的佛法哲理。

傣族传统的造纸、制笔和书写方法

几千年前,我们傣族的祖先就已经懂得利用石头刻木的方法来记录事情。后来,先人们使用一种叫作"毕笔"①的植物制成笔,在纸上书写至今。"毕笔"的制作过程是这样的:首先要在河边采集这种

① 毕笔,傣语音译,是一种生长在水边的植物枝条,属蕨类植物。

植物,晾晒后将枝干裁成二十厘米长的几段,然后将干硬的树皮剥下来,用刀削尖,中间劈开一道缝。这样,一根笔就做好了。

经书所用的纸是用构树皮制成的。首先,要选择构树上直径大概两厘米左右的树枝,不能选择构树的主干;接着,剥下树皮后放在锅里煮熟、晒干、储藏;做纸时,拿出适量的干树皮在水里浸泡一夜,第二天拿出来与火木灰搅拌后,放在锅里蒸煮几个小时,再拿去河里涤洗干净;然后,将干净柔软的树皮放在石板上用木槌捣成糨糊,把纸浆放在纸帘里涂抹均匀,这叫作抄纸;最后,把纸帘放到晒场上晒干,揭下来就是可以使用的构皮纸了。构皮纸坚硬洁白、柔软光滑、防腐防蛀,是我们抄写经书的传统用纸。

傣族造纸——熬煮

傣族造纸——捣浆

傣族造纸——晾晒

小知识：

　　"傣族、纳西族手工造纸技艺"是第一批国家级非物质文化遗产代表性项目。"傣族手工造纸技艺"被认为是我国造纸术发明初期的历史再现，它完整地保留了一千八百多年前蔡伦造纸的"浸泡、蒸煮、捣浆、浇纸、晒纸"的五步流程和"采料、晒料、浸泡、拌灰、蒸煮、洗涤、捣浆、浇纸、晒纸、砑光、揭纸"十一道工序。

　　传统的制墨方法是用油烟灰加上适当的鱼胆熬制。首先，要挂起瓦罐，支起油灯，等瓦罐内挂上一层烟灰后，把它扫下来；然后，加水，调成浆状，上火熬煮；水分蒸发到一定程度后，按比例倒进鱼胆汁，搅拌均匀；继续熬制一段时间，墨汁变成糊状，将它们倒进竹筒里，放到室外晾晒；经过几天的晾晒，水分蒸发完后，劈开竹筒，就是一颗墨锭。书写时，在砚台里加一点水，研磨墨锭就好。

　　以前，我们需要为学习工具的事担心，每天都要自己制作学习工具，真的很困难。现在生活条件好了，社会繁荣，笔和纸张都

制墨

是买来的，都有现成的，学生们在学习过程中非常方便，自己不用为这些学习工具操心。这也是因为身处不同的时代，如今生活的方方面面都很便捷，学生们只需拥有学习的决心就可以了。

书写的时候需要注意一些问题。如果觉得墨水的颜色比较淡，就要加墨；如果觉得太浓，就要加一点水。调好以后，用"毕笔"蘸墨书写。"毕笔"蘸墨时要斜一点，要让墨进芯才行，墨水进芯才能写得多，如果墨太多了就在墨盒旁边抹一下，慢慢写嘛。因为"毕笔"太硬太尖，纸又容易吸墨，所以不要用笔太重了，要像拿捏毛笔一样拿"毕笔"，拿捏不好的话会滑掉的。书写练习时，可以在每行中间画一条线，然后顺着线来书写。书写的笔画形状大部分是圆形，书写规律是从左到右、自上而下。

我的传承实践，我必须坚持

我们的祖先克服许多困难，发明了傣绷文，我很崇拜他们。我们身为傣族人，有自己的语言文字，有自己的传统，我们不应该忘记。我们应该做的是把傣绷文更好地传承下去，我希望每个人都能明白这个道理。这是苏米达老师教导我的，他说只有我们掌握傣绷文的知识，才能传承傣族的历史传统文化。如果傣文和傣语消失了，我们的历史传统文化就会消失，傣族也会消失。

我听从我的老师苏米达长老的建议，来罕宏上寨佛寺当长老，居住至今。作为一个长老，我有责任、有义务去传承、弘扬傣族的传统文化。具体怎样做，我也思考了好久，最后我决定编傣绷文教材，便于传授给更多的傣族学生。教材中会包括佛教经文的知识，让我们懂得什么该做、什么不该做的做人道理。

我所编的教材借鉴了一些德宏老傣文的教材内容，结合傣绷文的实际运用编辑而成。自从 2006 年我开始使用电脑至今，一直在编辑教材。教材的内容主要有：傣绷文的拼音、语法，傣文的基础知识，佛经中所教导的做人做事道理等。我们克服了很多困难来编傣绷文教材，希望能够让大家易懂多学，更多地懂得做人的道理。

另外，我利用关门节到开门节的农闲时间和孩子们放寒暑假的时间，免费举办傣绷文识字培训班，给他们传授傣绷文知识。每年在寨子里举办一两期，教授的时间通常是晚上，如果他们白天有时间我也会授课。我所教的学生，有一些是寨子里的村民，还有的是放寒暑假回来的学生。我会告诉孩子们的父母，把他们送过来学

教授当地村民傣绷文

教授放暑假的学生傣绷文

习,因为学校里不教授傣文,也不会教授傣族的传统,这样他们会逐渐忘记了自己民族的文化。想到这里我很痛心,也为此担忧。为了能让孩子们在学习科学文化的同时,也能够学到傣族文化传统,我只能等孩子们什么时候有时间,我就什么时候教他们。

村民和孩子们来佛寺学习傣绷文的同时,我希望不仅让他们懂得傣族的传统文化,还要让他们懂得道德标准和佛教礼仪,比如文明礼貌的行为和尊老爱幼的品德。如果我坚持这样教导他们,他们就会慢慢意识到,我们傣族有语言文字、有文化传统,是有底蕴的民族。

现在这项工作做起来很困难,因为只有少部分人明白学习傣文很重要,大部分人都不明白。无论是大人,还是小孩,我都必须手把手地教授,希望他们能够刻苦地学习,把学到的东西运用到日常生活中。我希望每个人都会逐渐使用傣绷文来记事、记账、交流。这样,我们的文字就不会消失,文化传统也不会消失,我们傣民族也就不会衰败,我们才能一直繁荣下去。

重新学习傣文、不丢弃傣文,是我们傣族人的义务

我经常在思考,这是一个时间非常宝贵的时代。我希望能够改革傣绷文,让它成为比较易于教学的文字。更深层次的是,如果我们更多地使用傣绷文,它就可以帮助我们记载和传承傣族的历史、文化传统和佛教文化。重新学习傣文、不丢弃傣文,是我们傣族人的义务。

现在傣绷文已经被文化部门评定为云南省非物质文化遗产,我本人也在 2014 年当选为云南省非物质文化遗产代表性项目傣绷文的代表性传承人,同时也是临沧市佛教协会副会长和临沧市政协委员。我深感责任重大。现在已经没有人愿意像以前一样,长

期在佛寺当和尚，过僧侣的生活了。人们来佛寺当和尚的时间很短，更没有了学习傣文和传统文化的时间，在佛寺待上三天到七天，就还俗回家去上汉语学校了。这样一来，我们傣绷文及其他濒危传统文化的传承工作，就遇到了很大的困难。每当想起这些，我真的很着急。我希望得到政府的高度重视和帮助。我建议把傣绷文教学纳入当地义务教育的学习课程中，让孩子们从小受到自己民族文化的熏陶，让他们知道傣族也有自己的语言文字和传统文化。我认为这样做，效果会非常好，会对我们傣族的文化传承和发展很有益处。

由于本人知识浅薄，文化水平较低，希望得到社会各界有识之士的鼎力相助，共同把傣绷文的传承事业继续下去。

水书习俗

水书习俗由两部分组成：一是用水族文字编著的水书文献，二是水书先生对水书文献进行解释的大量口传的要义、歌诀、祝词、仪式等。水文是水族先民创制的一种独具一格的文字，是世界上除东巴文之外又一种存活至今的象形文字。水文的文字符号体系独特，字数少（仅数百字），文本不能独立表达意义，而要依靠水书先生据水书所载相关条目，结合口传内容作出解释才能具有意义。水族人民丧葬、祭祀、婚嫁、营建、出行、占卜、生产，均由水书先生从水书中查找出依据，然后严格按照其制约行事。水书先生与水书的结合是传承水族传统文化的重要前提。贵州省水书文献 2002 年入选首批中国档案文献遗产名录。2006 年列入第一批国家级非物质文化遗产代表性项目名录。截至 2018 年，共有 74 种（册）水文古籍入选《国家珍贵古籍名录》。

潘光雕

贵州省代表性传承人

潘光雕（1950— ），男，水族，生于贵州省黔东南苗族侗族自治州榕江县。贵州省非物质文化遗产代表性项目水书习俗代表性传承人。青年时跟随大伯学习水书，学成后成为水书先生，不仅利用水书帮助当地百姓安排民俗活动，更为水书习俗的传承与发展付出毕生精力。

采 访手记

采访时间：2014 年 12 月 31 日，2015 年 1 月 1 日
采访地点：国家图书馆（国家典籍博物馆）
受 访 人：潘光雕、潘明彬（潘光雕长子，在采访中负责提
　　　　　示及补充）
采 访 人：史建桥、吴贵飙

　　水书是水族的独特文字，是一种类似甲骨文和金文的古老文字符号，被誉为象形文字的"活化石"。2014 年 12 月 30 日，中国记忆项目系列展览之"我们的文字——非物质文化遗产中的文字传承"在国家典籍博物馆开展，有十一位传承人被邀请到展览现场，书写他们本民族的文字，其中就有贵州省非物质文化遗产代表性项目水书习俗代表性传承人潘光雕老师。在展览期间，潘老师给我写了"春秋雨水多"。那"雨"字就像天上掉雨点、"水"字就像流动的河，非常形象直观。

　　潘光雕老师身着水族的黑色上衣，在强烈的灯光下有些拘谨。潘老师言辞质朴，但他熟知立房、种田、婚丧嫁娶、占卜、祭祀等习俗，是村民景仰、信赖的水书先生。当潘光雕老师把陌生而又带有一些神秘色彩的水书知识讲述出来的时候，我觉得水书所承载的水族文化，就是由一代代水书先生传承下来的智慧宝库。潘明彬是潘光雕老师的儿子，小学教师，虽不是传承人，没有继承父亲的衣钵，但无疑是最了解父亲的人。

潘光雕（右二）和潘明彬（右一）在国家图书馆接受中国记忆项目中心史建桥采访

潘光雕口述史

韩 尉 整理

悄悄学水书

　　我叫潘光雕,我是 1950 年农历的七月二十四(公历 9 月 6 日)出生的。我出生在故衣村①,贵州省榕江县故衣村一组。我祖上是从三都②过来的,我们老家在那里。我小时候到了该读书的年龄,是 1960 年左右,那段时间正在搞集体化、大食堂,学校也没有老师来教书了,我们就下放了两年,边劳动边学习。后来又回到学校,到了 1963 年、1964 年,读到四年级的第一个学期,我就脱离学校,不再读书了。

　　遇到这些困难,我也没有办法。但我大哥跟我说,你得读书,跟老人家学习,把我们的水书传下去。这句话我记在了心里头。我家有些古书,是老人家遗留下来的,祖传的,是我太公③收集的,他传到我的公④,我公再传给我大伯。我大伯、我父亲他们都知道一些,但是知道得不多。我大伯掌握得相对多一些,我就想跟我大伯学。

① 故衣村,位于贵州省榕江县三江水族乡。
② 三都,指贵州省三都水族自治县。
③ 太公,方言,指曾祖父。
④ 公,方言,指祖父。

但是那时候正在打倒这些，不敢公开拿出来，没办法，我就悄悄地记着。

一直到1971年，我们开始组织起来悄悄地学习。那时候我有个决心，不管政策怎么讲，怎么打倒，水书我们还是要学。我们七个同学一起，在避人的地方，人家听不见的地方，或者等人家都睡觉了，就悄悄地读。白天没有时间读，白天是要搞劳动的。晚上读的话，那时候没有灯，我们自己买了煤油点灯。两本书我们从头到尾读完，要读两遍，每晚这么读。因为我们都在一个屋里铺床休息，读了一个月过后，有些读得不熟的，我睡在一边，就告诉他们，这句话应该这么读，我就教他们。那时候我的记忆力还算是好的，现在老了，记忆力不好了。

①三合一工厂，指生产、仓储和工人生活在同一场所内的小型工厂。

过了一段时间，就有些同学不爱读了，放弃了，我就又邀请一些新的同学，陪我学习，互相学习。那时候我大哥也分家了，我二哥又是残疾人，我父亲外出去搞那个三合一工厂①，我母亲病重，我还有个兄弟在学校读书，全家一共就我一个壮劳力，靠我一个人抢工分，来养老人家。我有这样的困难，没法去学校读书。

我二十三岁的时候结婚了。到了1975年，我母亲去世了，我的负担更重了，要调动出去，我就暂时不学了。我调到榕江县万亩林场，担任过排长和连长。1976年，也就是毛主席逝世的那一年，我就转业回家了。那时候我就学得差不多了，基本背通了，可以不看书，从头背起来。学了过后我就对水书更感兴趣了，我又重新开始整理家里的古籍，逐步地收集更多的书来看。我也会时常悄悄地跟我大伯谈我掌握的这部分水书，他跟我说要掌握这部分古籍，还要在实践中磨炼。

有苦必救不偏心

大伯说的实践，就是做水书先生。

每个有水族的地方，都有水书。但是水书不一定每个水族人都会读，必须经过一定的学习，才能够读出来。至于那些字的含义是什么，只有认真研究才知道。但只是能认字还是不行的，必须熟悉水书的总纲和下面的分类。会读这一本，分到这类里面，会读那一本，又分到那类里面，纵向的和横向的都能够看通了才行。

除了分类，还要知道书里内容的用途。比如问你今天是金木水火土属什么，二十八宿属什么，你都能懂得，而且知道怎么解读，怎么样是好的，怎么样是不好的，不用翻书就答复得了，那就是比较精通了。到了这种程度，经过寨老①的认可和村里人的公认，你就是一个水书先生了。

①寨老，是一寨之长，通常是村寨中德高望重、具有领导才能且为寨中众人所拥戴的人物。

作为水书先生，村里人请我帮忙看日子，到他家商量，吃顿饭，那是个人情。水书先生都是义务为大家服务的，义务为大家做好的事情，所以也非常受人尊重。他就像一个免费的农村医生，专做善事，不管你对他好不好，都可以去找他。我的理想就是帮一个是一个，有苦必救，都不偏心。

现在榕江每个水族的自然寨，都有水书先生。我们整个故衣村，上寨和下寨最少有五六个水书先生。我们在下寨，离上寨比较远，我们很少和他们接触。但上寨有几个水书先生，我们有时候也互相交谈，互相讨论。

水书先生的活动范围不只是在水族的村寨。我们故衣村周围几个寨子的苗族、侗族也有人会讲水话。会讲水话，就可以学水书，也会请水书先生。我们那里有个水书先生，他周围的汉族人家里有事了，也会请他去看一下。我也去过周边的一些村，但只在榕江范围内，三都那边没有去过。

探寻水书的奥秘

水书有一本书，被称为"母本"，学习水书的第一步就是先读那本书。但是拿着这本书自己读是不行的，因为一个字可能表示很多的内容，但它不写出来，有时候读了大半天，也不知道是什么意思。每个字有哪些内涵，还是需要通过口传来学习。在跟老师学的时候他教你怎么读，你就跟他读，听他解释，要学完那个字，再学下面一个。

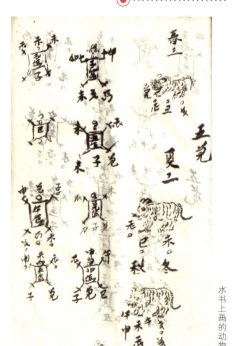

水书上画的动物

水书的字体中象形字比较多，比如花草，都是用实体、形象的物体来表现的。会意字有时候也有，比如这个"家"字，就可以用这么一个"屋"来代表。可能是水书在以前发明的时候多用画实物来表示，慢慢地变实物为字。水书里面写的那些实物，它画出来是简笔画,有些实物的细节没有体现,它只是一种代表。有些字用类似汉字的结构,有些像甲骨文,这样结构出来,一看就容易懂,所以我们就写象形字,把它结构出来。

今天①我在展厅②看见那个甲骨文的时候,我还在想,有些字怎么那么像水书。还有穿戴好像唐僧的那个先生③,他写的也是象形字。今天我要他写了个"五谷丰收",他写的"谷"字底下有一些点点点,然后他又画个碗,好像有一碗饭,代表"谷"。我们画的这个字和他那个差不多。再比如那个"如意"的"如",我画一个

①今天,指采访当天,2014 年 12 月 31 日。

②展厅,指在国家典籍博物馆展出的「我们的文字——非物质文化遗产中的文字传承」展览现场。潘光雕先生受邀在此次展览中现场演示水书的书写,并在展览期间接受了本次口述史访问。

③那个先生,指同时受邀参加「我们的文字——非物质文化遗产中的文字传承」展览的云南省非物质文化遗产代表性项目纳西族东巴画代表性传承人和国耀先生。他在展览期间身着东巴教「东巴」服饰,头冠形似佛教五佛冠,故受访人如此形容。

参加"我们的文字"展览的非遗代表性传承人合影,前排右六为潘光雕

弯弯的,像个马鞍一样,他画是竖的,我画是横的,看样子很相似,但各有各的意思。所以他们的文字和水书可能画的实物是一样的,但是读音不一样,代表的内容也可能是不一样的。

说到读音,我们水书在念的时候是有押韵的,有点像唱歌一

样，像我们民族的歌声，有那个调子。水书确实也包含了水族的一些情歌。在以前的时候，水族青年在谈恋爱的时候喜欢唱歌，那些歌也包含在水书里面。但是书上它不画，读到这行书的末尾，可以唱出来，口传出来。

水书都是手抄本，一般是用毛笔写的，从上往下，竖着写下来，然后从右往左，一列一列下来。现在我教学生，也教横着写的。像写汉字一样，从头到尾的这样写，没有什么特殊的规范，只要写成这个字，都是一样的。

根据我初步的了解，水书的单字大概有四百多个到五百个左右。水书各行各业的写法不太一样，我想多收集一些，通过比对，找出一个完整的水书文字集成。我们贵州省的水族教授潘朝霖①去找我的时候，拿了一本古老的书，那上面的字我一个也不认识。我看他那本书上的象形文字画的动物，有点印象，我想和其他水书对证一下，一个字、一个字地把那本书上的文字认出来。他那本书，后来我们寨上也有了，我已经下定了决心，一定要把那本书里的文字挖掘出来。

潘光雕在"我们的文字"展览现场写水书

① 潘朝霖（1947— ），贵州民族大学教授，主要从事水族语言、水书文化研究与教学。

我越研究水书的文字,就越想找出它们在水话里的根源来。这个方面我很感兴趣。现在看到的这种象形字,都是原来传下来的,没有新造的字。在那些古籍里面,字体比较全,但是那些古老的字,有些已经没人认识了。因为有些古书失落了,有些被烧掉了,有些还有誊写本,但还收集不全,所以有些字的发音和解释就发生了演变,可能为了更容易看懂就用汉语修改了,或者就变成了用汉字来代表。比如说天干地支那些,就照汉字写了,或者有些就修改了。这也反映了现在水书的汉化问题。

比如在我们榕江就有,有些人读的水书多,省里面、州里面到他们那里做专访,他们写出来的几乎都是汉字,没有原先的字体了。水书文字要用原来的字体,才能挖掘出我们水书的文化来。你把水书改成汉字,拿给老师傅看他就不懂了,他们得看那些原汁原味的水书才行。改变了的话,只有这些改的人才能够读懂它,这个已经不是水书了。

水书渗透在生活中

水书有个母本,有分析,有多样用途,但它总的情况是在这本母本上。这本书是总纲,它还有分类,分出天干地支、二十八宿、春夏秋冬,还有好多元,第一元到第七元,都掺杂在这里头。至于用途,不同的先生会教不同的方法,哪一段可以怎么用。比如一行书,可以有四方面的用途,它有四种读法,每种读法是一种用途。它主要分吉凶,从这方面它又分类出来,比如哪个日子不好,不适宜盖房子或者不适宜结婚等。它涵盖天文、地理各方面的知识。

在水书里面还含有一些哲学道理,比如它就含有这方面的意思:你必须行好事,不能做坏事。也就是说,思想要正道,不能搞歪心。如果你学会水书以后,某位同志找你帮他解决他家的事情,你故意找个不好的日子给他,那你自己也会遭受不利的。

书的总纲原来配有歌诀,但是我们家的那部分书现在失落了,被烧掉了。那是"文化大革命"的时候,我大伯是个水书先生,被当作"牛鬼蛇神"批斗,背一块大门板,用竹篾绑着手。我堂哥是团支部书记,他觉悟高,就说我大伯,说你锁手还没锁够啊,还留着这些书。他把一箩筐的书都拿去烧掉了。我大伯悄悄地把书分成两部分,有一部分书才没被烧掉。现在失落的那些不好配齐了。不过我们寨上可能别人家还有,但是有一些在过去受打击了,现在怕传这些书又会吃亏,所以不敢公开讲家里还有这种歌书,只是自家自用,不外传了。这部分歌书大伯不教我们,我们就不会。那本歌书后来我找到了,但不是原本,原本已经烂了。我找到的是我大哥1961年元月15日转抄的一部分,是用汉语白话注解的,很难译成水语。我已经读出三分之二了,还没完全弄通。

以前也是有这么搞的,比如某年,我们灾难比较多,这是属于迷信的方面了,我们就用水书来预防灾难。这个寨子人少的话就搞得了,人多就搞不了。比如有十八九户,那我们就搞那个用水话讲叫"当巴"(音),预防这些灾难。愿意加入的,每家出一两块钱,买一些牲口,请个师傅来搞。现在不讲这些了,现在相信科学了,都有预防措施了。

水族社会里面都流传这种风俗习惯。至于准不准,凭良心来说,没有什么准确的。事情结束了他没有出什么事,平平安安的,就都算是好的。比如选个日子结婚,我看那天是周末或者放假,或者那天是晴天,方便点,我就选那天出来,就算好日子。要是碰巧出点问题,比如在我们农村来说,你可能放个鞭炮,出点事情,有些人就埋怨你,说这个先生选出来的日子不好,还有的说你良心不好。

比如要选个日子盖房子,就可以拿这个二十八宿、金木水火土来推,哪些日子它写着有这个火字的,我们就不用,因为在我们农村来说,盖那种茅草屋,怕大火,也是根据相生相克的道理,水火相克,那我就选择属水的日子。再比如选结婚的日子,就要看属相。

　　水书所用的水历和农历不太一样,我们讲"正五九",农历的九月是水族的正月,所以水族是农历九月过年,农历的五月是水历的九月,农历的正月是水历的五月。以前为什么说水书是反书呢,就是这个春夏秋冬的月份和农历是相反的。但是在其他方面,大月小月,六十甲子,那些都是一样的。

　　选日子就拿着历书来对,看哪个日子适合。比如选结婚的日子,如果对水书比较熟悉,那选出讲嫁娶的那一部分来一看。书里写的有凶有吉的,你看哪个字是吉的,拿历书一对,就可以选出合适的日子。

　　过年过节祭祖先的时候,我们祖先传承下来的水书,我们要拿来摆在祭祖桌上。水族过年是在九月的第二个"亥日",每天都有一个地支的属性,子丑寅卯这么数下去,九月数到第二个"亥",那天就是过年。祭祀的时候,把水书放在桌子上,用干净的布或者纸垫着,再放一些水果啊、鱼啊。我们过年一定要有鱼,我们是吃素的,说是吃素,我们又吃鱼,只是吃这种水里的动物,陆地上的动物我们不吃。祭品放好以后要烧香,烧五根香,这是一种仪式。祭祀完了,我们再把水书收好。

用水书祭祀故去的亲人

水族端节①是个规定的日子,自古它就形成这个,定下来了。其他的节日有的是选一个吉利日子。端节的头一天不吃肉,在水书里面并没有说。这是我们水族的一种习俗,是为了纪念水族的祖先,让我们不要忘记祖先受过的苦。因为那时候穷,没有吃的,所以现在也用这种方式,不吃肉,就弄个瓜来吃,意思是祖先受苦了,我们祖祖辈辈都不要忘记。

水书主要分为几大类。根据用途,可以分为营造、结婚、丧葬、节假、出行等卷,还有防御其他杂事的。所谓其他杂事,是一种水族迷信说法,就是说老人家去世后,家庭不大平安,水话说是"当朵"(音),会伤到家里面的人,这时候就要用那个"格"(音),好像是赶走它,不让它进来的意思。

① 端节是水族最盛大的传统节日,相当于汉族的春节,在水族历法年底、岁首的谷熟时节举行,从头至尾长达四十九天,是世界上延时最长的节日,又叫"瓜节"。水语称"借瓜""借端"或"过端"。端节是辞旧迎新、庆贺丰收、祭祀祖先和预祝来年幸福的盛大节日。

盖房子

营造卷是来定建房造屋各个步骤的吉凶的,从一开始的建材选择,到打地基,再到起房子的时间,都是有具体要求的。但是这些要求需要建房子的人来问,才会答复他,不问的就随便他搞。比如他说今天我准备去打这个地基,你给我看一下,那就给他看。他如果已经把房子建好了,要住进去的时候再找你,这样也可以,都是根据主人的需求。

治病

水书可以治病。有一本"占辛书",书上画着人的样子,人身上不同的部位标着不同的水书文字。比如某个人得了病,除了跌打损伤这类的,就可以看书上画的,根据得病的是哪个部位,是在哪个月份、什么时候这些去书上找,然后用这个病人的一块小布片,放在书上病人痛的那个部位,再放三粒米在上面,用斧子或锉子把米一粒粒碾掉,这样病人就会慢慢好转了。还有一种"比"的方法。有些人他进了医院很多次也看不好,他就没办法了,有病乱投医,就想用这种"比"的方法,拿根绳子把石头捆好,吊起来,或者挂在一个地方不让它动,那个师傅就用水书来念一念,推测一下,看能不能治好。

结婚

如果结婚的日子不对,在还没结的时候,男女双方就会不愿意,一方来到另一方家里,他看都不想看,屋他都不想进。如果选个合适的日子,按这个日子进屋,就会很喜欢。还有些是结婚以后,媳妇回来又觉得不高兴,又不想一起过日子了,那就拿双方的生辰八字来推,有不合的可以改,改了以后也有好起来的。

家庭

还有另外一本书,写的全部是吉利的日子。有些吉利日子,选择这一天来办什么事,家里兄弟就会非常团结。有时候书上会说这个日子你们出去一定吵架的,或者一定跟别人打架。兄弟吵架多了,就可以找一天来,我们修改一下,那一天兄弟就团结了。这个也是通过水书,来增强家庭的凝聚力。那个在字义体现不出来,在读的时候,会出现这样的句式:哪天你们不团结,哪天团结。读完之后,书面上没有的,需要依靠心记的内容,理解出它隐含的意义。

过去的时候,修猪圈、搞基建、放鱼在哪一天,水书里面都有规定的,现在不计较那些了,觉得是小事情,就不用看那些了。现在就是种庄稼有时候还用水书看日子,比如今年哪天开始打谷子、吃新米,哪天开始插秧比较好一点,就是想找个平安一点的日子,图个开心。

除了三江,附近还有几个水族乡,水书用得比较多。但是我很少去那边,听说他们还有用《黑书》的。《黑书》我不知道他们是怎么用的,我没有学过,只是听说过。前面我说过,水书是一个防御的工具,比如某人到我们家偷东西,偷牛啊、偷鱼啊,它可以搞一定的预防,如果拿到那个人的脚印,或者拿到某种东西,就可以用《黑书》,要你痛你就痛,要你死你就死,但是怎么搞的我不懂。我家里这套书也有类似内容掺杂在里头,我们只学过这一部分,他们学《黑书》,两种是不同的。我没学那种,我大伯说搞那种是缺德的,不让我学。我就学了一些比较常见的,比较普通的。

学习水书的规矩

水书的学习时间没有规定,什么时候来学我都可以教。以前教的时候也会选个日子,9月1号开学,也搞开学典礼,举行一个仪式。第一年是用六条鱼,读完一本该教第二本的时候,就用母鸡,如果有花母鸡更好,祭拜祖师。仪式完了,他们就吃饭,吃完饭再读一遍。

学水书一般要先读《正七卷》和《春寅卷》,读完以后,还要读专门选吉利日子的那本,这三本是总纲。当然要看日子,还必须读熟二十八宿那本。根据学生的要求,老师也可以带着做实践。

开始学习水书的时候,我们先要搞个祭祀。水族崇尚鱼,我们会用六条大小一样的鱼,来祭祀水书的发明人陆压道人①。学水书翻水书的时候,我们都讲究卫生,都先洗手,干干净净了我们才翻书。不这样讲究,你是学不会的。不只干干净净学习,还要干干净净进祠堂,我们是有这样的规矩的。

以前学水书是秘密的,而且没有一个正式的地方学习,悄悄地到老师家,半夜学,学了以后又悄悄地回来。第二天老师累了,或者有什么事没有时间了,又不去了。要是老师病了,突然去世了,有些内容就传不下来了。

① 陆压道人,明代小说《封神演义》中的人物。陆压道人与水书并无关系,此应为讹传。据传说,水书起源于水族先祖陆铎公。参见邓章应:「水族文字起源神话研究」,载《贵州民族学院学报》(哲学社会科学版)」2012 年第 1 期。

以前不知道,我们家的祖先是从三都下来的。我太公学水书,就跑到三都去学。一天一晚,他才学这么几行,写这一页书,背着椅子上山去读,读完了第二天晚上又读另一页。他就是这么学的,有些字不知道该怎么读,老人家也不知道,那时候学水书真是困难。

现在教学生的时候,有些方法我有意识地在改进。我们读书的时候,是老师先读,或者老师纸上写,老师读完写完以后,学生再跟着读,不是一句一句地教,学生跟着读完也认不得几行字。现在我在黑板上画着读,这样我就能像教汉字的一样,一边示范一边教给他,这样学生比较容易接受。

学生必须尊重老师,老师讲的内容要遵守。如果不遵照老师传授给你的,以后随便给别人用,那有些犯法的,他也用这个规则,可能就给他提供了便利。

我们学水书是为了传承我们的文化,比如说救苦救难,如果你不是为了这个目的,而是为了私心、盈利,或者别的什么目的,那么你就会遭到师祖、也就是陆压道人的惩罚。

年轻人学水书

现在我准备开班教一批学生,希望能把县里面从三都要来的那些资料拿来,从头到尾教一批学生,搞个示范点,让那些想学水书的年轻人觉得方便、容易读。我也跟村里面联系了,让他们找个地方给我,搞个场所,集中一些年轻人跟我学习这些古籍。他们很高兴,也同意了。现在就是找不到资料,我编的资料还没拿去出版,光凭我手抄的这一本书又不方便,学生没有书看,他就不能自学,全靠我这样教,学起来比较困难。主要是还没有翻译,比如读这行书,这个字,水书怎么读法,写个汉字的代表音,有这样一本呢,他一看这么读,就可以自己读了,这样他才会感兴趣。我想今年这么搞。

以前学水书都是秘密的,现在可以公开地学了,但我发现年轻人很多都不愿意学了。好多民族文化,像我们民族的民歌啊、水书啊、编织啊、剪纸啊,这些都不爱学。我有一个兄弟会剪纸,我号召他教起来,他也不愿意搞。水书需要用心记,要靠记忆力,这个就难倒了许多人。因为学水书跟学汉字不一样,学汉字我不会读了可以查字典,可是水书这个字我读过后记不得了,还要来问你我才知道,比较麻烦。我也想过编个字典,但是我的文化水平低,我也编不出。三都那边已经编了一种书,用水语标注出来,在三都已经普及了。现在我们榕江县答应给我帮助,帮助我到三都找资料,方便我教学生,我很盼望。

我也想到学校里面去教一教,或者做个义务宣传,让学生们能对水书有兴趣。现在我们那里的学校有些是从美术、书法欣赏的角度来教水书的,学生可能不会读,但是可以从美学的角度让学生来了解这个就是水书文字,这样传承下去。

现在的年轻人也还是愿意学水书的,但是他们在城里打工,有段时间要出去打工挣钱,不能在家学。有些打工回来的,他就跟我

潘光雕在给学生讲水书

学,还有些学到一半又去打工了,学不完。所以今年我想到三都把水书的教材要过来,发给他们,让他们可以自己学,他们看不懂的地方我可以教他们,这样他们可能更感兴趣。如果他们没有这个书,光听我讲,可能就没那么感兴趣,也就不愿意学了。

学水书的人是逐步增加的,但是每年情况不一样,像今年(2014)就只有两个还没有出去的还在跟我学,其他的都到浙江、江苏、广东、广西那边打工去了,我回家以后他们跟我学几天,就又走了。

把水书传承下去

以前的老师,现在好多都去世了。那时候还是秘密的,没有什么机会跟他们交谈,而且老师们知道这些书,也只教自己的儿子,教内不教外的。现在都是公开的,把水书都挖掘出来,我都和周围的老师互相交流,从这些书里收集出来,把学生一个个都教会,让他们个个都懂,把这些书发展出来,我这么想。

水书主要是通过口传和心记来学习的。学习的时候都是用一样的规范。老师的口传很重要。比如这种体这么读,我只晓得是用到这方面,其他方面如果老师不给你传,不给你讲,你根本就不懂的。

榕江县文化馆也经常组织水书先生一起学习、交流,还有那些小辈的、像我们这些跟水书先生学的,也要一起学。特别是到了快过年这两天,打工的集中回家了,很热闹,就集中来学。到春天了,他们又出去打工,人少了,就又休学了。

有时候是在我家里,年轻人都来了,我们就拿出桌子来,就在我家学习了。教的时候我就拿个黑板,写上汉字,比如读这一页,教这几行,要背熟,就写在黑板上,然后指哪个字怎么读,学生们就怎么学。水书没有拼音，那些读音全靠记忆。要是记不住，可以用汉语拼，把汉字写在一边，让他读，这样他容易懂。现在学生都懂汉语，就可以这样，以前的时候如果没有读过书，不认识汉字，就只能靠记性好，自己磨炼。

水书先生去世了，他的书要传给子女，即便他子女不会读了，书也要在他子女那里。水书没有传给谁不传给谁的讲究，只要喜欢学，都可以学。只是目前我们那里还没有女孩子在学，三都那边有。我现在教的学生二十几岁、三十几岁都有，有些学到半途，就出去打工了，几年都不回家。有几个以前的学生，基本全都掌握了，随便拿什么水书的本子都可以读下来。

水书的内容是固定的，一代一代传下来的，都是这些内容，我就是使用，不能随便创造。但是我跟人学习的时候，可能漏掉了几个字，你跟我学的时候又漏掉了几个字，可能就不完整了。但是记得老本的内容，一点不漏的也有。所以现在我们水书先生互相交谈的时候，会看这一行书怎么读，我的书是这样的，你的书是那样的，还要判定哪一本是对的，这样来互相修正。

榕江县的水书省级传承人就我一个人，今年还有两个县级传承人，是申报批准了的。我们省级传承人，一年的待遇有五千块钱，州级的有三千，县级的还没有。作为传承人，我想把水书的这些书改编成易读易懂的教材，修整成几部分来教学生。别人那里也有资料，但那又是他收集别人的，我想以我自己手抄的书为底本，这样也比较放心。现在完成了几部分，我已经上交到县非遗中心、文化馆了，但是目前还没有经费。我画的象形字，猪啊、狗啊、羊啊，他们说小娃看不懂，要请个画家来画，那些小娃才会懂。这也是一个困难。

我到学校试教过一两次，但是学校离我们寨子很远，我又没有时间，学校的老师又不会读，所以我想赶紧把我的书编成然后出版。现在已经搞出稿子了，但需要很多经费，我觉得有点困难，在这方面还要花很大的精力，不晓得搞不搞得出来。我是拿《正七卷》来注解的,还有那本二十八宿的,我也编成了资料,像刚才说的,用水话的音来配,用汉语来解释表示什么意思。

水书如果是小孩子学,他们会学得很快。我孙子听我读几遍,他也就会读了,每周末他到我家来,我写几行字在黑板上,教他读,他很快就记住了。

我儿子也准备跟我学。他在外面教书,在家的时间少,到放假的时候到家里来,又接近过年了,所以他还没有学起来。

现在政策放宽了,号召发展水书,不像以前说是反书了,我就觉得高兴,可以招学生来跟我学,已经有几批学生来跟我学了。现在的年轻人,要去外头打工,没有空在家学,有些学的也是半途而废。来跟我学的,我从来不收一分钱,只要他爱学。但是现在我们农村缺乏场所,也缺乏书本。在2005年我就被申报到县里面,申报省级非物质文化遗产代表性传承人,我经常到县里面开会,他们鼓励我,要发展水书。我想把水书编成易读易懂的教材,重新讲解。县里面也同意,也很高兴,文化馆在帮忙搜集资料,他们觉得这个办法很好,但是现在三都已经有这方面教材了,可以和三都那边联系,要到他们县的本子。我觉得这样也好,我争取把水书传给更多人,不管男女,只要愿意跟我学,我都教给他们,把水书发展起来。

我有三个孩子,一个女孩,两个男孩。这个①是老大, 现在是在我们三江乡的乔来②片区完小③教数学。老二在施秉④教中学,每年到放假的时候才来家里住几天。我的姑娘现在寒假出去打工了。现在家里还有两个老人家在,我大哥、二哥都去世了。我公是水书先生。我父亲不是水书先生,水书他也会读一部分,掌握一些知识,但他懂得不多,我大伯懂得比较多。

① 这个,指在采访现场的潘明彬。
② 乔来,指贵州省榕江县三江水族乡乔来村。
③ 完小,指完全小学,即设有初级和高级两部的小学。
④ 施秉,指贵州省施秉县。

潘光雕（左一）和潘明彬

一般像我大儿子这种年龄的，想学的人多一些，因为水书毕竟是我们水族信仰的一种文化习俗，他们到了这个年龄就能意识到，如果这个失传了，好多问题就没有人来解决了，他就一心想要学了。

我孙子现在读初一了，在榕江县城读书。我们家到榕江县城有五六十公里，他住校，一个学期才回来一两次。我们也想让他学水书，有时间就跟他讲这个的重要性，主要是想传承下去。我希望水书不但能在我们水族民间流传，也能向全国传播，这样也就能把我们水族的文化传到全国更多的地方。

东巴文

东巴是纳西族的神职人员，掌握纳西文化。东巴文是由东巴记载和传承的文字，主要载体有东巴经书、东巴画及东巴舞谱。

纳西族东巴画主要流传于云南、四川、西藏三省区交会的横断山脉地区和金沙江流域所有纳西族地区。云南省丽江市为纳西族主要聚居区，因此东巴画主要分布区域为丽江市玉龙纳西族自治县和古城区。

关于东巴绘画的起源，学界一般认为其源于纳西先民巫术祭祀的原始图画，这种原始图画一方面发展成为纳西象形文，一方面发展成为东巴绘画艺术。

东巴画以纳西族民间信奉的神灵、传说中的祖先及动物等为主要描绘内容，其中也反映了古代纳西族社会的各种世俗生活，表现了人与自然的和谐关系。东巴画主要用于东巴教的各种祭祀仪式中，主要有经卷图画、木牌画、纸牌画和卷轴画等形式，许多画面亦字亦画，保留了象形文字的书写特征，是研究人类原始绘画艺术的"活化石"。

纳西族东巴画于2006年被列入第一批国家级非物质文化遗产保护名录。

和世先

国家级代表性传承人

和世先（1942— ），男，纳西族，玉龙县塔城乡人。国家级非物质文化遗产代表性项目纳西族东巴画代表性传承人。

和世先1949年开始向父亲学习东巴文化，到1952年已基本掌握了东巴书法、东巴绘画、诵经以及东巴『祭天』『祭署』『祭风』、送鬼、请神等祭祀仪式。在父亲去世后，他开始在当地独立主持一些法事、祭祀活动。

1999年受邀参加国际东巴文化艺术节，并于2001年进入东巴文化研究院工作，先后于2005年和2008年参加云南省博物院东巴书法展，多次接受中央电视台、新华社、云南电视台以及丽江电视台等媒体采访，曾为党和国家领导人表演东巴书法，两次参加丽江国际东巴文化艺术节以及云南省山地民族艺术节。

采 访手记

访谈时间：2017 年 3 月 22 日
访谈地点：云南省丽江市玉龙县塔城乡依陇村署明一组
受 访 人：和世先
采 访 人：戴晓晔

和世先东巴的家在大山深处，在蜿蜒崎岖的山路上，我们无数次停车问路，无论是年轻人还是不太懂汉话的叔叔阿姨，大家都会热情地遥遥指向山顶："顺着石板路一直走，和东巴的家就在石板路的尽头。"

和世先东巴家学渊源，为人谦和，非常受人爱戴。他精通东巴经文、东巴画、东巴舞，以及东巴祭祀仪式，是德高望重的东巴大法师，每逢年节都会被邀请主持各种法事和祭祀活动。同时，和世先东巴积极投身教育传承事业，为年轻的东巴培训授课，带领年轻东巴实践各类仪式。和世先东巴对我们说，自己年龄大了身体不好，已经很少出门参加全国或省内组织的非遗活动了，但是每年云南省东巴文化保护与传承协会组织的东巴培训和考核他是必须要去的。

尽己所能地多传授年轻人东巴文化知识，使东巴文化能够在纳西族年轻人中继续延续和传承，是和世先东巴现在最惦念和期盼的事情。

和世先口述史

戴晓晔 整理

我的家族和传承

我出生于 1942 年 12 月,家在丽江市玉龙县塔城乡依陇村的署明一组。

我是我们家的第八代东巴①。我听老人们讲,从窝嘿若(第一代东巴的名字)开始,窝嘿若、窝若志、若之于、阿普素、阿普资、阿普咯……到我已经是第八代了。我们家族是从丽江太安②搬到这里的,在太安的时候,我家的祖先已经是那一带很有名气的最大的东巴了。

我的纳西语名字,也就是乳名,叫作鸡财,因为鸡是我的五行。我自小就对东巴文化有很浓厚的兴趣,五六岁的时候就经常参加我父亲主持的祭天、祭山神、烧天香等仪式。每天早上和晚上要烧香,

① 东巴,是纳西族对传统宗教神职人员的称呼,意译为智者,是纳西族知识分子,他们多数集歌、舞、经、书、史、画、医为一身,是东巴文化的主要传承者。东巴文化是一种宗教文化,是由东巴世代传承下来的纳西族古文化,包括东巴象形文字、东巴经、东巴画、东巴舞蹈、东巴音乐、医学、历史、天文学、哲学等,是一个庞大而完整的文化体系。

② 太安乡位于玉龙纳西族自治县西南部,东邻黄山镇、南接七河镇和剑川县,西与九河、龙蟠两乡相连,北与拉市、龙蟠两乡为界。

① 纳西族人民历来全族信奉东巴教，至今仍有绝大多数人信仰它。东巴教源于原始巫教，属于原始多神教。东巴教的基本特征是以祖先崇拜、鬼神崇拜、自然崇拜为基本内容，以祭天、丧葬仪式、驱鬼、禳灾和卜卦等活动作为其主要表现形式。

② 据东巴经记载，署和人是同父异母的兄弟，署分管农耕畜牧。后来人不断地毁坏森林、污染水源和捕杀野生动物，导致署对人进行报复，使人发生病痛，遭受瘟疫、洪水、地震等灾难。为向署忏悔过错，祈求免灾赐福，人类请丁巴什罗协调，跟署建立了和谐相处的关系。

③ "三朵"是纳西族的本主神灵和最高保护神，常常显圣，传说是骑白马、穿白甲、戴白盔、执白矛的战神，常常显圣，保护着纳西人的安全，唐代建祠祭祀，深受纳西族人信奉。人们也认为"三朵"就是玉龙雪山的化身。

每个月的初一和十五要烧天香；每年的正月初五要杀头猪祭天，正月初八和七月初五需要杀鸡祭天；二月初八要祭山神，早上在自己家院子里祭，白天到村子里祭山神的场地去举办仪式、祭祀牲口。我从小就是看着这些东巴的仪式活动长大的，非常感兴趣。①

我六七岁的时候，开始跟我父亲学习东巴文化。怎么学习呢？晚上吃了晚饭，坐在火塘边，点着松明子，我父亲就开始念诵经书，我就跟着他学。父亲一边念着，一边用火炭教我书写。一个一个东巴文字，就用火炭写在火塘边，写了又擦，擦了又写。那时候没有纸，也没有墨，只能这样写。每天晚上都是这样，边写边念诵。到了白天，我在放羊的时候，没事做嘛，就边放羊，边复习前一天晚上背诵的经书。我小时学到的经书，有祭天、祭署②、祭山神（祭三朵神③）、烧天香等好几本，直到现在都没有忘记。

有时候，晚上会跟着大人们看天上的星星，观天象，今晚是什么星象，第二天又到了什么星上。看日子，要怎么选择吉利的星象。上一代人就这样教给我们，我们就慢慢记住了。

我1951年开始在曙明小学学习，1955年小学毕业。1956年到1967年，我在曙明小学当民办教师。这个时期，也就是在我十三岁的时候，东巴文化被认为是封建迷信，所有的仪式都停了，一个仪式都不能搞，连清明都不能搞。到了"文革"时期，情况更加严重，东巴家的经书和木牌画都要交给大队没收，很严格的。没收后，会在大队统一一焚烧。当时，我家上交了很多东巴经书和东巴画，但是有四五本祖先流传下来的祭天的经书,都有百年以上的历史了,真的舍不得啊,所以我千方百计地把它们藏了起来,保住了这几本古老的经书。这一时期,我在小队里当粮食保管员、经济出纳。如果有空闲的时间,我也会自学东巴字、诵经和绘画。

家庭方面呢,我二十岁就结婚了,有四个儿子和两个姑娘。只有我的二儿子继承了我的事业,现在已经成为一名东巴。其他子女,有的在丽江工作,有的在家里养牲口、种地、种药材,他们对东巴文化不感兴趣。

现在我常住在村子里,还要去主持一些大型的祭祀活动,参加一些培训东巴的活动。没有活动的时候,我就帮家里面做些农活,家里种了一些农作物,比如苞谷(玉米)、小麦、洋芋等等。

去年(2016),我在山上的灵洞里又取了一个名字,叫作"羽勒多财",是阿明羽勒后代的意思。相传阿明羽勒带领我们的族人从白地迁徙到依陇村,之后这里才逐渐兴盛起来。每年,我们都会在灵洞里祭拜他。只有特别有声望、特别有德行的东巴才能取"羽勒"这个名字,在取名的时候,要举行烧天香的仪式,征求阿明羽勒的意见,他同意后才能获得这个名字。

1986年,东巴文化平反了

1986年,在丽江召开了东巴问题的会议,为我们东巴平反,确定东巴教是民族宗教。当时我的二哥(堂兄)和顺去参加了,回来给我们传达精神:国家说了,以后东巴会念的念、会祭的祭、会写的写、会画的画,让东巴文化活跃起来。真是大快人心啊!那一年后,村子里的祭天场重新摆起,祭祖活动、烧天香仪式等都恢复了。随着国家的重视,东巴文化开始逐渐走出丽江,真正地弘扬起来。

我也终于可以公开地学习东巴文化。我发动了村里的爱好者们一起学习东巴经书，学习一些东巴文化方面的知识。当时我父亲已经不在了，我就跟和顺、和训、杨一忠、和即贵请教，他们都比我大很多，当时已经是比较著名的东巴了。我向他们学习东巴文字、诵经、绘画，跟随他们去做各种不同的东巴法事活动。

当时由于每家的经书都不完整了，所以我们都贡献出自家经书来共同学习，同时也四处搜集各家东巴的经书。我家里的古老经书只留下了两本。木古家收藏的经书有很厚的一摞，木古家是和顺、和训表亲。借来经书后，和顺抄写完就拿给我抄写留存。咯巴有一个老东巴家收藏了一筐子经书，当年的老东巴非常有名，但是他儿子已经不做东巴了，我和他儿子关系很好，总是去拜访他，每次都会借十几本经书回来抄写。我写完就拿给和顺，和顺写完，我再还给人家。东一本、西一本，就这样收集起来。但还是不够全，后来我去东巴文化研究院①学习的时候，发现研究院有一部分经书是鲁甸②的，

① 丽江市东巴文化研究院的前身是 1981 年成立的云南省社会科学院东巴文化研究所。1991 年改为东巴文化研究所。2004 年 6 月更名为丽江市东巴文化研究院。东巴文化研究院在东巴典籍的抢救、整理和传承方面取得了喜人的成果，已经整理、翻译东巴经 1300 多册。经过分类、剔除重本，汇编成原文、记音、对译、意译『四对照』的百卷《纳西东巴古籍译注全集》，作为国家『九五』重点图书，已经陆续于 1999 年至 2000 年正式出版。
② 鲁甸乡位于云南省丽江市玉龙县西北部。

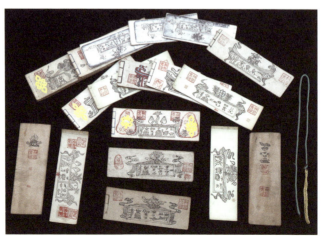

和世先东巴家的一部分经书

我也马上借出来抄写下来。

我是 2001 年到了东巴研究院学习，待了二三年吧。主要是抄写我们之前佚失的经书、学习画画。我现在保存着大概有五六十本自己抄写的经书，同时，我又誊抄了一百四十二本东巴经，留给我的学生们。当时物资还比较紧缺，没有东巴纸，我就找些牛皮纸、明信片纸这种易于保存的纸张，给学生们抄写经书。2003 年我被授予东巴研究院的结业证书。毕业后，我就回到了家乡。平时照顾家里的生计，生产、放牧。我每年基本要主持八个以上的各种祭祀活动，比如祭天、祭署、祭山神等。

东巴文化研究院的证书

祭天仪式和纳西族的传说

我们为什么要祭天呢？因为人类及万物是在天和地的庇佑下生存的，天神保佑着人类和万物的生长和健康，地神是指山、水、林等等，是人类和万物的供养者。祭天仪式所使用的经书，叫《崇搬萨》。

祭天仪式一般是在每年农历的正月初五、初八和农历七月的初五、初八，一年四次。这是集体的祭祀仪式，一个村子的人都要参加,必须请德高望重的大东巴轮流主持,保佑人类、畜牧和庄稼健康平安,风调雨顺,粮食丰收。

祭天仪式的主要流程是这样的:正月初三,需要清扫祭天场,要打扫得干干净净;初四那天,在篮子里放好米、碗、筷、锅、菜刀、菜板,先在家里院子里点起火堆,再背起篮子往祭天场走,一路铺洒青松毛,在祭天场摆起酒,点起香,举行除秽仪式;除秽完毕以后,那一天的香不能熄灭,一根快灭的时候赶快点上下一根,一直要延续到第二天,大人或者小娃娃都可以守着,狗不能进来;初五早上,在自家院坝里和祭天场里面分别做除秽仪式,然后杀猪祭祀,念《崇搬萨》,祭天经念完了以后,整理干净场地,煮好饭举行献饭仪式,就结束了。这是传统的仪式,从初三到初五,需要三天时间。现在不同了,仪式简化了,一天就搞完了。

另外还有一本非常重要的经书,叫《崇搬图》①,是超度时用的。《崇搬图》这本经书里面讲到咱们纳西族起源的故事。天神崇忍利恩生了三个儿子,大儿子是藏族,小儿子是白族,我们是老二,也就是纳西族。所以纳西东巴经书里面也会出现一些藏族的神和一些藏族的语言。同时这本经书里也记载了我们纳西族在这片大地上长期居住以后,出了大神,也就是丁巴什罗的儿子吕仕马纳。他发明了东巴文字,记录了东巴经书,确定了东巴的祭祀仪式。

① 《崇搬图》是纳西语的汉语音译,意译为《人类迁徙记》。此外,因其内容有关天地人类的起源,有的汉译本又译为《人类的起源》。该书不是个人的著作,而是纳西族集体智慧的成果。它起源于远古,基本定型并记载于《东巴经》约在公元 11 世纪中叶以后。纳西族中,有多种口头流传的《崇搬图》,载于《东巴经》的《崇搬图》也有多种,其内容大体相同。

祭署仪式

"署"是掌管整个自然界的神。在我们东巴看来,祭天和祭署是同样重要的。祭署仪式中所用的经书有三本:《署古》《署羌克》和《署气茹》,需要一本接一本地念诵,每一本的内容都不一样。

署和人类是同父异母的兄弟。他们的父亲叫莫利夺资(音译),他有两个妻子,一个叫处找金母(音译),生下了人类,一个叫莫利署资(音译),生下了署。当我们遇到泥石流、干旱、冰雹等自然灾害的时候,我们就会举行祭署的仪式,求署帮忙,求自然界保佑。原来一遇到天气不正常的时候就要祭署,但是现在仪式逐渐也减少了。以前的传统是,每年的一月份和七月份必须要组织全村的祭署仪式,但是现在已经很少举办了,一方面是因为科学发展了,另一方面是祭署的仪式流程比较多,太烦琐。

一般摆在家里神坛上的是祭署神的经书,神坛上点起酥油,署神会保佑我们家宅平安。现在还在使用的祭祀署神的形式主要有以下两种:在东巴婚礼上祭祀署神,这是比较大的仪式;每年正月祭天之后,正月初八祭祀署神。正月初八的祭署仪式,虽然是在家里举行,但意义重大。它的具体形式是:首先在火塘边摆起桌子,桌子上铺起松毛,屋里的柱子上挂起神像,神坛好好地布置起来;接着,就可以请署神了,念诵经文后,准备好饭食,摆到神像面前,神像的位置一开始请在门口旁边,之后摆到火塘上;这个时候,可以给署神献饭,向火塘神献饭,需要念诵好几本经书,依次是摆放在神坛上的经书、除秽的经书、烧天香的经书;最后再请署神,署神的名字很多,因为他是自然万物,都要请过来,请他们保佑这一年家人平安、万事顺利。祭祀的全部流程结束以后,需要把署神和一切神堂上的用品送到水源的旁边。

其他东巴祭祀仪式

祭山神,最重要的节日是每年的二月初八祭祀三朵神。我们的大山,每一座山都有一个山神的名字,比如我们大雪山叫作纳络。所有的山神都要祭一遍,给它们献茶、献酒。另外,在清明节的时候,我们会在自己家族的山上祭祀山神,这位山神就是保佑我们祖先坟地的神。

　　烧天香的仪式有两种:大天香和小天香。大天香,主要用在求寿、求福的重要场合,使用场合比较少,需要准备的材料和步骤比较复杂。先在自家院坝中间烧起火,必须使用松树、黄梨树等九种木材,然后点起香,准备茶、酒、面、米等九种白色的东西,洗干净后煮熟,摆好面偶,烤起稻谷,准备好神坛上摆放的东西,还有瓜子、糖、饼干、水果,等等,才能开始念诵经书。小天香,运用得比较普遍,一般祭天、祭署仪式的时候,使用小天香。

　　祭风,主要是针对那些非正常死亡的人,比如自杀、车祸等。在祭风仪式中,会使用羽毛跳和老虎跳的舞蹈,比较有威力,要借助仪式的力量把不好的东西压下去。

　　老人去世的送葬祭祀,也是比较大的仪式。老人去世后的第一个清明节,要请东巴到坟地里做法事。传统的超度仪式,是在老人去世四年以后做的非常重要的大仪式。现在超度仪式已经基本不做了,一方面由于会纸扎的师傅逐渐减少,另一方面做纸扎非常耗费时间,一般需要七到十天。

东巴文的特点

①东巴文是纳西族所使用的文字,源于纳西族的宗教典籍《东巴经》。由于这种文字由东巴(智者)所掌握,故称东巴文。东巴文被称为活着的象形文字,被誉为文字的"活化石"。2003年,东巴古籍被联合国教科文组织列入世界记忆名录,并进行数码记录。

　　东巴文一共有2421个字,还有一些哥巴文字,加在一起大概有3000多个字。①东巴文字的难点在于,同一个字在不同的地方可能有不同的含义,和汉字的多音字相似。比如,一个牛头形状的东巴字有三个音,有时候念"嘿",有时候念"母",有时候念"勒"。它们的含义相同,都是牛的意思。再比如,画一个羊头的形状,这个字有时候念"普",有时候念

"羽",有时候念"你",都是羊的意思,但是发音有三种。画一个马头的形状,这个字有时候念"按",有时候念"羽",有时候念"古"。①根据什么判断读音呢?主要是诵读经书的时候要前后流畅、顺口。也有一些字,随着声调的变化,含义也出现了不同,必须结合上下文进行理解。

哥巴文②是后来发明的一种文字。哥巴文的产生,是为了使书写变得更加便捷和流利。哥巴文在东巴经书中的使用只有一小部分,大部分经书还是东巴象形文字。

① 参见李霖灿编著,和才续字,张琨标音:《纳西族象形标音文字字典》,云南民族出版社,2001年,第1版,第158页。

② 随着纳西族社会的发展和民族文化的相互影响,在明末清初,从东巴象形文字演变发展而来的还有一种标音文字,称『哥巴文』。『哥巴』是弟子的意思,『哥巴文』的意思是丁巴什罗后代弟子创造的文字。『哥巴文』是对东巴文的改造和发展。

东巴文字:牛

东巴文字:马

东巴文的应用

东巴画有纸牌画③、木牌画④、卷轴画⑤,等等,我们做东巴的话,一定要先学会画画,字才能写得好,因为我们使用的是象形文字。

东巴文字的应用,

③ 东巴的纸牌画以自制的土纸为载体,主要包括两类:一类是绘制的神像,或竖于神坛供人祭拜,或戴在祭司头顶。另一类是绘画谱典,或用作绘画者的规范,或用作绘画传承时的教本,这种谱典种类较多,可以自成体系。

④ 东巴木牌画在艺术上,图画和象形文字混合使用,有的构图上端画日月星辰云风,中间画鬼神像,下端画祭品宝物,具有先民原始艺术的特点。图像造型奇特,形貌古朴,线条粗犷,笔法流畅。如在举行祭风仪式时,东巴们用木牌画超度殉情死去的亡灵,让它们顺利回归天国。木牌画上,同样可以承载纳西先民丰富的思想感情。小小的木牌上,铭刻着人世间的悲欢苦乐,木牌画中原始宗教观念与民俗人情相互交融。

⑤ 卷轴画,每幅主要绘一尊大神或战神,表现的是某个神祈及其所居的神界。

主要是用在书写东巴经书上。东巴经书一共可以分成二三十种吧，每一种经书又可以按照仪式规模，分为大中小三种形式。如果有人来请我们做祭祀仪式，东巴会提前问好什么规模，不同的仪式规模有不同的经书和法器。现在一般都做小仪式，只有村落里的祭天仪式用大规模的那一种。

东巴经文不是一字一句对应着念诵的，东巴在写东巴经的时候只记录提示性的话。学习东巴经，最大的难度就在这里，必须要先学会吟诵，因为经书中经常会出现写一个字、念六七句话的情况。为什么会这样记录？我认为，一方面，由于原来物资匮乏，需要节约纸张；另一方面，之前的老东巴可能有点保守，只传授给自己的儿子和孙子，不希望太多的人学会。但是，现在我在抄写东巴经书和教学过程中，就将内容一字一句地基本完整地写出来，这样拿给学生们，他们看到就会念，学习得会比较快。

在念诵东巴经书时，一个字可能有两三个发音，一句话可能包含两三种意思，不同的经书会用到不同的唱腔，一本送葬的经书里可能包含了四五种唱腔。这也是学习经文的难点所在，所以说纳西东巴文化，虽然文字看似简单，但是语言非常丰富。东巴经文一共有九种唱腔，有的地方快，有的地方慢。比如念诵《崇搬图》(也就是《创世纪》)的时候，需要速度慢一点、缓和一点。

东巴经书除了祭祀类的经文，还有记载天文知识的，比如《崇搬萨》里面就记载了二十八宿[1]的具体方位和名称，用来占卜和看日出。

东巴经书中还包括了大量的舞谱[2]。比如，烧天香的仪式中会用

① 东巴经中有很多星座的名称，记载着东南西北二十八星宿，以下一个字代表了一个星宿，分别为：角(本保古)、亢、氐、房、心、尾、箕、斗、牛、女、虚、危、室、壁、奎、娄、胃、昴、毕、觜、参、井、鬼、柳、星、张、翼、轸。
② 东巴舞谱是中国云南四川地区的纳西族舞谱、纳西族语言叫"蹉目"，意为舞蹈的规程、模子，是东巴教巫师(亦称东巴)自幼必习的仪式程序、内容、跳法的专门经书，是纳西族古宗教东巴教记录和传授跳神舞蹈的重要经典之一。东巴舞谱用纳西族古体图画文字——东巴文编写，记舞方法规范易懂，动作过程交代清晰，舞名、类别、场位路线、特殊造型、技巧、乐舞器用法、仪式程序等标示具体简明。

到舞谱《崇仆崇里》。第一跳,是模仿神蛙的动作。舞谱上记载得很细致,大概意思是:跳神蛙舞的时候,首先要蹲下来,右脚抬起,拿着斑铃和手鼓,一摆手鼓,一摇铃;然后左脚向前走一步,向右边转三圈,左脚再向前走一步,再转三圈,再蹲起来,模仿神蛙的样子扭一扭,再向前走两步。这就是跳神蛙舞的第一段。我在经书中用红色笔标记竖线的地方,就表示第一段舞蹈结束了。

除了书写东巴经书,东巴文还有其他应用,比如写信,两个都懂得东巴文的人,就可以互相通信。

东巴仪式中用到的法器

我们东巴举行仪式的时候,会使用各种不同的法器。

酒壶是我们举行大天香(烧天香仪式的一种)仪式的时候用的,除秽的时候也要用。比如说,我们纳西族的夫妻如果结婚三四年后还不能生育,就需要做除秽的法事。由东巴念咒语,吹进酒壶当中,给两夫妻除秽。

作为法器使用的铃铛

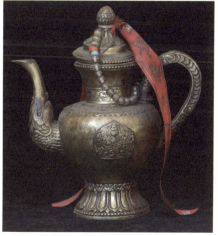

作为法器使用的酒壶

铃铛是在我们念经书时,出现藏语的时候用的。比如说请神的时候,我们有时会请到藏族的神仙,大神是藏语的名字,必须边念边摇这个铃铛。

我们的鼓是用牛皮做的,一般用在请神、送神、打鬼、送鬼的时候。

另外,跳东巴舞的时候要用到斑铃、手鼓、长刀等法器。各种祭祀、各种仪式所需做的木偶、面偶、泥偶,也有不同的艺术风格。

作为法器使用的鼓

我的传承

从 20 世纪 90 年代到现在,我教了很多学生,现在已经能主持祭天、祭署、求延寿、送丧事等八种仪式。

1999 年和 2003 年,在丽江召开了两次东巴文化艺术节,我都被邀请去参加了。

在新主村的非物质文化遗产培训基地，我们会一年开一个东巴学习班，一次学习周期是二十天，我在 2011 年、2012 年被邀请去教授课程，教他们诵经、祭祀仪式、绘画等。去年(2016)我们依陇村办了一个东巴学校，有和秀山、和国润、杨建华、我二儿子、我的一个孙子等二十多个学生，有几个已经学会了比较复杂的祭天仪式。

大东巴证书

2012 年，由学者、东巴文化研究院、丽江市博物馆、丽江市文化局等组成了调研小组，评定了几位大东巴。我是经过这次考核后，被评为大东巴的。现在咱们丽江的大东巴很少了，不断地有老人去世。我们塔城只有两个——我和玉水寨的杨文敬。评定大东巴的标准，就是要将东巴文化全面地掌握，能念经、能画画、能抄写东巴经书、能主持仪式，曾经主持过哪些仪式，都需要详细调查。

我现在担任云南省东巴文化保护与传承协会的理事。云南省社会科学院副院长杨福泉是协会的会长。协会一共有八九位理事，一百多位会员，每年在农历三月初五搞一次活动，主要是收集经书、组织东巴的培训与传承、组织东巴的考核。东巴的考核包括笔试和面试。笔试的时候,考查各种仪式流程是否清晰,书写东巴文,画木牌画和纸牌画。面试的时候,考查念诵东巴经书。截至现在,已经考核过两次,第一次考核在 2012 年,第二次是 2016 年。这些东巴考试通过之后,我们还会继续对他们进行培训。比如,做仪式的时候,喊他们过来,在实践中教给他们具体内容。

现在国家相当重视东巴文化,对我们东巴也相当好。但是我的年龄不饶人了,很多该去的地方去不了,该做的事情做不了,脑子的记忆力也越来越倒退啊,我希望能赶紧多培养一些东巴,继续传承弘扬东巴文化。

现在有的年轻人连纳西语都不太会说了,在念东巴文的时候,有的可以念出来,但是完全不懂内容了,希望纳西族的年轻人们不要丢掉传统文化,能够静下心来学习。

和国耀

云南省代表性传承人

和国耀，男，纳西族，1972年出生于云南省玉龙县大具乡头台村。于2002年获得『云南省民族民间舞蹈师』称号。

和氏东巴家族自白地迁入大具算起，到和国耀已是第18代。和国耀出生于东巴世家，其祖父阿普旦、父亲和学增就是当地最著名的大东巴。他从小就受到祖父的影响，对东巴文化耳濡目染，四五岁时就开始学东巴绘画、跳东巴舞、吟诵经文等。13岁时祖父阿普旦过世，和国耀便随父亲和学增和丽江大东巴和即贵、和开祥、和学文学习传统东巴绘画中卷轴画、木牌画、纸牌画和作品缝裱等技术。十八岁起，和国耀开始尝试在传统东巴画基础上进行创作，先后创作了《巴格图》《战神画》《署神画》《自然神画》《五佛冠》等，二十一岁独立主持东巴祭祀活动。

和国耀在纳西传统文化传承领域不断探索，至今他不但掌握了东巴画的传统技法，还在东巴舞蹈上有较深的造诣，多年来曾到国内的许多城市和美国、韩国等地进行东巴文化交流，现主要从事东巴祭祀活动、东巴舞蹈和东巴绘画的传承。

采 访手记

访谈时间：2017 年 3 月 20—21 日
访谈地点：云南省丽江市玉龙县
受 访 人：和国耀
采 访 人：戴晓晔

2017 年 3 月，天气还有些清冷，玉龙雪山的山顶白雪皑皑，在阳光照耀下散发着圣洁的光芒。

在玉龙雪山脚下的一所纳西族传统民居中，我们又一次见到了和国耀东巴。第一次见面是在 2014 年 12 月国家图书馆举办"我们的文字——非物质文化遗产中的文字传承"跨年大展时，和国耀东巴等传承人来到国家典籍博物馆进行现场书写民族文字等演示活动。和国耀东巴因其高大帅气的外貌、和蔼谦逊的个性，被大家亲切地称作"小唐僧"。再次重逢，不胜欢喜，我们围坐在火塘边侃侃而谈。和国耀东巴为我们展示了东巴舞所用的各种法器，也讲述了自己学习、传承东巴文化的经历和感悟。

我们在聆听和感动之余，也有着相同的愿望：愿和国耀东巴将东巴文化继续传承和弘扬，让更多的人能够了解东巴文化。

和国耀口述史

戴晓晔 整理

我的家族

我 1972 年生于云南省丽江市玉龙县大具乡头台村,具体几月几号的生日已经忘记了。我的汉名叫和国耀,小名叫发财,纳西语"古老高"。

我的家族世代都是东巴,我是第十八代传人。听老人们说,我们的祖先,也就是第一代东巴叫喔高,原本住在白地①,但是由于那里的湖水干涸了,被迫从白地迁徙到大具来,刚来的时候头台村还没有什么人居住。我的父亲、爷爷都是东巴。

我父亲讲,我出生的时候,整个院子里面都有红光。我出生后的第三天,我家来了三个藏族人,说我是劳嘛古侬转世,也就是活佛转世,要带我走,但是父母舍不得嘛,所以那三人就剪了我的头发带走了。我这一生从未杀过生,看到别人杀羊杀牛,我就会心疼。

① 白地行政村隶属于云南省迪庆藏族自治州香格里拉市三坝纳西族乡。白地村为云南省级历史文化名村,三坝乡被称为东巴文化的发祥地,而白地村就是东巴文化的核心。

我有四个哥哥,我是最小的。小时候,我们一起跟随长辈学习东巴文化,但是最后成为东巴的,就只有我一个人。所以要成为东巴,是需要一些天赋的。

我二十岁结婚,爱人非常支持我做东巴文化,家里田地里的事情基本都是爱人打理。我们是村里评的"和睦夫妻家庭"。现在姑娘出嫁了,儿子在城里打工,希望在外面看看世界,家里种烟的时候缺人手,也要回来帮忙。儿子也学习东巴文化,不过现在生活条件好了,年轻人的学习精神却减弱了。

我的学习经历

我五六岁的时候,就跟随我爷爷学习东巴文化。我爷爷当年是当地很著名的东巴。我记得爷爷会打铁、盖房子,我家房子里的柱子上都写有东巴文字。但是,爷爷在八十多岁的时候就看不见了,我小时候会经常陪着他,照料爷爷的起居生活,给他倒茶、装烟锅。爷爷喝茶的时候,就会拿一根筷子,一边写东巴字,一边教我这个字怎么写、是什么意思。

我爷爷活到一百零五岁。爷爷去世以前,曾经对我说,孙子啊,虽然你们兄弟很多,但是你最小,也最听话。你要好好记住,爷爷家里的那些东巴象形文字、造纸的理论、占卜和东巴画,你要好好地传下去。这些都是好的东西,不能流失。如果你不好好做,让它们失传的话,你就是对不起我。所以呢,我就听爷爷的话,别的工作我一律不干,我只做东巴文化,并且一定要做好东巴文化。

爷爷去世以后,我就开始跟父亲学。每天晚上,家里来客人的时候,父亲就喜欢讲东巴经文中的故事,有时候会说到天亮,我也就听到天亮。因为小时候家里人口多,生活比较困难,我上学只读到小学二年级。后来白天就一边放羊,一边找根棍子,复习晚上学到的东巴文化知识。等我长大一点之后，村子里面有祭祀活动的时候，父亲就会让我过去，坐在他们旁边，让我敲鼓，翻开经书一个字、一个字地让我跟着念诵。

1996年，我父亲去世了。我省吃俭用，在城里买了一个小型的录音机和一些磁带，开始到处找老东巴学习。因为白天干活，没有时间，我只能太阳落山的时候走出去，拿一把大刀防身，一般都在二三十公里以外，很晚的时候才回到家。当时，我找到了塔城的和开祥、和学文，鸣音的和吉贵，大东的和世成，白门的喔沙，请老东巴背诵经书，然后我就录音，回来抄写。当时收集的经书，有祭天的、祭署的、占卜的、舞蹈的等很多种类。我发现，同样一部经文，由于每个地区的口音不同，它的音调也会不同，东巴使用的唱腔也不一样。

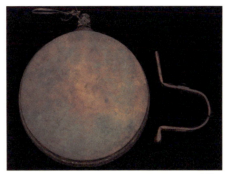

大鼓

和国耀东巴示范敲击大鼓

大部分老东巴对我并不藏私，很大原因是由于他们的儿子已经不学了，这些传统文化面临着失传。有些老东巴比较保守，我就会做他的思想工作。我说，老东巴啊，你不教我的话，你去世了以后，咱们东巴的文化就和你一起埋在土下，那时候就晚了，挖也挖不出来啊。老东巴想一想，是这个道理啊，不能让咱们的传统文化流失啊，然后就会念出来了。因为过去我家里也很穷，从没有给过老东巴学费，每次登门只带一点糖、茶和烟，当作礼品。比较熟悉之后，老东巴都会被我的精神打动，给我做饭、煮肉，当作一家人一样。老东巴一个一个去世了，我都会去拜拜他们，每一个东巴去世我都去，心里很难受啊。

我今年四十五岁了，直到现在都还在学习。东巴文化博大精深，我会抓住一切机会，向每一位东巴学习、交流。因为每一位东巴擅长的方面不同，体会都不一样。我和塔城的和世先东巴交流过很多祭天的《创世纪》经书的内容，他也可以算是我的老师，给我讲经书里面的含义是什么。

我现在一共收集了很多经书。祭风的、超度的、祭天的、祭署的经书，基本都全了，但是还需要学习很多，经书中的很多内容是要靠自己去悟的，可能一辈子都学不完吧。

东巴经书

纳西族的信仰与习俗

我们纳西族信仰的是东巴教,崇拜自然。东巴教里面的东巴是什么意思呢?东巴是我们纳西族"智者"的意思。只有东巴才会使用东巴文,也就是我们纳西族的象形文字。使用东巴文记载的东巴经书,内容有天文、地理、哲学、艺术、法术、美术、舞蹈、祭祀、农耕等。也就是说,你必须精通这些知识,才能称为东巴。

纳西族每一家、每一户都有火塘和神龛,对我们来说,它们是非常神圣的,体现了纳西族的信仰崇拜,有很多必须遵守的规矩。

纳西族崇拜自然。自然界里最大的是什么呢?是五行,纳西叫作"金喔瓦锁",包括金、木、水、火、土。那么,五行的作用是什么呢?可以说,人类和万物都是在五行当中生存的,没有了五行,就没有了万物。我们纳西族每家都有的火塘,就代表了五行。金,是烧水的壶;木,是地下烧的柴;水,是壶里面的水;火,就是火塘里的火苗;土,就是火塘旁边的土炕。所以,我们纳西族最崇拜火塘的原因就在这里。并且,我们纳西族的规矩,是火塘的火永远不能熄灭。白天出门的时候,要拿栗木把火捂在里面。万一熄灭了,必须从邻居家要到火种,在家里举行一个祭祀仪式,才能重新生火。但是,现在已经慢慢没有这些讲究了。

我们纳西族的火塘有很多作用,一是吃饭和睡觉的地方,一家人会围坐在火塘边做饭、吃饭,晚上老人就在这里睡觉;二是会客的地方,来了客人都在这里接待,晚上吃完饭以后,大家围坐在这里聊天、念诵东巴经书、教授东巴文字。

坐在火塘边,你就能看到八卦的方位。八卦,纳西语叫作八格,就是八个方位的意思,包括北面、西面、南面、东面、东南角、西南角、东北角、西北角。有了八个方位以后,就有了十二生肖,东面是老虎和兔,南面是蛇和马,西面是猴和鸡,北面是猪和老鼠,东北角是牛,东南角是龙,西南角是羊,西北角是狗。十二生肖就是由此而来。

火塘的一角摆放着我们纳西族的神龛和牌位。神龛要高一些,自己的祖先牌位要低一点。为什么呢?因为神龛上供奉的是一个石头,代表自然神,可以摆放香炉、花瓶。神龛旁边有一个洞,盖房子的时候就挖好的,洞里面放着祖先的牌位。所以吃东西的时候,要先祭五行,再祭神龛上的自然神,然后祭自己的祖先,最后才能自己吃。

我们纳西族有束、叶、梅、禾四大支系,其中束和叶是联盟关系,梅和禾是另一个联盟,联盟的两个支系是可以和睦相处的关系,也可以通婚。现在基本不提支系的问题,婚姻也早就自由了。但是,在人去世后的超度仪式上,他的支系就非常重要,因为两个联盟通向阴间的路是不同的,不能送错。本家必须提前告知东巴他们家族的支系,东巴才能进行仪式。

东巴舞蹈

纳西族的舞蹈分为民间舞蹈和东巴舞蹈。东巴舞蹈是在祭祀仪式中使用的,只要有祭祀舞蹈的地方,肯定就有舞谱。我们都是按照东巴舞谱学习每一个动作的。

东巴舞蹈包括神龙舞、牦牛舞、天牛舞、犀牛舞、狮子舞等,基本上都是模仿各种动物的形象。使用东巴舞蹈较多的大型仪式,是超度和祭风。祭天仪式中也有舞蹈,但是祭天的舞蹈不需要跳,它是射箭的舞蹈,寓意是占卜。比如,在祭天仪式那一天,新婚不久还没有孩子的纳西族夫妇,会带一点糖和水果过来祭拜,祭拜以后,由男人来射箭,如果射中圆圈中心的红点,明年肯定能生一个胖娃娃。

东巴舞谱

手鼓和扁铃

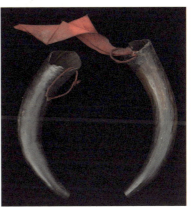

牦牛号角

海螺号

和国耀东巴示范东巴舞

和国耀东巴示范吹牦牛号角

和国耀东巴示范吹海螺号

我会跳的东巴舞蹈,最开始是跟爷爷学的,之后又找到很多老东巴学习。不同的仪式会使用不同的乐器,我就逐渐学会了大鼓、手鼓、扁铃、海螺号和牦牛号角,等等。

现在我也开始收徒弟了,教授徒弟,我也要先从民间舞蹈开始教起,因为学生们对舞蹈最感兴趣,容易入门,还可以去镇上参加比赛。既培养了兴趣又获得了荣誉,学生们才能坚持下来,逐渐学习东巴文字、经书和我们古老的习俗传统。

由于我掌握的东巴舞蹈比较多,所以 2002 年,被评为了"云南省民族民间舞蹈师"的称号。但是,在我们东巴看来,东巴舞蹈并不是独立存在的,它是和东巴经书、东巴仪式密不可分的。

东巴文字和东巴经书

东巴文字有两种,最早的就是东巴文,是一种象形文字。后来又发明了一种文字,叫作哥巴文。

我们流传着这样一个传说:创造东巴文的时候,我们东巴教的教主叫丁巴什罗,他和一个藏族的僧人、一个和尚一同去天上取经。一路上,丁巴什罗边走边写,记录了路上见到的人、石头、动物,记到天上的时候呢,他已经形成了自己的文字,也就是东巴文。但是,和尚和僧人那个时候还没有文字。到了天上,大家要学习一种文字和法术,丁巴什罗遇到文字就不再学习了,只学法术。毕业的时候,天上的神仙说,你只学习了一半的知识,我送你的法器也只能是一半。所以,我们东巴仪式中用的铃铛只有一只,和尚和僧人用的都是两只;和尚和僧人拿到的鼓是带着架子,可以坐着敲的,神仙故意让丁巴什罗的鼓一路滚过去,根本没有架子,所以丁巴什罗只能自己弄了两个孔,拴了个绳子上去。这就是咱们重要法器的由来。

东巴文主要用在东巴经书里。东巴经书主要用在各种东巴教的仪式当中,规模较大的祭祀仪式可以分为四种:祭天仪式、祭署仪式、超度和祭风。小规模的仪式就有很多了。不同的仪式会对应不同的经书。

比较具有代表性的经书有以下这么几部:

一部是《黑白战争》,我们纳西语叫作《董埃术埃》,有几种不同的形式。传说人类遭遇毁灭性的打击,一共有三次。一次是天上出现了九个太阳;第二次是出现了七个月亮;第三次是爆发了战争,破坏了自然,洪水滔天。《黑白战争》讲的主要就是这次大型战争的故事。

还有一部是《创世纪》,有三个版本:一个是《崇搬图》,一个是《崇搬挣》,一个是《崇搬崇藻》。它们分别用在不同的仪式场合里:第一个主要用在有人去世的祭祀仪式上;第二个是祭天时候使用的;第三个用在死后三年的超度仪式上。《创世纪》讲的是人类起源的故事:崇忍利恩是我们人类的祖先,洪水滔天之后就剩下他一个人,后来他受到神仙姆鹿都资的指点,去天上讨老婆。神仙说,天上有两个仙女,一个眼睛是竖的,一个眼睛是横的。眼睛竖的那个比较漂亮,但是你不要去找她,她不会变成人类的母亲。你要找眼睛横的那个。但是,他到天上以后,没有听从神仙的建议,娶了眼睛竖的那个,生下了自然神署,也就是野生动物、树木这些。崇忍利恩很后悔,之后,又娶了眼睛横的那个,生下了人类。所以我们人类与自然神署是同父异母的兄弟。

东巴画

东巴画主要包括三个部分,纸牌画、木牌画和卷轴画。

纸牌画是祭祀的时候插在神坛里的, 神坛和每家每户的神龛不一样。我们纳西族每一家都有神龛,但没有神坛。神坛是在举办祭祀活动那一天才能搭建的,将东巴的经书、纸牌摆放在神坛上,仪式结束以后就要拆掉神坛。

纸牌画

木牌画是祭祀时候用的祭祀工具。举行仪式时,木牌和很多法器都要放在神坛里面。

卷轴画在祭祀活动中需要挂在神坛上面的。家里也可以挂卷轴画,一般挂的是五谷神,也就是汉族讲的财神,因为它掌管五谷,所以在家里供奉它是希望保佑五谷丰登的意思。

小时候,我在家里经常看到经书和各种各样的东巴画。我上山放羊的时候,就找一个没有草的地方,拿一根棍子来写字、画画。过了好几年,才敢真正在纸上和布上画。

我画画用的颜料都是自己采集制作的。有一次,我上山到岩洞里采集植物,一不留神滑下来受伤了,右手差点残废。主要颜料有三种,一个是矿物质颜料,一个是植物颜料,还有一个是动物颜料,要三种配合在一起才能使绘画看起来有灵性。主要颜色有红色、蓝色、白色、绿色、黑色等。黑色就用咱们锅底的松烟来做,蓝色主要是用板蓝根做的。

卷轴画

动物颜料主要有两个作用，一是让色彩更好地固定，二是对人体能够起到比较好的作用。比如，熊胆本身就是好药材，做到画里边，长期挂在家里，对人的身体也比较好。但是，由于我从来不杀生、不打猎，所以我的动物颜料都是花钱买来的。

植物颜料的作用，是在矿物颜料的基础上把画布染透，因为矿物只能在表面上色；另一方面，矿物颜料也可以有永远不变色的效果。

另外，画的过程中有一些需要注意的问题。例如，正式画神仙的时候必须要到清静的地方画，举行烧香、请灵的仪式之后，才能作画。要先打底，然后从头部开始画，由上至下，先画中间，再画两边。

制作东巴纸

我爷爷、我父亲都自己制作东巴纸，所以我从小就对这个流程非常熟悉。

东巴纸本身有一些防虫防蛀的作用，可以保存几百年不腐烂。为什么呢？是因为使用了一种叫作瑞香狼毒①的植物。一般的构树皮纸虽然可以保存上百年，但是它不防虫，只有瑞香科狼毒才防虫。瑞香科狼毒长得不高大，本身具有毒性，有些人采摘的时候会过敏。这种树在丽江到处都有，但是最好的品种在雪山脚下。它也有两种形态，大瑞香狼毒和小瑞香狼毒。小瑞香狼毒最好，因为纤维比较密，做出的纸也比较细腻，看起来是透明的，写起来也比较流畅。而构树皮做出来的纸，比较硬，质量会差一些。

具体的制作过程是这样的：首先是要靠火候，蒸煮的时间要把握好，时间过长，纸的硬度就不够了，时间少了，冲水的时候很难冲干净，做出来不好看，所以每一步细节都很重要；接着在煮树皮或狼毒的时候，要放灶灰，大约需要三个小时；看到硬度等比较适合的时候，马上拿出来冲洗干净，放到酥油桶里边击打，变成糨糊的时候就可以捞纸了；这时需要考虑纸帘的尺寸，前些年，我参加上海世博会，想做一张世界上最大的纸，但是纸帘变大后，需要水槽也相应地扩大，需要太多的资金，最后没有成功；使用纸帘在水里抄纸后，拿出来晾晒，最后成型揭下，就完成了。

我现在仍在坚持制作东巴纸，并把这个技艺教授给我的学生。他们有的已经做成产业化的规模，据说很挣钱，我也很高兴。

① 瑞香狼毒，中药名，具有清热解毒，消肿，泻炎症，止溃疡，祛腐生肌之功效。熬膏内服用于疬病、疬痈、瘰疬；外用治顽痞、溃疡。

国内外交流

我 2002 年第一次出远门，之前没有离开过丽江，去苏州参加非物质文化遗产的展演活动，向大家展示东巴文化的魅力。之后就开始经常全国各地走，还走出国门，到过日本、韩国、美国、瑞士和新西兰。

我在 2007 年去了一次美国，美国的史密斯文化艺术中心邀请的，在华盛顿待了一个月，主要就是办讲座，讲我们纳西民族的文化、东巴文化、介绍东巴经书和画东巴卷轴画。授课地点在华盛顿纪念塔下面的广场里，是一个草坪。每天都有很多人坐在下边听课。观众都非常感兴趣，有年轻人、中年人，还有七八十岁的老人。

在美国期间，我受邀去了国会图书馆，那里收藏了很多我们的东巴经书、东巴画和东巴法器。他们用推车推出来这些经书，我都震惊了，我作为一个东巴都没有这么多的经书。几百本经书，只能看，不能拍，但是因为我有过目不忘的本领，所以看了两部经书，已经可以背诵了，一部是占卜的，另一部是舞谱。我觉得虽然那些老经书在他们那里，但是我把它们的灵魂引领回来了。

我还去过联合国教科文组织总部，是我们云南省文化厅和云南省非遗中心组织的，还是讲解东巴文化、东巴象形文字、东巴画和造纸技术。

我的传承与愿望

我从 1999 年就开始收徒弟了。我收徒弟有两个标准：第一是要有天分、有悟性,能够踏实学习;第二是他的道德行为要好,要具备基本的道德礼仪修养。

现在,在家里真正持续学习的徒弟只有十二个,我希望能够在家里边做一个传承点,因为城市里对年轻人的诱惑太多啦,需要有一个纯朴的地方和纯朴的理念,才能学得到位。大城市里的传统礼仪和淳朴的东西已经基本丧失了,所以我准备在山里做一个传承点,就像一个根据地一样,慢慢扩大规模,逐渐影响更多的年轻人加入进来。

我在云南民族大学、职业技术学院也担任专家,主要是将纳西文化、东巴文化传播出去。大学生们对我们的文化非常感兴趣,学习也很认真。我会先给他们讲东巴经书中记载的传说故事,对东巴文化比较熟悉后,我就教他们写东巴文,一个字一个字地写,解释什么意思。然后再教东巴画,让他们画一些简单的八宝和十二生肖。

学生们很喜欢,接受能力很快。前一段时间,他们还在学校搞了一个庆典,请我去看。主要展示学习到的东巴文化,有唱歌、跳舞、作画的表演,像是汇报学习成果一样,搞得非常好。

和国耀东巴念诵东巴经书

345

我最大的愿望,就是把东巴文化好好地传承下去,让更多人了解东巴文化,让纳西族的年轻人更多地学习东巴文化。

现在,咱们国家推出了很多保护民族文化的措施,给我们提供了很多的平台,给我们很多的机会出国交流民族文化。我认为,这是一种荣誉,也是我们学习的机会。

我是我们家族的第十八代东巴传人,同时我也是省级非物质文化遗产传承人,我担负着传承东巴文化的责任,如果我不好好传承,就对不起国家,也对不起自己的祖先。所以,我会尽全力往前走,不能往后退,多大的辛苦我也不怕。

丽江市东巴文化研究院

　　丽江市东巴文化研究院的前身是 1981 年成立的云南省社会科学院东巴文化研究室,1991 年改为东巴文化研究所,2004 年 6 月更名为丽江市东巴文化研究院。

　　二十多年来,东巴文化研究院在东巴典籍的抢救、整理和传承方面取得了喜人的成果,已经整理、翻译东巴经一千三百多册。经过分类,剔除重本,汇编成原文、记音、对译、意译"四对照"的百卷《纳西东巴古籍译注全集》。该书作为国家"九五"重点图书,已经于 1999 年至 2000 年陆续出版,并荣获第五届国家图书奖。1993 年,东巴文化研究院编辑出版了《东巴文化艺术》画册,获第七届中国图书奖。2003 年,由东巴文化研究院编纂并出版了《中国少数民族古籍总目提要·纳西族分卷》。2003 年,编纂出版了《中国西南文献丛书·纳西族分卷》。经过 2000 年至 2003 年三年的艰苦努力,由研究院收藏管理的 897 种东巴古籍文献,被联合国教科文组织世界

丽江市东巴文化研究院

记忆工程咨询委员会批准列入《世界记忆遗产名录》。在整理纳西东巴古籍文献的过程中,东巴文化研究院还编印了《东巴经专有名词汉译规范》《东巴经分类目录》《纳西东巴经选译》《纳西东巴古籍译注》(三集)、《滇川纳西族地区民俗和宗教调查》《纳西族东巴教仪式资料汇编》等一系列图书资料;摄制了八种东巴教仪式录像资料和四十五盘东巴诵经录音资料。1998年至2003年,在抢救和整理东巴文化典籍的基础上,研究人员编著出版了《东巴象形文异写字汇编》《东巴经典名句欣赏》《异域之神的乐土》《纳西族与东巴文化》《纳西族东巴文字画》《东巴艺术》《纳西象形文字字帖》《东巴文化研究所论文选集》、《东巴文化论》(二集)等东巴文化工具书性质的学术著作,为东巴文化的深入研究准备了条件。

李静生

云南省丽江市东巴文化研究院专家

李静生，男，1948 年 11 月生于丽江古城，纳西族。1982 年秋毕业于云南民族学院汉语言文学系，毕业后被分配到丽江县人民政府工作，曾任县文化局副局长。1984 年 6 月调入云南省社会科学院丽江东巴文化研究室工作，任办公室主任；1991 年研究室改为『研究所』，改任学术委员会副主任、副研究员；其后研究所又改为『研究院』，任研究员。其间，深度参与了国家『九五』重点出版工程、荣获第五届国家图书奖的《纳西东巴古籍译注全集》(100 卷) 的译注和校译工作。主持完成云南省社科『十五』课题『纳西族东巴教仪式资料汇编』，课题成果已出版并获奖。发表学术论文二十余篇，其专著《纳西东巴文字概论》(云南民族出版社『2009 年』) 荣获云南省第十四次哲学社会科学成果三等奖，并于 2016 年收入『云南文库』。曾应邀赴瑞士苏黎世大学及新加坡、柬埔寨等国家进行学术交流活动。2004 年被聘为西南师范大学中国少数民族语言文学专业兼职硕士研究生指导教师，2005 年被聘为云南民族大学民族文化学院兼职教授。2018 年，被中国翻译家协会授予『资深翻译家』称号。

采访手记

访谈时间:2014 年 10 月 27 日
访谈地点:云南省丽江市东巴文化研究院
受 访 人:李静生
采 访 人:戴晓晔

李静生老师是当代非常著名的研究东巴文化的学者。我们非常荣幸能够在丽江市东巴文化研究院采访到李老师,聆听他为我们讲述东巴文化研究的历程与成果。

在访谈过程中,李老师思路清晰、言语缜密,不徐不疾地为我们讲述了东巴文字的特点、东巴经书的记载内容,以及东巴文化的博大内涵。我们在记录、学习的同时,不禁感慨,李老师作为丽江东巴文化研究院的第一批开拓者,他的坚韧意志与作为研究者的踏实深入,是更值得我们后辈学习的精神品质。在闲谈时,李老师勉励我们,国家图书馆一直以来都是保存、研究中国传统文化的重地,当年老馆长任继愈先生曾对东巴文化研究院给予了很多的支持与帮助,到了我们这一代更应在前人的基础上担负起历史的使命,扎实工作,深入挖掘,为国家保存下珍贵的文献史料。

李静生口述

戴晓晔 整理

东巴文字起源

文字是记录语言的符号，东巴文就是用于记录纳西语言的，是纳西族的文字。关于东巴文字，民国时期就有学者开始进行研究。当时从事东巴文字研究的学者都是非常有名的专家，比如方国瑜①、傅懋勣②、李霖灿③等。这些先生都是语言文字界顶尖的学者。

东巴文起源的问题，应该是东巴文字研究涉及的第一个问题。但是非常遗憾，东巴文到底是什么时候产生的，具

① 方国瑜（1903—1983），纳西族，当代著名社会科学家、教育家。曾任云南通志馆编审、续修委员及云南省民委委员、省博物馆筹委会副主任、云南省民族研究所副所长、云南省少数民族社会历史调查组副组长等职。著有《纳西象形文字谱》《云南民族史讲义》等。

② 傅懋勣（1911—1988），山东聊城人。1939年毕业于北京大学中文系，获博士学位。1951年任中国科学院语言研究所研究员。1956年起任少数民族语言研究所研究员、中国社会科学院民族研究所研究员、中国民族语言学会会长、中国古文字研究会会长、中国语言学会副会长、《中国大百科全书》语言文字卷与民族卷编委、中国民族语言文字分科主编。致力于中国少数民族语言研究。

③ 李霖灿（1913—1999），河南省辉县人。1938年在国立杭州艺术专科学校毕业之后，就由昆明北上到丽江去作边疆民族艺术之调查。1941年开始在故宫博物院工作，后移居台湾，曾任台北故宫博物院副院长。著有《中国美术史讲座》《中国画史研究论集》《麽些象形文字、标音文字字典》等。

351

体的年代仍不可考。关于汉民族的汉字起源,有"仓颉造字"之类的传说。纳西族也有类似的故事,大概是祖祖辈辈在民间流传下来的。纳西族有个祖先叫麦宗,相传就是他创立了东巴文。据说纳西族的古代文献中也有这个记载,说麦宗创造了文字。据方国瑜先生的考证,麦宗是宋理宗时代的人,创出这一套现行东巴文字是不可能的。后来又有学者认为,麦宗的故事只是一个传说,东巴文应该是唐初的时候产生的。但是也有人说可能是汉代,甚至更早。哪一种说法都没有确切的证据,所以,东巴文产生于何时,至今还是一个待研究的问题。

东巴文字、东巴经与东巴教

东巴文字:虎

东巴文字的结构,象形程度非常高,人就画一个人,树就画一棵树。动物有些也是全形的。像老虎那个字,会被全部画出来,像图画一样。[1]有些学者认为它是一种原始文字,现在比较通行的说法将东巴文叫作原始象形文字,这样的定义可能是比较准确的。

就汉字来讲,目前可以追溯到甲骨文,但是甲骨文已经是很成熟的文字了,很多文字的体态都是线体化了,象形程度不是太高。而纳西的东巴文,它的造字方法,用汉字六书[2]来分析,除了"转注"那一书以外,"象形""会意""假借""形声"等都有。那么为什么说它原始呢,因

①参见李霖灿编著,和才续字,张琨标音:《纳西族象形标音文字字典》,云南民族出版社,2001年,第一版,第147页。

②六书,是指汉字的六种造字方法:象形、指事、形声、会意、转注、假借,其中象形、指事、形声、会意主要是"造字法",转注、假借是"用字法"。

为东巴文记写东巴经时并没有把语调记全而是省略。甲骨文里面为了避免可能存在的误会，它就被另外一种方法替代了，或者是"假借"，或者是"形声"。东巴文中"形声"字不多，我们知道"形声"字的产生时间并不长，这也说明了东巴文的原始性。

国外的古埃及文字、古巴比伦文字都需要破译，我们汉文的甲骨文，也不是人们拿到就可以读的，许多甲骨文已经不使用了，是需要专家去考证的，所以有一门专门的学问叫作"甲骨学"。而东巴文为什么被称作活化石？因为纳西族地区的东巴在普遍使用着东巴文，所以有人称它为活着的象形文字，东巴文的价值就在于它的活化石价值。现在的东巴看原来的古籍，是没有问题的。

① 于省吾（1896—1984），古文字学家，曾任中国古文字研究会理事、中国语言学会顾问兼学术委员、中国训诂学会顾问、国务院古籍整理出版规划小组顾问等，著有《甲骨文字释林》等。

甲骨文

说到甲骨文与东巴文的关系，有这样一个故事。国内著名的甲骨学家于省吾①，在考证甲骨文的时候，"亚"字考不下去了，前人的考释情况也不清楚。后来他突然发现，在李霖灿的《麽些象形文字

① 云南省丽江市玉龙纳西族自治县鲁甸乡新主村，属于半山区，适合种植烤烟、玉米等作物。

② 董作宾（1895—1963），原名作仁，字彦堂，又作雁堂，号平庐。甲骨学家、古史学家。

字典》中，纳西表示方隅的东巴文字和甲骨文的"亚"字字形竟然相同，那么甲骨文"亚"字字形在东巴文里是怎么解释的呢？是"方隅"的意思，四方四隅嘛，东南西北四个方位、四个角落。于先生很受启发，他就不断地去研究和考证，果然发现这个甲骨文"亚"字的本意也是方隅。这篇文章收录在于省吾先生写的《甲骨文字释林》里面。所以说，东巴文也是解决古文字问题的一把钥匙。

用东巴文记录下来的经书，就是东巴经，它是一个宗教的产物。事实上，语言、文字、宗教是不能分的，东巴文记录了东巴教的传说、仪式、音乐、舞蹈，这个文字是为宗教服务的，记录着宗教的经典和理论。东巴使用东巴文字记下的书，被称为"东巴的书"，后来学者进行研究时称为"东巴经"。

东巴文也好，东巴经也好，都是围绕东巴教的。从传承方式来看，主要是父传子的形式，父亲是东巴，儿子一般也是东巴，这样代代相传。过去是没有东巴学校的，到了民国时期，新主村①有一个大东巴叫和世俊，他试图搞一个东巴学校，以收学徒的形式来招收学生，但是由于当时社会动荡，最终也没有坚持下来。

最早的东巴经

东巴经是什么年代产生的？东巴教的经典是什么时候产生的？这是一个学术研究的问题，答案也是众说纷纭，还在探讨中，目前还没有发现一本纳西族经书或者汉文典籍里面有明确的记载。

之前提到的民国学者李霖灿，是搞纳西东巴经研究的，他编写的《麽些象形文字字典》在东巴文化研究领域很有名。李霖灿是河南人，他有个老乡叫董作宾②，是有名的甲骨学专家。抗日战争时期,李霖灿流亡到昆明,去拜访董作宾。董作宾非常清楚纳西东巴文的价值,对李霖灿说,这个东巴文不得了啊,你要去丽江,要去搞这个名堂,收集、整理是非常重要的。李霖灿在他的鼓舞下,深入考察、整理,才有了后来那部很有名的字典:《麽些象形文字、标音文字字典》。

后来李霖灿在台北故宫博物院任副院长,仍对纳西文化继续进行研究,曾经到美国哈佛大学参观东巴经收藏,还受邀到美国国会图书馆编著东巴经目录,当时美国国会图书馆藏有很多洛克①收集的东巴经。李先生发现有一本东巴经落了年款,是康熙七年。李先生所见众多的东巴经中,有落款年代的并不多,康熙七年这本是他所见的年代最早的东巴经。这本经书翻译一下,请现在的东巴读,是没有什么问题的。

根据老东巴的说法,东巴教的东巴经一共有一千种左右,并不多,但是现在东巴经号称有两三万,到处被收藏,其实是内容重复的经书多了,同样一本书,可能你家有,我家也有。我们后来编著的《东巴古籍译注全集》,收录了将近九百种,当然也不可能是最全的,只是尽力搜集了民间的经书,以及国家图书馆、美国国会图书馆、美国哈佛大学的文献,主要的书

《麽些象形文字、标音文字字典》

① 约瑟夫·洛克(Joseph Charles Francis Rock,1884—1962),美国人类学家、植物学家、纳西文化研究专家。自20世纪20年代起,洛克在中国云南开始了长达二十七年的对东巴教仪式和东巴文文本的研究,发表了几十种相关论著。《纳西语英语百科辞典》是其集大成之作。

都在这儿了。

东巴经书的特点

　　东巴经书和东巴一样，也是代代相传的，是和宗教息息相关的。东巴经有一个特点，它不是印刷版，是手写的，写在东巴们自制的纸上。东巴纸的寿命不会太长，而且东巴经书不是写好了供奉在那里不动，是要经常在仪式上使用的。父亲用一代，儿子用一代，书就翻烂了。怎么办呢？就是依照祖父、父亲的书抄写，到了下一代又传抄一套，书烂了又马上传抄，就这样。

　　抄书时要完全忠实地记录，这本经书可能是民国时期抄写的，但是书的内容绝对不是民国的，它可能是很古老的经书，一代一代传下来的。大多数的东巴经都不记载年代，也有一小部分会记年，比如光绪某某年、乾隆某某年、民国某某年，但是这样有明确年代的书不多。一般抄写好东巴经后，东巴都在后面写一段话，说明为什么要写这本书，我是怎么写的，要交代这样的一些问题。

　　东巴经的另一个特点就是省略的记录，这是它原始性的体现。前面提到的李霖灿、傅懋勣、方国瑜、美国人洛克等，他们都进入了这个研究领域，说了一句相同的话：纳西的东巴经不是可以靠字典来读的书。也就是说，东巴经不可能凭字典或词典读通。为什么呢？因为它是省略的记录，一句话只记一两个词。你不知道省略了什么，但东巴知道，因为他是从小熟记下来的。比如唐诗中的《锄禾》，六岁的汉族小孩如果会背这首诗就知道"锄禾"下面的内容是什么，因为早已经熟记下来了，后面的内容就不需要全部写出来了。东巴文记录的东巴经就是这么一个状态。

　　文字是记录语言的符号，但是东巴经并没有把念诵的语词全部记录下来。为什么会这样？事实上，东巴在宗教活动的时候使用经书，只是为了提示自己已经读到什么地方了，因为篇幅太长了，很容易忘记。东巴主要还是依靠背诵，把东巴经从头到尾背下来，但有时候背到一个地方可能突然忘了，就拿书看一下，提醒自己。所以有些研究东巴经的学者认为，东巴文就是提醒式的文字，提醒怎么把东巴经继续读下去。

东巴经的内容

东巴经是为东巴教的各种仪式服务的，内容绝大部分是神话、传说。东巴教有个传统的分类方法，大概分为五类：第一类是祈福的，祈求人长寿、五谷丰登；第二类是丧葬的，人死后尸体怎么处理，灵魂怎么安顿；第三类是驱鬼、禳鬼的，因为我们这个原始宗教都是神和鬼的世界，人就在中间，人的许多疾病、许多不顺被认为是鬼在作祟，所以禳鬼、驱鬼是东巴教里面非常重要的一个内容；第四类是占卜。这四类是东巴经主要内容的组成部分。还有一类是东巴学习仪式的规程，有些是关于舞谱的，有些是关于古代草药的，还有些古老的传统民歌。我们搞《东巴古籍译注全集》的时候，也主要是根据这种分类方法分为以上五种。

东巴经的内容非常丰富，这里我举两个例子。

祭天是我们纳西族意义最大的一个仪式，凡是纳西族人必须都要祭天的。祭天时要念诵东巴经，其中有一本叫作《创世纪》，讲的是人类的起源，大洪水过后只剩下一个人，也就是纳西族的祖先崇仁利恩。他到天上去娶了天女，繁衍人类……就是这样的故事。这部经书有的人翻译为《创世纪》，傅懋勣先生翻译为《古事纪》，有些人翻译为《洪水的故事》。洪水滔天是许多民族都有的记忆，纳西族专门在祭天仪式中保存有这样一本书。

祈福仪式中，有求神祭署的仪式。署，是纳西语，不是汉语，是音译过来的。署对我们纳西族特别重要,经书里面讲,署和人类是同父异母的两弟兄。分家的时候,自然界的山川河流、树木、飞禽走兽都分给了署,人类分得了五谷、鸡鸭牛羊等。他们之间有个约定,人类不能侵犯署家的利益,署也要保佑人类。然而,兄弟之间也可能产生误会和矛盾,人类有欲望,看到一片森林不错,向阳、有水,就把它砍了,放把火开荒、种地,这就是破坏了自然,得罪了署。署就会报复人类,给人类带来瘟疫、泥石流、洪水,等等。所以,人们经常会请东巴做祭署的仪式,请求署的原谅,来解决问题。

东巴经:《祭署·祭署的六个故事》

　　总之,东巴经是与宗教密不可分的,每一个仪式都是为了纳西民族的生存服务的。其实我刚才讲的问题,正是人与自然的问题、人与人自身的问题,还有人与社会的问题。东巴经里面有各种各样的故事来化解类似的矛盾。所以,丽江所有的地方都是青山绿水,是因为纳西族崇敬自然的信仰,凡是破坏自然的事情都不能搞。

申报世界记忆遗产

　　1981年,我们成立了"云南省社会科学院东巴文化研究室",后来改称"研究所",现在叫"研究院"了。当时我们研究室的主任,也就是后来的所长和万宝①，是毕业于西南联大的纳西族，很有文化，现在已经去世了。在他的领导下，我们请来了当时学识水平比较高的老东巴，慢慢回忆，帮助我们翻译、释读东巴经。当时国内一批顶尖的学者都参与、支持了这项工作，有云南大学方国瑜教授、云南省历史研究所和志武等。到了1983年，中国社会科学院世界宗教研究所所长任继愈②教授亲自来到我们研究室指导工作，给我们资助经费。任先生说过，这些人（编者注：指老东巴们）还在的时候没有去抢救东巴经，不把这些经书全部翻译下来，这一人类的文化就完了。按和万宝的说法，建这个研究室的目的，一是抢救，二是研究，我们的任

① 和万宝是纳西族学者，解放丽江的组织者之一，中国人民解放军滇桂黔边区纵队的创建者之一，被称为纳西人民的领袖。曾任丽江行署副专员兼东巴文化研究所主任，省人大常务委员、省民委民族工作部副部长等职。

② 任继愈（1916—2009），著名哲学家、佛学家、历史学家、国家图书馆馆长、名誉馆长。1964年，负责筹建国家第一个宗教研究机构——中国科学院世界宗教研究所。任所长。1987年至2005年1月，任国家图书馆馆长。

③ 和段琪，男，纳西族，云南丽江人。中央党校研究生学历，曾任云南省丽江地委副书记、行署专员等职务。现任云南省人大常委会副主任、党组副书记。

务就是整理、翻译、抢救、研究东巴经。我们抢救了二十多年，《纳西东巴古籍译著全集》这套书终于搞成了，我们一个研究室一二十号人，坐冷板凳坐了二十年，终于做出了这样一套书。

《纳西东巴古籍译著全集》有一百卷，它的译注，是采取科学对照的古籍译注体例。如果直接拿给你一本东巴经，你是没办法阅读的，有了翻译就不一样了，翻译后的资料是可以供人们使用的。我们使用的"四对照"方法，是指原文、记音、对译和意译。读音就用音标标注，然后研究每一个词怎么用汉字把它翻译出来。因为纳西语和汉语是两种不同的语言，在语法结构上也是不同的，在词汇上可以对译，但是完整一句话你需要意译才能够看懂。

我记得2001年的春节刚过完，第一个工作日，当时丽江的行署专员和段琪③就召集我们开会，研究申报世界记忆遗产。全集已经出版了，二十多年的积累，这个资料太丰富了。分工决定，研究所主要负责申报的工作。当时大家还是觉得心里面没底。我表态说，

东巴古籍文献申报世界记忆遗产,它只存在一个问题,那就是我们愿不愿意申报,不存在申报成功和失败的问题。联合国教科文组织要收录世界上所有有价值的、有意义的文化。而东巴文正是世界上独一无二的、极有价值的文化,现在我们国内顶尖学者们的研究成果就是权威的论证。我们在申报过程中,联系了任继愈先生、季羡林先生,世界宗教研究所的吕大吉、于锦秀教授为我们写了推荐书,他们高度评价东巴文和东巴文献。申报上去后,联合国教科文组织很顺利就通过了,2003 年,东巴古籍文献正式被列入世界记忆遗产名录。

世界记忆遗产《东巴古籍文献》

李德静

云南省丽江市东巴文化研究院院长

李德静，女，1964 年生人，纳西族。曾任丽江地区地方志办公室副编审、副主任等职，现任丽江市东巴文化研究院（云南省社会科学院丽江分院）院长。曾参与『纳西东巴象形文字国际标准化』『东巴大辞典』『哈佛大学馆藏《东巴经》整理翻译』等国家级课题研究。先后发表《对纳西东巴文化的展览实践及思考》《大山深处的东巴文化》等研究文章。

采访手记

访谈时间:2014 年 10 月 27 日
访谈地点:云南省丽江市东巴文化研究院
受 访 人:李德静
采 访 人:戴晓晔

我们在丽江东巴文化研究院的拍摄工作能得以顺利开展,与李德静院长的支持与协助是分不开的。

初见李院长,很难想象,这样一位清丽、柔弱的女子,竟然是整日深入基层、经常下乡搞调研的不辞辛劳、作风严谨的研究员。面对东巴文化传承面临的困难和挑战,她在大量田野调查的基础上,大胆探索、缜密推进了一系列保护传承东巴文化项目,使世界记忆遗产东巴古籍文献真正活在了纳西人民的生活之中。

正如李德静院长所说,东巴文字是纳西族集体智慧的结晶,是取之不尽、用之不竭的宝藏,对东巴文化的研究需要一代代学者的努力和奋斗,我们必须承担起自己的职责与使命,不断钻研、继承弘扬中华民族的精神瑰宝。

李德静口述史

戴晓晔 整理

丽江市东巴文化研究院的建立

早在二十世纪五六十年代的时候,有一些领导,像当时的丽江县委书记徐正康,已经认识到东巴文化的价值,并划拨经费,委派丽江县文化馆的工作人员到边远的山区征集东巴经书,收藏在县文化

东巴古籍

馆里。还聘请知名大东巴和正才、和芳等,组织人员开始专门的译经活动。当时译出了几百本东巴经书,很可惜之后没有继续下去。

改革开放后又有一位领导叫和万宝,他是当时丽江行署的副专员,是一位老革命,又是西南联大的大学生。他说,如果我们不及时地去抢救东巴文化,东巴文化就断代了。如果1949年以前出生的这些老东巴还健在的时候,我们不去抢救它,今后可能就会有很多困难。所以就成立了"云南省社会科学院东巴文化研究室",也就是我们现在的丽江市东巴文化研究院,聘请了十位老东巴,还有十几个1977、1978级的大学生,一毕业就到我们研究院来从事这项工作。用了二十多年的时间,十位老东巴和十几个研究人员共同协作,整理翻译了897种东巴经书,最终编成了《纳西东巴古籍译注全集》(一百卷)。并且在2003年,东巴古籍文献正式列入世界记忆遗产。

《纳西东巴古籍译注全集》

研究院取得这样的成果，实属不易。到 2009 年的时候，我们的工作场所还是全市最差的一个办公区域。因为在 1981 年成立研究室的时候，为了及时地抢救东巴经，经费非常紧张，只能从农村的生产队找些空置的房子买回来，价格很便宜，都是土木结构的，屋架可以迁移。一用就是三十多年，房子已经非常破旧。屋里很黑，不开灯就没有办法工作，情况非常糟糕。到了 2009 年，市里批准我们搞扩建，这才把研究院和研究中心建设起来。

研究院的调研工作

我们研究院的很多老师经常到纳西族居住的云南、四川等地做田野调查。纳西语言分成东部方言区和西部方言区，西部方言区的经书基本整理好了，其中，经书的内容、书写的方法，还有一些文字，都有不同的地方。东部方言区的摩梭人管东巴叫达巴，达巴是不使用文字的，他们全部是口诵经书。研究院从 2012 年开始，就在关注这个领域，到比较偏僻的山区，比如水洛河①、泸沽湖②一带进行田野调查。研究人员会先选定几个比较典型的村落，分小组进入，从自然环境到社会经济状况，再到当地东巴文化的传统与现状，会调研得非常细致。

现在到村子里调研越来越方便了，之前是比较困难的。比如你们过两天要去的署明③，我第一次去那里的时候，条件非常艰苦。我们当时租了一个吉普车，但是在上坡的时候，吉普车就陷到泥里去了，我们跑到村子里请了二三十个年轻人，把车子从泥塘里抬出来。等到我们采访完一户人家，下午回来的时

① 水洛河，又名冲天河、无量河，是金沙江左岸一级支流，发源于沙鲁里山南麓的四川省稻城县北海子山，由北向南流经四川省的稻城县、理塘县、木里县和云南省宁蒗县，在宁蒗县三江口汇入金沙江。

② 泸沽湖，纳西族摩梭语「泸」为山沟，「沽」为里，意即山沟里的湖，湖位于四川省盐源县与云南省宁蒗县交界处，为川滇共辖；湖东为盐源县泸沽湖镇，湖西为宁蒗县永宁乡。

③ 署明自然村，隶属于丽江市玉龙县塔城乡依陇村。

候,他们已经把车子推到了山顶上。然后下坡的时候,车子又陷在泥里,我们只好又走几公里,把村子里的年轻人喊回来抬车子。现在,他们村都有石板路了,你们的车不会陷在泥里了,这方面已经有了改善。

当然有一些更偏僻的村落还是不行,比如我和我们单位的一个小姑娘,两个人前段时间去调研的木里县俄亚乡卡瓦村。那个村落没有桥,没有路,没有电,也没有信号,我们一路坐溜索和爬山才抵达他们家,他家里只有一个太阳能电池板,到了晚上九十点钟,唯一的这盏灯就灭了,他们现在的条件还是很艰苦的,我们调研的过程也会比较艰辛。但是比起我们院的老专家,现在的条件要好得多了,他们以前要走三天的路,我们现在坐车一天就到了。

研究院的研究工作

研究院在 1981 年改革开放之初,就得到了丽江市政府的关心和支持,对东巴古籍做了抢救、翻译和整理等工作。到了 2003 年,《纳西东巴古籍译注全集》这套书做完的时候,我们请来的十位老东巴都相继去世了,可以说他们为东巴文化的延续和传承作出了非常大的贡献。

在这项成果的基础上,研究院开展了一系列的研究工作。1997年,国家民委启动了一项重大的文化工程叫《中国少数民族古籍总目提要》,由研究院承担的"纳西族卷"是全国第一家完成的,并在人民大会堂举行了首发式,召开全国动员会议。

过去,由于条件的限制,我们主要采用文字记录的形式进行抢救和研究工作。现在随着科技的进步和时代的发展,抽象的文字已经不能够全面反映东巴文化的状态,我们希望用影像的方式来记录下活态的东巴文化。所以,我们开始进行"东巴文化影视人类学研究"这样一个项目,不管是什么地方,只要是我们没有拍摄过的东巴仪式,我们都会尽量赶过去,用影像的方式把他们完整、活态地记录下来,可以供大家更好地进行研究。

大家都知道,2003年,由研究院负责申报的"纳西东巴古籍文献"被联合国教科文组织列入"世界记忆遗产名录",是中国第三项列入该名录的记忆遗产。记忆遗产应该怎样展现呢?丽江有三个遗产,文化遗产和自然遗产可以亲身去看、去感受,但很多人说记忆遗产是看不见、摸不着的,所以我们和市里报告,建设一个世界记忆遗产的珍藏楼,我们会将已有的研究成果和影像资料都放在这里,目的就是让更多的人来学习和体验。目前,这个工作也即将完成,很快会进行一个展览。

此外,研究院正在对珍藏在美国哈佛大学的东巴经书进行翻译,目前已经出版了四册,预计会出版十余册,这是很庞大的一项工作。同时,我们和北京信息科技大学共同进行世界记忆遗产纳西东巴古籍文献的数字化古籍共享平台的研究。因为大家有一个共同的愿望,全世界一共有三万多册东巴经书,我们希望能够通过信息化、数字化的手段,共同分享这个记忆遗产,分享东巴古籍的现有研究成果。

可以自豪地说,我们的工作是走在全国少数民族前列的。2010年,我们研究院获得了"全国少数民族古籍工作先进集体"称号,也是云南省唯一一个获此荣誉的单位。

支持东巴文化的传承

通过这一系列的工作,我们总结了一些经验。传统的东巴传承,一般是采用一对一的父子相传或师徒相传的方式,在火塘边学习念诵东巴经,然后老东巴带着儿子或徒弟到仪式现场去实践。但

纳西东巴和秀东

是，我们研究院摸索出这样一个路子，就是请老东巴和专家共同带领年轻的东巴学习，所以我们培养的东巴，他的认识能力、理论水平都比其他地方更强一些，成长为丽江年轻东巴中的佼佼者。

2002 年，老东巴还没有全部去世的时候，研究院就探索性地举办了一个东巴培训班，召集了十几个年轻人在这里学习。目前还有三位东巴一直留在我们研究院工作。他们的工作就是要协助研究人员来释读东巴经书，同时他们也会返回民间，一方面为民众做各种各样的仪式，为大众服务，另一方面在玉龙县新主村的东巴学校担任老师。

为了更好地反哺民间，近些年我们实施了"东巴文化的田野保护研究基地"项目。我们会去村落中调研东巴文化传承的具体困难，因为只从田野索取，等于不断取水却不再注入新鲜的水，长期如此，这个文化会断的。

所以我们在六个村落设立了保护与研究基地，从以下几个方面对他们进行支持。

一是从理论方法方面。东巴文化的传承和经济、旅游的衍生品

丽江市东巴文化研究院田野保护研究基地——年轻东巴在抄写经书

丽江市东巴文化研究院田野保护研究基地——念诵东巴经

是有区别的,东巴自身应该怎么保护和传承,这是我们在方法上的指导。

二是从物资方面支持。比如说我们把《纳西东巴古籍译注全集》送到基地,使它成为东巴们可以学习和使用的工具。因为民间的古籍大多已经散失了,我们把从民间收集来的典籍再送回他们手中。东巴学校的活动经费，我们会尽力支持。东巴们在仪式上需要穿的服装，我们会缝制好了送去。纳西族有一个传统是人到六十岁就需要准备好寿衣，我们曾看到这样的事情，老东巴们没有钱置办举行仪式的服装，就会把自己的寿衣拿出来穿上，我们看了很心疼，所以义务帮他们准备服装。

2012 年开始，我们实施了"纸援东巴"项目，就是用东巴纸的项目来支持滇川地区纳西族的东巴。这个项目一定程度上支持了国家级非物质文化遗产代表项目——东巴纸制作技艺的传承。目前我们扶持的东巴有四五位，他们的造纸技艺越来越高超，也总结了很多优秀的经验。然后，我们每年从他们手中把他们造的东巴纸收购回来，这样他们的生计会得到明显改善。接着，我们将这些纸发放到云南和四川的东巴手中，每人每年至少可以分到三五十张东巴纸，可以抄写十到二十本经书。迄今为止，这个项目已经支持了滇川的东巴二三百人，抄写出三千多册东巴经书。我们的目的是能够尽量做到让每位东巴都有一套可以自己使用的、为大众服务的经书。我们也会为着这个目标继续前行。

女书习俗

女书是流传于我国湖南省永州市江永县上江圩镇一带汉族妇女中的一种汉文异形字,因其专为妇女所用,学术界便将其称为"女书"。用女书文字撰写的作品也叫"女书"。女书文字呈长菱形,笔画纤细均匀,民间叫作"长脚蚊字"或"蚂蚁字"。女书记录的语言是永明土话,属白水音系五岭方言。当地女性结拜姐妹、结婚、过节、祭祀等,都要用到女书文字。女书文字、"三朝书"、女歌、折扇、女红、花山庙等所承载的文化信息共同构成了女书习俗。

　　江永女书是现在世界上唯一留存的性别文字,有"中华文化之瑰宝"的美誉。2002年3月,女书被列入"中国档案文献遗产名录";2006年6月,"女书习俗"入选第一批国家级非物质文化遗产名录。

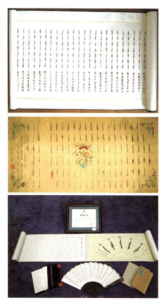

何静华

国家级代表性传承人

蒲丽娟

湖南省永州市代表性传承人

何静华（1934— ），女，湖南省江永县人，2012年第四批国家级非物质文化遗产代表性项目女书习俗代表性传承人。自幼聪明伶俐，喜唱爱学，受母亲和姨妈的影响，耳濡目染女书文化，学会了唱女歌、写女书、绣花、剪纸，成为当地有名的女歌歌手和女红能手。她勤奋学习，不懈努力，逐渐成为运用女书、读写创作、吟诵吟唱、织绣剪裁等方面的技艺能人。现任永州市女书书法协会副主席，武汉大学女书研究中心特聘助理研究员。

何静华潜心研究女书，创作女书作品五十多篇。代表作有《静华写书记扇上》《何氏修书诉可怜》《静华思儿》《十念亲娘》《十教女儿》。编写的《女书习俗》一书将由清华大学出版社出版。她自20世纪80年代以来，为了抢救濒危的女书，义务传授女书。2002年创办静华女书院，集女书教学、文化产品推广和展览为一体。她经常参加各地非物质文化遗产宣传、展览活动，接受国内外媒体采访，成为宣传女书、带动地方旅游的文化名片。

2012年3月应国际音乐大师谭盾邀请，参加拍摄《女书交响乐》。同年4月赴美参加联合国第三届『中文日』宣传女书。2014年7月至8月，参加中央电视台《社区英雄》的拍摄，获得二十万公益奖金，全部用于女书的传承工作。2016年6月不幸中风，经过一年的治疗有了好转，在治疗期间也不忘女书的传承。

蒲丽娟（1965— ），何静华之女，湖南省江永县人。自幼跟随外婆和母亲学习女书，唱女歌、做女红，受到了良好的女书文化氛围熏陶。2007年任武汉大学女书文化研究中心助理研究员，2006年任永州市女书书法研究中心助理研究员。

蒲丽娟致力于女书文化的传承，用女书文字记录各种女书习俗，抄写原生态佚名《三朝书》六十多本，创作了《丽娟劝母》《训女词》《百年奥运》《女书飘香纽约》等十多部作品，能吟唱女歌二百多首，能吟唱女书曲调十六种，以刺绣、剪纸等方式完成了大量带有女书元素的手工艺作品。多次参加国内外非物质文化遗产节的宣传展览活动，参与制作多种电视节目，将义卖的善款用于资助山村失学儿童。2012年4月参加在美国纽约举办的联合国第三届『中文日』，向联合国秘书处赠送《爱莲说》，向美国妇女署赠送十五米长卷《消除对妇女歧视宣言》。

为传承女书，蒲丽娟采用定期授课、集中培训和网络辅导等多种教学形式，传授女书学员一千余人，其中有些学员又成为新的女书传人。

采访手记

采访时间：2014 年 12 月 31 日
采访地点：国家图书馆(国家典籍博物馆)
受 访 人：何静华　蒲丽娟
采 访 人：史建桥

2014 年 12 月 30 日，"我们的文字——非物质文化遗产中的文字传承"开展了，我们请来了几十位非遗传承人现场展示他们的技艺，这成为展览的最大亮点。

中央厅是书法艺术展示区。这里有 11 位民族文字书法项目的传承人一起书写本民族的文字。中间展位是女书习俗项目。传承人何静华、蒲丽娟两位老师是母女，她们身穿极具地方特色的服饰，站在中间就像美丽的花蕊。观众被富有传奇色彩的女书故事和独特的字形所吸引，纷纷向蒲老师索要墨宝，把展位围得水泄不通。

何静华老人已 80 岁，是第四批国家级非物质文化遗产代表性项目女书习俗代表性传承人，她为兴致勃勃的观众讲解女书知识，耐心地回答各式各样的问题，一站就是一天。蒲丽娟老师的毛笔字写得非常漂亮，一个一个像跳芭蕾。她站着写一天下来，胳膊痛，腿也肿，晚上要把腿靠在墙上才能睡着。

31 日晚，我在国家典籍博物馆中轩采访了两位传承人，听母女俩讲述她们的经历，讲述江永的女人与女书的故事。老人家很健谈，女儿不时地帮助母亲翻译、解释。母女俩配合默契，一起模拟生活中女儿出嫁的情景，即兴对唱，出口成章。当唱到母女互相诉说离别之情时，声调深情悲切，让人身临其境，不由得泪流满面。

<h1>何静华、蒲丽娟口述</h1>

史建桥　杨秋濛　整理

人生经历

我叫何静华,1934 年 10 月 25 日出生,今年(2014)八十岁了。我出生在允山溪州尾村。我是汉族,我女儿也是汉族,她嫁到了瑶族。我母亲生下四个哥哥、一个姐姐和我——六姊妹。我母亲命苦,三个哥哥和姐姐都走了,就剩下我的小哥跟我。

我小时候经常住在姨妈家。我姨妈是一个非常苦的人。她十六岁的时候,外公、外婆就去世了,我舅妈对她不好,她十七岁就嫁了人。嫁过去以后,姨父就被抓去当兵,不久就死了。姨妈过着不像人的生活。后来她就嫁到附近的白水村,生了一个女儿,可女儿半岁就死了,以后没有再生孩子,所以我就经常在姨妈家住。我姨妈是一个非常会唱歌的人,我母亲也一样。我是在母亲和姨妈的歌声中成长起来的。

我七八岁的时候,就发现姨妈跟邻居两个老太太经常边说边唱,表达自己的悲伤。她们也写,那个字叫作"长脚蚊字",我非常喜欢。在十一二岁的时候,我就开始学写。后来呢,我经常在我姨妈家参加婚嫁方面的习俗活动,了解了不少女书文化。十五六岁的时候因为回家劳动,中断了学习。

女大十八,就要嫁人。我母亲把我许到江永县潇浦镇消江村姓蒲的人家。跟我丈夫结婚的时候,因为破"四旧",没有女书的习俗。他也是农村穷苦人家的孩子,人很好,读书很厉害。他读初中二年级时,刚刚上了两个礼拜的课,两个哥哥闹分家,家里就没有人做事了,他只好休学。那时候招工很容易,你很厉害,就把你招上来,就有工作了。所以,他十六七岁就参加了工作,在城关镇当秘书。认识我以后,他就托媒人去我家说媒。通过几次会面,互相了解了,我母亲、父亲就同意了。1956年我们订婚,1961年结婚。我生了两个儿子、一个女儿。

"文化大革命"的时候,说这个女书是妖魔。上江圩有叫高银仙、胡慈珠、唐宝珍的,听说搜出她们的女书,全部都给烧掉了。好多人也到我们家搜,搜她爸的东西。在"文化大革命"时,好多人害她爸爸,他差一点儿就去坐牢。那时候他天天被整,游街挨斗。所以我那个《何氏修书诉可怜》里就写了一段。我怕他想不通,就劝他要想得开,家里一切事情你不要管,你管好你自己;该怎样说、怎样讲,你就怎样讲;不管你坐牢,还是不坐牢,家里一切都由我来承担。他家里有两个老人家,家务事都是我一人挑起来。所以,以后她爸说了几句知心的话,说在"文革"岁月里,我帮他挑起这个家,给了他战胜狂风恶浪的自信,所以他才有今天。

那时候,所有人都不理我们。家里面的亲戚,都跟我们划清界线了。我的小儿子刚生下来九天,他爸爸就被绑上绳子游街。所以,他爸爸现在对我非常好,经过"文化大革命"的共患难,他对我非常感激。我写那个《何氏修书诉可怜》,是这样写的:父母把我嫁到他这里来,嫁到这里很好,当时他在单位我在家,我在家里就勤俭持家,把家务搞好,儿女都长大了,他呢就遭难。我说:"夫君遭难如刀割,全靠儿女解我心。眼看儿女多劳碌,望夫脱运建家园。同心协力把家建,建好家园万事兴。"

我不识字,我写的女书他会给我翻成汉文。我唱一句,他就写一句。他会土音、土话,然后再翻译成普通话。比如我唱"自己修书诉可怜",他就写成汉语。有好几本女书是跟汉字对照的。汉字是他写的,女书是我写的。他不认识几个女书字,他只认识"江永女书",我的名字,"何"字认识,"华"字认识,"静"字就不认识了。

蒲丽娟:

我妈妈说,我爸记。所以有时候,拿一本出来一看,是我爸记的,我妈写的。因为我会看女书,所以一看到汉字就知道不对,这里掉了一句话,那里多一句话,因为我爸记的时候忘了。

我丈夫一个女书字都不会,但是他会画画,会汉字书法,他也帮我写汉字。他逼着我自己练。我的书法是传统汉字,女书要写出神韵,体现出墨的运势、运笔,与汉字的运笔有点相似,所以我丈夫就把这些知识灌输给我,我才把它运用出来。我的字为什么写得比较有神,有那种舞动的感觉,就是得益于他的指导。他只是把他的书法理论灌输给我,让我自己去琢磨。

大家对我都很尊重。我会剪纸,结婚的人找我,我都是免费给他们剪。我丈夫排行老四,晚辈要结婚了,买了纸以后,就"四奶奶""四叔娘""四婶婶"地叫我,让我给剪一些喜啊、龙啊、凤啊这些作品。

女书的产生

关于女书的产生,有三种传说。一种传说是,玉秀到了皇宫以后受了欺凌、冷落,她就造了这个字。第二种传说是,盘巧姑娘非常聪慧,以前女的不能进学堂,男的能进学堂。她很聪明,就自己创造了这个字。还有一种传说,是讲盘巧姑娘和九斤姑娘,还有一个王妃胡玉秀,她们创造了女书。这些说起来都没有考究,都不知道女书是产生在什么地方。但是,这个女书的产生,归结起来,就是在旧社会女人没有地位,男尊女卑,有那么一个非常聪明的女孩子,她就创造了自己的文字。所以,女书还是由于妇女的社会地位低下这个社会问题才产生的。

写女书

可能是清华大学赵丽明老师他们发现了这个女书,说上江圩有四个老太太会写一种字,只有她们四个人知道,其他人不知道,尤其是男人不知道。在电视上播放时,我说这个是"长脚蚊字",我以前在姨妈家都学过,而且我母亲的袜筒上和袖子上绣的花纹都有"长脚蚊字"。后来,我的小儿子在广东出车祸去世了,我心里非常悲伤,常常哭泣。那时我就想,姨妈跟她邻居经常把自己内心的悲伤唱出来,我也可以。所以我就开始写《静华思儿》。写好以后呢,我就唱。后来写了《静华写书记扇上》《何氏修书诉可怜》。几年以后,我就写了很多自创的女书。

何静华作品·折扇

何静华作品：一帆风顺 万事如意

坐歌堂

传统的结婚仪式中有坐歌堂①的习俗。接到男方定好的婚嫁日期以后，女方马上就接本村没结婚的姑娘们（有些是姐姐，有些是妹妹，有些是侄女）到自己家里来伴红娘，少则四十天，多则半年。有些人是帮她做鞋子，做一些女红，还有人就是学习女书，唱女书，写女书。

以前在媳妇娘也就是新娘结婚前，女方要送大饼或者粑粑给唱歌女。比如我要出嫁了，你是我的好朋友，你是唱歌女，我要找你，我就拿四个或六个饼子，到你家请你唱歌。

蒲丽娟：

> 我记得小时候有人到我们家请我去做唱歌女，会拿个饼子来我们家，意思就是请你家的女儿到我们家去做唱歌女。那时候一有饼子拿来，我就知道又要进歌堂了。

① 坐歌堂是新娘出嫁前的礼仪活动，整个活动都是唱女歌。要请「座位女」6 人或 8 人，陪伴在新娘左右，每边 3～4 人。普通唱歌女人数不限。女歌的歌词主要是七言，也有少部分是五言，内容分叙事、道情、盘歌。

379

歌堂一般在祠堂,有些人自家的堂屋很宽敞,也可以在家里。祠堂里面的环境布置是有讲究的。上厅就像家堂一样,有一个大"囍"字。座位女坐在上座,一般情况下有六位或者八位,包括媳妇娘和没结婚的亲戚。媳妇娘要坐在正中间,铺红毯,戴凤冠,穿红衣红裙。其他座位女都是新娘没结婚的亲戚,有亲姐妹、堂姐妹或表姐妹,要戴花、穿漂亮裙子、戴披肩,坐在青颜色或蓝颜色的上座座位。下面再坐唱歌女,唱歌女没有人数要求,都是新娘的好朋友,一般穿戴就可以了。

出嫁前三天的第一天叫愁屋①。愁屋,忧愁的愁,为什么呢?因为离婚期更近了,只剩两三天了,姑娘们都依依难舍的,非常悲伤。婚前的第二天是小歌堂,要开声、泼竹叶水,大概傍晚六点多钟的时候就起鼓开始唱,晚上会闹歌堂。结婚当天是大歌堂,从吃中午饭的时候开始。媳妇娘还要每家每户去哭嫁,边唱边哭,很多人嗓子都会哭哑的。

愁屋歌有两三种。这个仪式上唱几首歌并没有一定之规,有时候一首歌要唱到十更,从深夜唱到天亮,唱个通宵。有的唱三天,歌曲也可以不重复。

闹歌堂有一个吉利、欢快的开头歌,大歌堂也要唱一首开头歌。歌词都是即兴的,随心而唱。开始唱的时候,歌词基本是一样的。后面大家唱的就不一样了,各有各的心思,各有各的想法。唱的词多是七言,譬如"两边坐的座位女,媳妇娘坐在中间""两边两鬓插紫花,是女不羞戴凤冠"。

蒲丽娟:

我想把坐歌堂这个民俗全部恢复。小歌堂开始的那首歌是《月月红》。歌曲的谱子是一个传统曲子,就是从头唱到尾

① 唱的歌曲以新娘抒发忧伤为主,故名愁屋。有的也叫"嘈屋"。这一天大家唱歌不拘一格,有唱有讲,还要安排"小歌堂""大歌堂"要唱的内容。

都是一个曲调，那么你可以借用这个曲调，套其他的歌词。它是随心而唱，就像刘三姐一样唱到哪里算哪里，唱上句不用想到下句内容。这样的曲子有好多种，比如大歌堂那个曲子，一套就是一更，曲调是不同的。

大歌堂时要把杯感谢祖宗、拜别祖宗，媳妇娘要哭嫁。如果有的女孩子父亲已经去世了，就由哥哥和弟弟来跟她叩谢。把杯的时候，她边唱边做："左手拿的红灯烛，右手拿的红烛灯。中间点火当堂照，照着驰爷来把杯。今日把杯高兴在，明日把杯在远乡。"把杯就是要洒酒的，拜了就把酒一洒。女儿接着会唱：我是一个女儿啊，没有用啊，如果我是一个儿子，我永远地留在父母亲身边啊。父母在这个仪式上也会配合，要劝孩子，要宽慰女儿：不是说你在家不好，女儿在家人家会说闲话，你出嫁了才能贵气。

女孩子的唱词是随心而出的。"我说今天是日子好，我的红花今开龙凤口。龙对龙来凤对凤，金鸡对起凤凰啼。凤凰啼时你命好，金鸡啼时女命乖。"她就说你舍不舍得我，你把我嫁出去，我今天不应该向天哭嫁。女儿的这种责怨是表达舍不得离开家，因为以前嫁出去，就可能受公婆和自己丈夫的虐待。所以她唱："红书进来娘收下，花轿到来我抵挡。"这些话都很有意义的。女儿在上轿前踩金砖上高轿、在轿里边、在门楼前都要唱歌。新娘会把全村去看的妇女唱得跟着一起哭，一起流泪。歌堂文化可以体现每个女孩子的才气，哭嫁正是显示每个女孩子的聪明智慧、显示才华的时候。

上轿以后抬起来，媳妇娘要辞别亲人，到了半路就要换哭嫁的手巾，手巾不能带到男方家去。有哥哥还是弟弟的话，媳妇娘就用哭嫁的手巾包一个红包。哥哥或弟弟把一条新的红手绢交给媳妇娘以后，新娘把手巾甩出来，她的哥哥或者弟弟捡起来就回家去了。这时候她就哭道："哥啊，哭嫁手巾不搭腰，妹在远乡心不焦。哭嫁手巾不搭床，得妹过去心不茫。"意思是我到男方这边不安心。

这些歌词像我们的文言文一样，语言文雅、精练。歌词可以用女书记下来传递，当然女歌主要是口口相传。

蒲丽娟：

小时候进歌堂的时候我是很开心的。按照我妈说的，人家拿饼来请的时候我最开心了，因为有饼吃，还可以做唱歌女。唱歌女是很受尊敬的，不能惹唱歌女。不管我们唱歌女需要什么，新娘和家人都会尽量满足。所以说，我感觉那个时候我很有面子，做女人真有趣。

那时候坐歌堂，都是围坐在祠堂的炉火旁。火炉是四四方方的，烧的是柴火，大家围着边边坐。边上点着煤油灯，火炉衬得每个人都红彤彤的，大家就这样唱。唱了一些时候，我们会有东西吃。我们唱歌的时候，有时会比赛，看谁唱得好。大姐姐们唱的时候，我们小一点的会记住哪个姐姐唱得好，哪个歌好听，我们就会记住她的歌曲。坐歌堂最重要的，就是看那个女孩子聪不聪明，有没有记性记下很多歌。所以，在歌堂里面会出现很多歌手、歌王。我妈记性很好，她过目不忘，一听就会，她记了很多歌曲。

当伴娘①的时候，五天和十天就吃一次宵夜。歌堂后三天分小歌堂和大歌堂。到了大歌堂的半夜，自己的叔叔啊、婶婶啊，也就是自家亲一点的人要去别过新娘。怎么别呢？就是做一些粑粑、花生，去给这个闹歌堂的人吃宵夜，叫作别歌堂。别歌堂就是拜别的意思。歌堂里面，别歌堂的东西很有讲究，它是有寓意的。一个粑粑裹上糖，就表示甜甜蜜蜜了，黏在一起了。

我是二十二岁那年结婚的。我自己出嫁的时候也要经过坐歌堂这些程序，只是没有那么繁杂，精简了一些。我坐歌堂的时候，也请我的姐妹到我家来当伴娘，在我家里面住了一个星期。最后三天的大歌堂取消了，只有一天。

① 伴娘由未婚的好姐妹担任。

哭嫁

三朝书①

女书里边有"三朝书"。

出嫁三天,父母亲抬盒去贺三朝。里边有烟、糖果、四十个大粑粑,还有三十六个开口粑粑。那时候,新娘子嫁过去,要等贺三朝收了开口粑粑,蒸热以后再开口吃饭,之前是不吃饭的。现在结婚就不同了,是可以吃饭的。

去恭贺三朝的只有姑姑、舅舅、姨娘、表姐妹那些接了"尾巴"的。接尾巴是亲戚间的一种礼仪。譬如,我是母亲,要嫁女儿。女儿有舅舅、姑姑,我就准备一些礼金或菜送给这些亲戚。现在一般送十二斤菜、十二斤猪肉,这叫作"尾巴菜"。婚礼上亲戚们要回更多的礼,而且正月要请姑爷上门。新娘子自己的姐姐、妹妹或者是嫂嫂、姨表的姐妹,因为她

① "三朝"指婚后、产后第三日。"三朝书"是女书中装帧最讲究的女书作品,是新婚后第三天接了"尾巴"的亲戚接新娘回门时送给她的礼物,赠送"三朝书"给新娘,俗称"贺三朝"。"三朝书"有固定的装帧和内容格式。内容格式上前三页用女书写祝贺之词,多以恭贺羡慕新娘美满婚姻为主。一般是线装,手写本,封面是家纺棉布。后面十五页为空白页,留给新娘书写。"三朝书"内会夹上刺绣用的针、线、刺绣样图,有的也在纸页上画上充满吉祥寓意的"八角花""角花"等装饰图案。"三朝书"在女书习俗中最具有代表意义。

383

接了"尾巴"，才可以用女书写三朝书。大家把一些烟、响头①放在母亲家的抬盒里，放上三朝书，去新娘子的婆家去恭贺三朝。普通的好姐妹就在篮子里面放上烟、糖果，写好三朝书，留在家里等到新娘子回门。

三朝书里边会写什么样的内容呢？开头语一般就是恭贺她嫁进了一个高贵的人家，从今以后，你怎样的高贵，你生了儿女以后，怎么样的生活，再表达自己内心的悲伤。到最后的时候，往往都是"不该三朝来诉读，高亲良门放谅行"这句话，是代表她在请罪，就是我不应该把我的苦闷悲伤写在这里。在男方这里，人家接纳三朝书要宣读，很多人要听的。

何静华作品：女书作品和三朝书

结老同

我们还有"结老同"的习俗。没有出嫁的时候，结老同比较多，出嫁以后比较少一些。大家坐在一起，说说话啊，讲一讲，就可以结交姐妹了。年老了结老同也有,但是很少,因为每个人在自己的家里都有非常重的家务事,都没有什么时间聚在一起说话。一般是做女儿的时候,大家乘凉啊,看庙会啊,斗牛啊,坐在一起,互相沟通,结交比较多。

"老同"有点像干姐妹,一般同年同月生的结老同,相差一年、两年、三年的,也可以结老同。结交讲好以后呢,都要办酒席的,比如我们三个人跟赵丽明老师四个人一起结交姐妹,今天到我家里办酒,明天到你家,再过两天到赵老师那里,再过几天到她这里。就是父母要见证她们结为姐妹,这是很庄重的一个事情。

斗牛

斗牛和庙会,也是女人之间交往的方式。

这个斗牛,不是斗真的牛,是"打平伙",就是大家聚在一起吃一餐饭。斗牛的意思就是吃一餐、聚餐。平常没事的时候,我们说要吃一餐饭,就说我们斗牛。

斗牛都是女孩子参加,没有男的。四月八日是牛魔王生日,妇女们、女孩子们就这一天一起斗牛。斗牛的时候,如果每家每户的亲戚里边有女儿,比如我家里两个亲戚有女儿,我就把她们接过来,跟我这个村子里面的大姑娘们一起斗牛。要斗的话,要凑米、凑油、买菜,样样都凑在一起,聚在一起做那个粑粑,还要炸一下黄豆,做油炸粑粑。

蒲丽娟:

斗牛节我见过。因为我在外婆家长大,我大表姐、小表姐她们都会去参加这个斗牛节。那时候我去她们那里,也带上我。但是,每个人都要凑一个份子。那个时候,不是要舂粑粑吗?她们用脚踩,我也跟着她们去踩,不会踩的时候,整个人都会弹上去。你不会用力,就把你的脚舂下去了。所以很好玩,姐妹们舂的舂、筛的筛,那种感觉真的很好。

参加斗牛节的没结婚、结过婚的都有。但是,肯定是未婚的女孩子开心一点,可以跟姐妹们在一起嘛!婚后家务比较繁忙,有很多事情,就不能参加了。所以,婚嫁以后比较辛苦一点。婚嫁以后呢,做的事情多了,心里很多不开心、内心痛苦的事压抑在心里面,所以就会用女书发泄。

斗牛节的时候,大家也一块互相学习女书。她们三五成群的一起交流。经常是我不知道这个女书,你知道,我就求你,求你教我啊。现在女孩子都出去打工了,不在家里面,很少有女孩子在一起过这个节,没有女孩子聚会这种仪式了。但是,到这个节日的时候,每个家里面的母亲、老人,她们会做一些糍粑,纪念一下,这个习俗还保留着。

庙会中男男女女都有。比如你是我的姨妈,你那个村子有庙会,你把所有的亲戚都接去过庙会。母亲也去,父亲也去,女儿也去,这家也有,那家也有。一起去看庙会的时候,聚在一起说说话,很投机了,就可以结交姐妹。这个时候,女人们会唱女书、女歌。

庙会里面有祭庙歌。祭庙歌是男的唱的。要是女庙的话,就唱女人的歌。我们那里有个花山庙,妇女们都在那里唱。妇女们把心里的悲苦和想法写出来,然后就唱,唱完了再烧掉,所以在那里出现了一些女书。跟庙里烧香一样,烧女书也得有一个地方,大家都在那里烧。一般是五月初十赶花山姑婆庙会,但是,平时初一、十五都有人去。

女儿眼中的母亲

蒲丽娟：

我妈看起来很外向、很坚强，内心实际上很脆弱。打个比方，小时候我们姊妹三个嘛，因为吃的没有，穿的也没有，但是外面我妈会给你整得很干净，很整洁，穿的好像很好一样。人家表面一看你这个家境很好的，好像不错，其实一翻里面全是烂的。我小时候，家里面只有我一个女儿，比我那两个哥哥稍微好一点。因为我是女儿，一定要漂漂亮亮的，干干净净的，秀秀气气的。我爸爸也会这样，很爱这个女儿。所以，从小我受到爸爸、妈妈的呵护和培养，就是教你怎么做一个规范女儿。不论是走路也好，吃饭也好，接人待物，这些他都会教你的。他们就会跟你说，人过留名，雁过留声，女儿有名了，母亲也跟着有名声了，希望女儿做得好。

女书的流传与传承

过去女书写完了都烧毁了。每个女书老人，会把她写的女书或者她生前用的东西，都放在棺材里面，她希望到阴间继续写这种文字。目前没有发现出土的女书文物。因为纸张不好保存，容易腐烂。

女书传承方面，我们现在在世的、我们传承的，最重要的方式就是母传女。女儿永远是母亲的心肝宝贝，了解妈妈的心，妈妈有什么苦都会跟女儿说，女儿有什么苦也都会向妈妈说，所以女书一般都是母传女。还有一个就是老传少，老一辈奶奶传下来。那时候我们的传承就是这样代代相传。

那么,到了现在呢,很多人对女书的认识不是很深刻,大家也不用这种文字了,家里面有的就不传了。那么,有的想学女书怎么办呢?她们对这文化,不管是内涵也好,历史也好,她们愿意把这个文化学好,把这个文化保存下来,但是她们不会发音,不会用。怎么办呢?打个比方,外国人、北京人千里迢迢到我们这里学,还是不方便吧,没有那个条件。那么,我们希望能够有个统一的教材,大家不管现在用电脑也好,用手机也好,就能够敲起来比较容易。我们传承人呢,就起一个传承作用。现在,清华大学的赵丽明老师他们做了一个《传奇女书》,里面就有很多字,很规范,他们希望能创造一个手机能用的版本。这样,全世界的人都能够认识女书,女书的推广就更加宽广,大家学起来也容易了。

女书从古到今是女传女,老传少,这样代代相传的。由于女书传女不传男,我就担心女书会走到濒临灭绝的地步。

蒲丽娟:

我们当地女书只有一个国家级传承人,就是我妈妈,我是省级,县级的还有四个,总共我们六人。

三代女书传人何静华、蒲丽娟、林莹、蒲琳

三代女书传人何静华、蒲丽娟、林莹

蒲丽娟在上江圩小学教女书

蒲丽娟给外国朋友讲解女书

蒲丽娟在法国、日内瓦宣传女书

2014 年 12 月 30 日,参加由文化部非物质文化遗产司和国家图书馆共同主办,中国民族图书馆协办的"我们的文字——非物质文化遗产中的文字传承"展览

女书的内容

过去传统女书里面的内容,除了我们讲到的诉说自己的悲苦,还有劝解的、互相沟通的。一般都是沟通的多,劝解的多。你有什么苦,有什么难,都可以写出来,因为我们是结交姐妹。我遭了难,我很难过,我非常悲伤,我把我的悲伤统统写出来,那么你接到以后,你把劝解的词语写过来。有写五言的,但是很少,还是七言的多,都要押韵。

女书大部分注重的是女人之间的交流。也有一些故事,妇女们都喜欢唱一些故事给人家听,像唱梁山伯与祝英台的故事。歌词有:"不唱前王并好汉,单唱娇娘祝英台。"譬如《罗氏女采桑》,讲的是罗氏女的丈夫去当官了,九年没有回来,也没写一封信。罗氏女在家里受苦受难,养蚕为生。罗氏女去采桑的时候,她的丈夫当官回来了,在桑园会面后,他不认识老婆了,反而调戏她。她们唱实际就是在聊天。聊天呢,也是用唱的形式。

过去,我们在扇面上经常会写一些女歌。有悲伤的内容,主要还是互相赠送,都是写一些比较好的祝福的话。比如你要写那个扇子,两面都写,就是:"新起围墙种花树,海棠开开热水红。牡丹取齐纸张上,先奉知人你处开。"

蒲丽娟学习女书

蒲丽娟:

我是 1965 年 8 月 14 日出生的。

我五岁就上学了。我八九岁的时候,妈妈在队上的缝纫社做衣服。放学以后没事,我就帮她做一些手工,像锁扣眼啊,缝扣子啊。她做活时,就唱歌给其他的同事听。她还会讲一些故事,像《罗氏女采桑》《梁山伯与祝英台》,还有《孤女怨》啊,反正很多。为了让同事听懂,妈妈就会唱一句,解释一句。

她唱的时候,大家很开心,很多人的衣服做好了,甚至做两件了,我妈一件还没做成。我说,妈不要唱了,人家都做两件了,你还是一件。那时候,我们家的工分是最少的。为什么?她把时间给别人了,挣的工分就少。工分少,我们分的粮食就少了。所以,一想到我们家没有粮食吃,我就希望我妈少唱一点。不过,妈妈唱这些歌的时候,我耳濡目染,就把她所唱的歌曲都记住了,我没事的时候也哼哼。

1983年,我高中毕业。母亲不让我到外地去打工,她对这个管得很严,女孩是不能到处乱转的。所以,我只在家里面做一些事。后来,我在照相馆做摄影工作。我哥哥的一个同事是文化馆的交通员,他从乡下带回了一本厚厚的书,说这是女人的文字,上江圩镇有这种女人文字。我感觉很奇怪。他说就是你们土话,你原来不是唱歌吗?你哼的就是这个。我很好奇,回家就问我妈妈。我妈说那是女人自己唱的文字——女字、女书,也叫"长脚蚊字",你那花带上不是有吗?但是,我妈不跟我细说,我感觉有什么隐情,我也没有追问下去。大概从九十年代开始,很多记者,很多专家学者,还有外国人,都千里迢迢来到这里,陆陆续续到我们家去采访,采访那女字。后来才知道妈妈不跟我说,是因为"文化大革命"的时候,我爸爸受了一些难,所以一提起女书她就会想起过去。

我妈接受采访的时候,有时候也叫我去帮忙。记者偶尔也会问我一些问题,我也能稍微回答,但是不很深刻。因为我没有把心思放在这里,我认为这种文字也不通用了,我们学的、用的都是汉字,交流也不用这种文字,没有引起我的重视。

　　我 2000 年才开始学写女书。那年单位破产，我闲着没事了，就在家里面开始向妈妈学习女书，把我会的那些歌曲全部一点一点写下来，从那时起，我就全心全意地学写女书了。原来只是会唱啊，会说啊，就是没有着重写。

　　女书里面最重要的，就是语言、发音、歌曲。女书是要唱的嘛，发音和唱腔很难掌握，所以要记住它的唱法。唱法掌握了，写肯定就变容易了。现在我们有文化基础，写是比较容易的。我从小听妈妈唱，就记住了。我跟外婆也学了很多。外婆是一个出口成歌、出口成章的老人，经常边纺棉花边唱歌。我那时候还小，不知道什么意思，没有认真去听，只是感到好玩，但是她那种旋律已经记在我心里面了。

两代女书传人正在交流

女书字典

蒲丽娟：

　　女书有多少字，我没有统计，估计有几百个字。女书不能随便造字,没有的字就根据音借字。

现在出现了很多字典。有周硕沂的《女书字典》[1],有宫哲兵、唐功暐的《女书通》,有赵丽明老师的《女书用字》,还有谢志明的《女书发声电子字典》。很多人都问,你们的字典那么多,究竟哪一种好呢?目前我们不知道用哪个好。大家都是这里有点相似,那里也有点相似,这里没有就那里有,那里有就这里没有。由于现在没有出版规范字典,我们觉得首先还是用本土专家周硕沂老人的。

[1] 周硕沂(1926—2006),江永县文化馆馆员,是最早发现和研究女书的本地学者,能认能读、能写能译,参与了《妇女文字和瑶族千家峒》《中国女书集成》等许多著作中的女书字汇和女书作品释译工作,被国内外专家学者和媒体尊称为「女书研究第一人」「男学女书第一人」。周硕沂对「女书」不断挖掘、整理,确定了816个单词,编写了中国第一部《女书字典》,该书由岳麓书社于2002年出版。

女书只有四种笔画:点、竖、斜、弧,它没有横折弯勾。有的字,在书法里面随便写呢我们不管。但是作为传承,我们就要写传统的字形。我现在希望能够出一个规范的字典,大家都可以用。

很多汉字发音的时候,我们女书里没有对应的字;但是女书发音的时候,汉字也没有对应的字。没有的怎么办?我们只能借一个相近音来用。但是,女书的单个字是无法理解意义的,你一定要从一句话里面才能理解出来。所以不管借什么相近的音,放进去以后,从一句话里念出来我就会知道它是什么意思。能理解它是什么意思就行了。

自学书法

蒲丽娟:

我也练汉字书法,但是有一点老是练不好,为什么?我们女书第一笔都是斜、弧，汉字是点、横。第一笔我老出现错误。我有一段时间专门写汉字，再写女书的时候，就又错了，所以说，有点干扰。为什么现在很多书法家写女书的时候，写的没那么流畅，整个结构会偏，写不出那种味道，就是因为两种字的运笔是不一样的。

以前，女孩子不能上学，她们没有笔。我看到的女书里面，她们不是用毛笔写的。不管是用木棍也好，水性笔也好，她们用的应该是硬笔。传承人的作用就是保存原生态的女书，保存那个传统。我们现在可以把女书发展为书法艺术，把女书的美用毛笔体现出来。但是，笔画也好，结构也好，书法艺术与传统写法必须要相似。所以，我开始研究女书的书法艺术，创造出一个原生态的女书的写法。

《女书传奇》这本书里有我的书法作品，其中比较清秀的那种就是原生态的写法。笔画稍微加粗的，大个子的，它不管小还是稍微大一点，都是原生态。它的整个结构是细长的斜菱形，第一笔都是斜、都是弧，不像汉字那样宽。

我的书法是自己琢磨出来的一种风格，这字体也是自己独创的。妈妈教还是一笔笔的教，但风格是后来自己慢慢地琢磨出来的。

写多了以后呢，我现在把一篇女书作品看作一个整体，那些字就好像很多女孩子在跳舞，它的神、它的韵、它的那个味就全部出来了。只有这样，才能体现出女书的精华。女书的斜菱形与汉字的方块形不同，汉字笔画很多，女书笔画很少。所以女书只有一种字形，传统写法是一笔一画来写，没有随意流畅的发挥，不能写草书、行书、隶书、楷书。女书要保存这个原生态的特点。

你看我们现在写的，就跟王澄溪老师她们写的不同，因为她是书法家，可以创造很多形式。我是传承人，我认为必须传承我们传统的女书写法，所以我用毛笔写出女书传统的写法——柳叶式。柳叶式比较清秀，婀娜多姿，像女孩子的身材。我创造了一个原生态的女书写法。这个字体的主要特点是斜菱的形状，写出的文字就像现在女孩子跳芭蕾舞一样。

蒲丽娟传统写法女书作品：毛泽东词《沁园春•雪》　　　　　　　　　蒲丽娟在写女书

2012年4月蒲丽娟向联合国妇女署捐赠十五米长卷《消除对妇女歧视宣言》

女书的读音

蒲丽娟：

　　女书里面有很多音。我们有城关音、上江圩音、葛藤音，还有白水音、夏湾音、铜山岭音。不同镇的方言还是有一点差别的，究竟是哪个音，现在很多语言学家、文字专家也在考虑这个事。

以前有私塾，老师教她们发音，她们就继承了私塾音，唱歌也好，读书也好，都是用这个私塾音，这就是我们的城关音。城关音是一种书面语，是很文雅的一种音。所以，来考察女书的学者最先接触的女书老人，唱出的还是比较文雅很有内涵气质的那种音，也就是我们城关的语音。

女书的字形，常用的还是有规范的，但是语音没有规范。音不同，用的字不同。我们会女书的，会这种语音的，知道这是什么意思，那么你不会女书的就不知道了。所以说，你不会发这个音，用字就永远会用错。

静华女书院

女书并不属于某一个民族，它是一种区域性的文字。我在姨家的时候，她用硬笔跟毛笔书写。以前有用木棒、竹棍写的。我们接触女书的时候就已经有毛笔，有水性笔、铅笔了。

以前对女书不重视，也没有去问一下姨妈。她们去世二十多年以后，政府对这个妇女文字才非常重视。那个时候母传女，老传少，没有专职的教女书的老师。因为不办学校，就是口口相传的。你知道，我就到你那里学；她知道，你就到她那里学，也没有学费。讲究一点，她要给一些学费，有些就推让不要。

阳焕宜老人曾给我说，她去义学学女书的时候，就纺纱卖，卖了纱交一点学费。其实，最重要的还是家里面传承的比较多、比较好。

2002 年，我自己主办了一个静华女书院。因为我知道会女书的人已经很少了，从前的女书老人都相继去世，我就怕这个女书再不传承下去呢，就濒临失传了。所以我就在 2002 年办了静华女书院，无偿地教学，谁来谁学，我都不要钱。而且我就是星期六、星期天来上一次课,好多人都爱上了女书。跟我学女书的也有男孩子。

我的静华女书院就办在我自己家里。今年(2014年)8月上《社区英雄》节目时,他们问我,你将来拿到这笔二十万公益基金怎么办? 我说,我要扩大我的教学设施,因为我那个房间太小了,容不下好多人,只能坐五六个人。现在呢,政府重视,跟我一起设想在什么地方建女书院。实际上二十万要想起一间教室都不可能,买地皮都买不了,还要教学、置板凳、桌子啊,是不够用的。

我已经老了,但是我还是要人老心童,我还要把我的女书永远传下去。我走了,闭了眼睛以后,我女儿接过来也一样传播。我的孙女也在跟我学。我希望把女书传播得更好,实现我们的“女书梦”。

2012年的时候,我跟我女儿到联合国总部去展示了女书,去讲解了女书,展示了女书,女书已经走向世界了。

蒲丽娟:

妈妈为女书院做了很多,很辛苦。为了传承女书,她任劳任怨,不收费,随到随学。她对任何人都没有拒之门外,反正只要学她都会毫无保留地传给人家。妈妈教了好多人,大学生、中学生、高中生、小学生、普通百姓,都有。学生一般都喜欢放假来跟我妈妈学。很多人就跟我在网上学了,用微信学,这个肯定就比我妈快。放假的时候,他们就可以到女书院来学。我妈把女书传给了我,她年纪大了,以后这个静华女书院也是要传给我,我也要传下去的,我也希望能够办好。

我有个女儿,她现在跟我一起学习女书,在部队里面也宣传女书。我们有各自的岗位,妈妈在家里办静华女书院,我就在博物馆宣传女书,我女儿在部队宣传女书。我女儿原来在吉林省长春市当兵,在那里部队专门给她拍了一个纪录片,就是《女书现军营》,在中央七频道播出的。女书是湖湘文化,我们湖南省军区就把她调回来,让她专门搞文化这一块,宣传女书文化。她也在网上宣传。她在宣传方面做得很好。

我们家三代,都是母传女。

静华女书院

社区英雄

今年(2014)7月24号,中央电视台《社会与法》栏目去我们那里拍了一个《社区英雄》,在静华女书院拍了一个千人舞蹈,要求我几天工夫组织一千人跳舞。那时候我是天天的找你啊,找他啊,找他们支持我,把我的静华女书院办好。有些人支持,有些人不支持,但是最终几天工夫就拍好了。

我摆的第一个造型是五个环,意思是就是带着女书走向世界。第二个图案是梅花,梅花的花瓣。梅花具有耐寒性,以前女孩子就是要学习耐寒的精神,吃苦耐劳。

蒲丽娟:

这千人舞蹈是以女书的字形为造型。首先五环,再变梅花花瓣,最后变扇形。有队形,有动作,很好看。

拍的时候正是大暑期间。我们早晨八点出来,下午四点休息一下。一天都待在广场上,中午十二点、一点钟也在拍。你不知道有多热,从镜头可以看到,热浪蒸腾着,那么高。我妈差不多八十岁了,一遍又一遍地做动作。有一个叫佳豪的摄像,他趴在地上拍,我问他热不热,他说都烤熟了,穿的鞋子都是热的。最后访问时,他说广场上那么热,有时候看何妈妈已经累得实在做不动了。片子剪辑的时候,摄像、导演没有一个不掉眼泪的。

为拍好千人舞蹈,我也花了很多功夫去跟妈妈设计动作,看五环怎么站,那些女书字怎么摆造型。我希望多做一点,让妈妈能够少做一点,只要她身体没事儿就好。

8月22号到北京参加演播厅的比赛。跟我PK的是四川的黄月华,她是跳广场舞的。她跳她广场舞的动作,我摆我自己这个女书的造型。

最后的造型是一把扇子,中间有两个字——女书。竹扇既是能够互相赠送的礼品,在扇子上写字也是女书中的一种传统,所以我摆扇形中女书那两个字。最后的造型一跳出来的时候,观众就"呀"地一声赞叹起来。

女书出版

蒲丽娟:

女书传承中有很多困难,譬如资金、教材等。而且,关于女书的历史来源、女书的写法,总之女书的历史文化方面的书籍都很少。我在博物馆工作,有的人想了解女书究竟是怎么一回事,女书是怎么来的,女书是什么,当然他也想自己拿一本书看看。不能是我来了听你讲了,听你说了就得了,而是希望能够有一本书看看,以后拿出来翻翻也可以,但关于这些书籍是很少的。

所以我也希望,专家老师们能够多出些这样的书。现在生活变好了,需求的学者很多,注重文化的人也很多,也很注重提升自身的文化修养。女书是我们中国的传统文化,大家很希望认识、阅读这个传统文化。

江永女书生态博物馆①

蒲丽娟:

我在江永女书生态博物馆工作。女书博物馆是 2002 年建立起来的, 我 2004 年就在馆里面工作,一直到现在。博物馆接待国内外的朋友来了解女书,这里成了一个对外的文化窗口,带动了当地的旅游。

① 2016 年改名为『中国女书邨』。

中国女书邨（原江永女书生态博物馆）

　　我们那里有影像、图片，还有实物，包括我们原始的女书、女书的文稿、女书的文字、女书的书籍，也有我们过去在习俗上用的一些手工、绣的一些东西、服饰，这些实物对女书文化都有很好的保存。

女书文化产业推广

蒲丽娟：

　　我们的女书开发走向了产业化，我们也希望能够继往开来。没有产业，女书的生命力、生存力肯定没有那么强。

　　在文化产业、文化推广方面，我们现在主要是做一些女性用的东西，生活上的床单啊，衣服啊，还有我们的陶瓷。现在很多人都不了解女书，不知道这是一种什么文字。所以我希望能够做成文化产业，你看到的是女书、接触的是女书、用的是女书，什么都离不开这个女书，那么我就把这个女书牢牢地扎根

2013 年 10 月江永六位女书传人在谭盾"女书交响乐"首演中谢幕

何静华、蒲丽娟母女与谭盾

在你的脑袋里面,这是我的意愿了。

现在大学里面不是有选修课吗,我们也希望女书将来能成为一门选修课。清华大学赵丽明教授在大学里面就教大学生上一些女书课。女书如果能进大学,学生接触到以后,女书的一些写法啊、读音啊,就能够传得广了。女书的传承靠一个人肯定是不行的,还是要靠大家。

仓颉传说

仓颉造字的传说故事在《吕氏春秋·君守》《韩非子·五蠹》等史料中均有记载。仓颉，复姓侯刚，号史皇氏，传说他生于陕西省白水县北塬乡杨武村，为轩辕黄帝史官。为创造简便易记的记事符号，他辞官远游，向老百姓请教，回归故里之后，居于深沟土窑之中，苦心研究新的记事符号。传说他仰观天象，俯察地脉，仔细观察鸟兽虫鱼的痕迹，创造出中华民族最古老的文字记事系统，至今仍有二十八个字传世。他还云游四方，足迹遍布全国，教授老百姓使用文字。

2014 年，仓颉传说入选第四批国家级非物质文化遗产代表性项目名录。

采访手记

　　民间文学作为非物质文化遗产中的一个类别,以口头讲述为传承的基本方式。在一定区域内,民间文学项目的展演过程非常生活化,讲故事和听故事是老百姓平时不可缺少的一种生活方式。在陕西省渭南市白水县、商洛市洛南县和西安市长安区等地,至今仍流传有仓颉造字的传说故事。2014年4月,中国记忆项目中心工作人员历时半个多月,在这些地方寻找与我们的文字始祖——仓颉有关的故事。

　　其间,我们采访了8位受访人,有代表性传承人,有专家学者,也有当地村民。将这些口述内容整理成文字出版非常必要,通过他们的讲述,我们可以看到,这些老百姓是多么热爱自己的文化。

　　敬惜字纸是一种文化现象,就是对写有文字的"字纸"尊敬爱惜。以前,人们看到被丢弃的字纸,要捡起来,如果字纸被污损了,要用清水洗净,定期放在惜字塔中焚化,并保存字纸灰,以示对文字的珍重。在走访中,我们发现,陕西各地都有敬惜字纸的习俗,以表达对仓颉的尊崇。尽管仓颉是一位传说人物,目前还不能确定是否真有其人其事,但我们的老百姓还是愿意相信仓颉是确有其人的,相信正是仓颉创造文字的壮举,让我们中华民族有了连绵不断、灿烂辉煌的历史和文明。

白水县仓颉造字传说

访谈时间：2014 年 4 月 18 日

访谈地点：陕西省渭南市白水县仓颉庙

受 访 人：王孝文（陕西省非物质文化遗产

代表性传承人）

采 访 人：满鹏辉

我叫王孝文，1941 年 7 月 9 日生，就是咱白水人，研究仓颉文化是我的主要爱好，现在是白水县仓颉文化研究会、仓颉书画研究院等一些机构的成员。凡是白水与仓颉研究有关的组织，我基本都参加。

仓颉的传说在白水流传得很久。究竟有多久？谁也记不清。我稍懂事的时候，就听大人们说：仓颉是白水人，是中国文字的创造者，多亏仓颉创造了文字，才使中国的文化延续下来。大人们讲得很神，因此，仓颉造字的传说故事对小孩子很有吸引力，我也是从小就喜欢上了仓颉的故事。

据我了解，这些故事在民间流传，时间很久远。在长期的流传过程中，可能失去了一些内容，也可能丰富了一些内容，一共①流传到现在。在白水城乡，好多老年人都了解这些故事，特别是洛河②以北，史官、北塬③这几个乡镇，是仓颉过去生活过的地方，附近的老百姓就更加了解了。

① 一共，陕西话「一直」的意思。

② 洛河分为南、北两条，陕西省白水县境内的洛河属于北洛河，南洛河的发源地在陕西省商洛市洛南县。

③ 指陕西省渭南市白水县史官镇和北塬乡。

白水是仓颉的故乡，仓颉在白水创造文字，从白水出发传播文字，所以在全国各地都有关于仓颉的传说。据我了解，仓颉出生在白水县杨武村，杨武村古时候叫杨武部，是一个原始部落。仓颉在那个部落很出色。作为首领，他把部落治理得很好，声名远播，被黄帝知道了，黄帝就请他协助治理天下。当时是通过结绳、刻木这些比较原始的方法来记录事情，随着黄帝事业的发展，仓颉觉得原有的记录方式很不方便，容易出错，需要创造一种新的方法。传说他就辞官回乡，在老家杨武那个地方开始创造文字。

杨武村现在还有仓颉创造文字的遗迹：有一个石楼沟，还有一个晒书台。因为那时候没有纸张，他就把造出来的字刻在石块上。后来创造的文字越来越多，刻在石块上不方便，黄帝就发动人给他造了一个石楼，就在杨武村南边的那个沟里，现在叫石楼沟，让他把造出来的字都刻在石楼上面。在造出来一些字以后，先是在黄帝周围这些部落，特别是在黄帝等首领层面传播，大家都感到用起来很方便。后来黄帝就跟仓颉讲：应该让更多的人来学习文字，要把这些文字传播出去。于是，仓颉就从杨武村出发，到全国各处去传播文字。他传播文字的区域大概就是黄帝当时能管辖到的地方。大家对仓颉很感激，觉得他很了不起，都想让他留下来教字。但是，仓颉不可能在一处逗留，还得到别处去教大家认字，每到一处，当地人就把仓颉传播文字时的遗迹保留下来，这就是现在全国各处都有仓颉造字传说的原因。

① 仓颉庙碑，又名仓颉冢碑，东汉延熹五年（162）为纪念仓颉而立，1971年从仓颉庙移入西安碑林。碑下方上锐，高一点六米，上穿一孔。碑阴有字四列，碑左右分别为三列、四列，碑阳二十四列，共计九百一十余字。

仓颉年龄大了以后，黄帝说再不能让贡献这么大的老年人风尘仆仆地到处跑了，就在杨武部落的领地给他修了一个官邸，也就是现在仓颉庙的前身。仓颉晚年时在这里安顿下来，继续创造和完善文字，也教别人学字，闲暇时在这里劳动，去世之后埋在了这里。黄帝为了奖励他，就将这个地方作为仓颉的祠堂保留下来。东汉延熹五年（162），为纪念仓颉造字的功劳，在庙里立了一块"仓颉庙碑"①，证实了

仓颉庙前殿

仓颉庙碑

①影影绰绰，陕西话「隐隐约约」的意思。
②蒙恬（约前 259—前 210），姬姓，蒙氏，名恬，祖籍今山东临沂市蒙阴县，秦国著名将领。

仓颉庙的历史至少有两千年。

现在仓颉庙里有一个石碑，上面刻有仓颉造的那二十八个字，就是仓圣鸟迹书碑。据说，从仓颉把这二十八个字刻在石楼沟以后，大概一直到清代还影影绰绰①能看。秦代有一个将军叫蒙恬②，传说他是中国毛笔的创造者，也是文字爱好者。他当时领兵三十万，辅助公

仓圣鸟迹书碑

子扶苏①到上郡②修筑长城，驻军设防。蒙恬当时专门走白水这一路，为的就是来吊唁仓颉。来了以后，当地的群众就跟他讲：你还应该到仓颉的老家看一下他当年留下的那些字。由于时间长了，这些字已经损坏得快消失了。蒙恬就将这二十八个字临摹下来，刻成石碑，立在仓颉庙里。宋代时，这二十八个字还被编入到《淳化阁帖》③里边。后来大概在战乱的时候，仓颉庙连同鸟迹书碑都被毁了。到社会恢复稳定了以后，人们感念仓颉造字的功德，又筹钱重建仓颉庙，但是这二十八个字遗失了，庙里面非常珍贵的壁画也不见了。一直到了清朝乾隆年间，来了一位县令叫梁善长，这个人对文化很重视，很崇拜仓颉。梁善长当时主持修复仓颉庙，群众都反映说应该把这通碑子恢复起来。他后来在洛南④找到这二十八个字的拓片，刻成石碑，重新放置在仓颉庙里，这通石碑就是仓颉庙现在的镇庙之宝——仓圣鸟迹书碑。

① 扶苏，嬴姓，名扶苏，常称公子扶苏，秦始皇长子。公元前210年，秦始皇在巡游途中病逝，中车府令赵高和丞相李斯等人伪造诏书，赐死扶苏，扶苏遂自尽。

② 上郡最早为战国时期魏文侯所置（即前446—前396年间）秦惠王十年（前328）魏献上郡十五县于秦，为秦初三十六郡之一。

③ 《淳化阁帖》是我国现存最早的一部书法丛帖。宋初，太宗赵炅命翰林侍书王著选内府所藏历代帝王、名臣、书家等墨迹作品，于淳化三年（992）摹勒刊刻。《淳化阁帖》共十卷，收录历代书法作者的作品，计十四百二十帖，记录了秦汉至隋唐一千多年间的书法发展历程，是我国历史上第一部汇集各家书法墨迹的法帖。

④ 指陕西省商洛市洛南县。

过去,敬惜字纸在白水是一个很重要的民俗,老百姓通过这种方式纪念仓颉。在我小的时候,老人不允许我们糟蹋字纸,说文字是圣人创造的,对字纸要敬重,过去还专门有人把字纸收起来,拿到焚字楼①去烧。

①焚字楼,即惜字塔,也叫化字炉、烧字炉等。

访谈时间:2014 年 4 月 20 日
访谈地点:陕西省渭南市白水县杨武村
受 访 人:王耀德(杨武村村民)
采 访 人:满鹏辉

　　我是白水县杨武村人,叫王耀德,1935 年 9 月 21 日生,农民出身,一直在家务农。仓颉这事,我也是听村里老人传说下来的。我从小爱跟老人坐,以前老人家说的,自己记下一点,再加上村里人平时都爱说仓颉的故事,也慢慢就知道了。我们杨武人丁很兴盛,村里人都说是仓颉一直保佑着大家。

　　在我们杨武村南边,有一个仓圣梁,以前叫鸟羽山,后来人为了纪念仓颉,把鸟羽山改称为仓圣梁。据老人们说,以前在仓圣梁上有一座仓颉庙,传说从商周时期就有了,一直到清朝都还在。在清朝乾隆年间,又整修了一下。杨武村原来就在仓圣梁上,随着农业发展的需要,整个村子搬迁到现在这个地方,村里人每年都要去烧香纪念仓颉,后来嫌那地方太远,来回不方便,在清朝乾隆二十四年(1759)的时候,才把仓颉庙从仓圣梁挪到现在这个地方。当时,

仅存的一部分石碑

庙里有三间房,墙上有壁画,是"四圣图",分别是仓颉造字、杜康造酒、蔡伦造纸和雷公造碗,这几个圣人都出在白水。屋里还有仓颉的塑像,长有四只眼睛,下面的眼睛睁得比较圆,上面的眼睛是闭着的,耳垂比较大,老人都说耳垂大的人福气大。塑像两边还有两个书童。到乾隆四十八年(1783)的时候,又修复了一次,在庙门口立了一通石碑。碑子上记载:仓颉生于农历三月十八日,杨武村人,龙颜四目,生有睿德,葬于武庄村①西,就是现在史官镇的仓颉庙。

在"文革"中,有人从塑像后面挖出来了一个护心镜,还有一本书。这书开始在村里保管,后来三倒两倒,倒到外村去,就没了,究竟书上写着啥,那谁也不清楚了。在"文革"中,这个仓颉塑像被扳倒了,庙最后也被拆了。

清朝到民国初期,杨武的庙会很兴盛。庙会在每年清明的时候举行,开始北塬、王庄、顺孝②这些村都随着社,后来由于各种原因慢慢地都退社了。过庙会时,头一天就是唱戏,从外头请有名的戏班来唱大戏,我记得只有一年是对台戏,其他年份都只有一台戏。那时候要是戏班唱得不好,作为惩罚,就把戏班那些人吊到庙里的房担子③上去。因此,外人都说,别看杨武那烂巷巷④,一般的戏班吓得不敢到那去。旧社会过庙会时还有牲口市、赌博棚呢,庙里靠收赌博棚的地租维持过庙会的支出,卖牲口的交易税也是由庙里收的。前几年还过庙会,就在咱村里的戏台子上唱戏,这一二年再没有过了。

2002年,咱白水县政协要出一本关于仓颉的书,我也参与了一部分工作。这书写成以后,我提出绘上一张图,表现仓圣梁那边的地形地貌,大家都很认可。从后来绘制的图上可以清楚地看到,从杨武村顺着大路一直向南,走一截,往西一拐,再往西南方向走,就到了鸟羽山。鸟羽山有三个梁,原来那仓颉庙就在中间这个梁上,南边的梁在洛河畔上。从南边的梁上,能看

① 武庄村,指陕西省渭南市白水县史官镇武庄村。
② 属于白水县北塬乡管辖,北塬乡位于县境西北部,辖北塬、南修、郝家、马家河、顺孝、杨武、阎家、王庄等村。
③ 房担子,指房梁。
④ 巷巷,方言,"巷子"的意思。

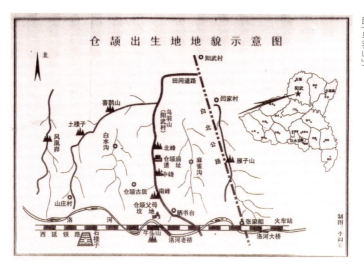

见洛河水、西延铁路,地形大概就是这样。

关于仓颉造字的传说,这说起来话就长哩。仓颉出生在我们杨武村南边的鸟羽山那里,他那人过于灵醒①,四眉四眼,生有睿德,是当时部落的首领。他很能干,有些事情办得好,名声传到外头,黄帝就知道了,亲自来考察了几回,从群众那听到的都是仓颉如何能干,如何把部落治理得井井有条。后来黄帝见了仓颉,要他跟在身边,辅佐治理天下。仓颉考虑了一下:如果跟着黄帝走了,只丢下老妈一个人在家,实在是不放心,于是就没有答应。黄帝亲自来请了他三回,到第三回的时候,仓颉他妈放了话,说是:"人家都请你几回了,你再不要管妈,去吧。"仓颉是个孝子,很听妈的话,这才跟着黄帝,当了他身边的史官。以前主要靠结绳来记事,大事挽一个"大疙瘩",小事挽一个"小疙瘩"。事情越来越多,就造成了麻烦,黄帝走到哪儿,都要好几个人抬着绳跟着,而且也很容易出错。有一次,黄帝跟炎帝两个人产生了纠纷②,让仓

① 灵醒,陕西话"聪明"的意思。
② 据《史记·五帝本纪》记载:"轩辕乃修德振兵,治五气,艺五种,抚万民,度四方,教熊罴貔貅貙虎,以与炎帝战于阪泉之野。三战,然后得其志"。

颉去查一下炎帝残害百姓的事情,结果仓颉犯了难,看着这些大大小小的"疙瘩",怎么也理不出来个头绪。黄帝有些生气,就把仓颉责备了一下,也没有怎么样。但是,仓颉就想:"唉!咱这事真不应该,一定要创造出来一种能把所有事情都记清楚的办法来。"他把想法向黄帝说了一下,黄帝很支持他,就说:"你先不要做官了,安心把这件事情做好。"因此,仓颉就辞官回乡,潜心研究。他平时就有仰观天象、俯察地形的习惯,再加上走村串户,向老百姓请教,后来终于创造出来一种叫作文字的符号来代表世间万物。仓圣梁两边有山有水,他看到了,就画一个山的样子来代表"山";到水边看到水流,当中还有几块石头,就画下来代表水……这样一共创造了二十八个字。仓颉拿着这些创造出来的字去见黄帝,黄帝一见很高兴,说:"这太好了,可以记载事了!"于是,就鼓励他继续创造文字。以前又没有纸,仓颉把字造下之后,就画在窑壁上,随着他造的字越来越多,最后在窑壁上画不下了。他就琢磨:"能不能修个石楼,把造的这些字都画下。"因此,他就到周围去考察,看了以后,觉得洛河南坡那一块地比较合适,就决定在那里修建石楼。在修建的过程中,仓颉造字的精神感动了上天,天帝嫌他一个人修石楼太辛苦,就派石猪、石羊帮他运石头,还给仓颉托梦,要他保密,对谁也不能说,否则泄露了天机,石楼就修不成了。在修石楼的时候,仓颉妈每天给娃送饭,仓颉让老妈到门口了,敲一下门上的石片,然后把饭放在地上,不让她进去。等到九十九天了,仓颉妈有些担心,心里就想:"这娃究竟在里面弄啥呢?今天不打招呼,我悄悄进去看看。"进去一看,石猪、石羊在那驮着石头块子造房子呢,吓了一跳,说了一句:"这瓜娃子①,看把石猪、石羊压死了!"这一句话说的,把天机泄露了,石猪、石羊卧到那,再也不动了。至今石楼沟那边山上,都是乱七八糟的石头。这下石楼是修不成了,仓颉没有办法,就回来了,他是个孝子,也没有埋怨妈。

这个时候,黄帝跟仓颉说:"你要走遍全国,边造字边教老百姓认字。"于是,仓颉就从杨武起身,往北路过

①瓜娃子,陕西话"傻孩子"的意思。

① 跌，陕西话"掉"的意思。

② 『河出图，洛出书』，2014年『河图洛书传说』入选第四批国家级非物质文化遗产代表性项目名录。河图洛书的传说产生于河洛地区，河是黄河，洛是洛河。『河图』和『洛书』为两幅方形图案，由黑点和白点组成。相传伏羲氏时期，黄河里浮出一匹龙马，背负『河图』，伏羲氏依照『河图』画出八卦；就是后来《周易》一书的来源。大禹治水的时候，洛河里浮出一只神龟，背负『洛书』，大禹对『洛书』进行了阐释，就是后来《尚书》中的《洪范》篇。

③ 倔声拉气，意思是不高兴的样子。

延安，到北京，扭回来走到山东，边走边给当地老百姓教授文字，非常辛苦。有一天晚上，仓颉想起家了，很牵挂妻儿老小，一直睡不着，就盯着天空看，突然发现北斗星的位置一个劲儿挪哩。这让仓颉很感兴趣，就留神看了好几个晚上，发现北斗七星不断地从东边往西边转着走。他把所有发现的事情都记到一块捡来的玉石片上头。就这样，他一直走到了河南，并且停留了一段时间，向大家讲授文字。现在有些人说仓颉是河南人，这并不准确，其实仓颉只是到过河南，在那教书，他是走到哪儿，就教到哪儿。

最后，仓颉继续往南去，有些人说是过了长江，有些人说是没过，究竟过没过，咱也不知道。扭回来，从商洛往西去，一直到甘肃，从甘肃那儿再折回来往家走。走到洛河南坡那里，眼看着快到家了，由于归家心切，他急急忙忙下了坡就过河。在过河的过程中，仓颉不小心滑倒了，把行李都跌①到水里头了。他急急忙忙把行李都捞上来，找了块石头晾干。在清点行李的时候，仓颉发现那个记载文字的玉石片不见了，再到河里去找，根本找不到了。这就是我们现在说的"河出图，洛出书"②的来历。

多年不见，仓颉到家之后，婆娘、娃娃拉着他嘘寒问暖，开心得不得了，他却耷拉着个脸，应付了几句话。妻子不理解，埋怨说："你这人也真是的，出门多年，娃娃都没见过你，现在娃们拉着你说话，你还倔声拉气③的。"仓颉这时候连声说："唉！你不知道啊，我刚过河不小心，把记着文字的玉片跌到洛河里了。"妻子听后，虽然也很着急，但就没有多说了。第二天，天刚一亮，仓颉就起身去找这块玉石片了，一连找了几天也没找着，一着急病倒了。家里人赶紧打发人向黄帝汇报情况,黄帝一听很着急,马上带着医生来看他:"我听人说你病了,来看看。你年纪大了,多保重,玉石片丢就丢了,好好休息吧,好了之后,就教当地人识字吧,不要再出远门了。"仓颉传字回来,他的妈妈也去世了,在养病的过程中,他也到爸妈那陵上祭奠了一下。这就是他造字的过程。

传说仓颉活到一百一十岁,去世之后,埋在现在史官村仓颉庙那个地方。咱们秦腔《下河东》里面有个"轩辕黄帝哭仓颉",黄帝到底哭了没有?没有哭!只是闷闷不乐,不吃不喝,不愿意离开仓颉的墓地,就那么静静地待着,到第三天后晌①才离开。黄帝把仓颉的家属都带上走了,现在我们村没有他的后代。

① 后晌,方言,下午、晚上的意思。

访谈时间：2014 年 4 月 21 日
访谈地点：陕西省渭南市白水县仓颉庙
受 访 人：高兴才（白水县仓颉庙门管员）
采 访 人：满鹏辉

我是 1942 年出生的，今年（2014）七十三岁了，从学校回来以后，当了大队会计，后来教过一段时间的书，20 世纪 70 年代以后，就不教书了，一直在家。2012 年到仓颉庙，当门管员。

旧社会时，我家特别贫寒，没有庄子①，可以说是一无所有。我们家三辈人，从我爷爷、父亲到我，都是以租种仓颉庙的土地为生，我就是在仓颉庙长大的。

① 庄子，房子。

② 能说得起话的人，这里指说话有权威的人。

③ 三意社成立于 1895 年，原名为「长庆社」，创始人为苏长泰。「三意社」三个字是以苏氏三兄弟的乳名组合而成。在一百余年的漫长岁月里，它长期活跃于西安戏曲舞台，为秦腔剧种的繁荣和发展做出过重大贡献。在民间有着深厚的基础，深为人民群众所喜闻乐见，演出大量优秀剧目，如《赵氏孤儿》《火焰驹》《游西湖》《打柴劝弟》等，并涌现出大批著名秦腔艺术大师，如苏长泰、苏哲民、苏育民、苏蕊娥、肖玉玲、王辅生等。

④ 尚友社 1945 年 6 月成立于三原县张家巷，由原集义社的刘光华、骆彦芳等人筹办。尚友社积极演出新编历史剧和现代戏，改编的《梁山伯与英台》连演数月不衰。1956 年演出的秦腔现代戏《刘莲英》，参加了陕西省第一届戏曲观摩演出大会，获得导演二等奖。后与易俗社合并。后改为西安市秦腔一团。演出的著名剧目有《铡美案》《黑叮本》《斩单童》等。新中国成立后，尚友社积极演出新编历史剧和现代戏。

过去，咱仓颉庙是由民间管理的，民间自发组织成立了"十大社"，每年轮流主持举办庙会，"十大社"是由现在史官和纵目这两个乡的村子组成的，一个村组织一个社，或者几个村合一个社，各社选一个能为仓颉庙服务、能说得起话的人②作为会长。现在，仓颉庙前殿碑林里有一通碑子，上面记载着各社会长的名字，碑上的这些老人，有的"文革"后都没了。当时庙会声势比现在大得多。每年有一个社作为总负责，其他九个社帮忙协调物资、人员、安全等等这些事情。1949 年以前过庙会是三天，请的咱西安三意社③、尚友社④这些

对台戏楼

仓颉庙会

名牌剧团来唱戏,庙里头有对台戏。卖货的都在庙里头,和现在的情况不一样。现在仓颉庙是国家文物保护单位,庙里面不准过会了,只能在外面的广场上过。现在过庙会,光是①有些公办的祭祀仪式,看起来没有以前热闹了。

以前,庙会头一天②,村民要把仓颉像请到主办社的村子里,还要去一个戏班子在村里唱戏。到谷雨这一天,又把仓颉像从村里请回仓颉庙,

① 光是,陕西话「只是」的意思。
② 头一天,陕西话「第一天」的意思。

这叫执事进庙。这天特别热闹，有乐队，还要打着三眼铳①，另外还有举着龙旗和彩色武旗的队伍，"十大社"的会长走在前边，对台戏也同时开演。新中国成立以前，我们武庄村就把仓颉像请回来过，也有戏班到村里唱过戏。进了庙之后，在中殿祭祀，有"十大社"的会长，各村年龄大的老人，有学生，还有外界来的知名人士，有捐款的，有烧香的，这天是特别忙的一天。

"文革"开始以后，一片混乱，仓颉庙没有人管，红卫兵把仓颉像毁坏了，房子也慢慢塌了，庙里基本上啥都没了。以前的塑像，从后殿的碑文上看，应该是元代修的，被破坏以后，民间还流传有照片。不管什么地方的塑像，在塑造的时候，里面都会放上一个天平，一本历书，还有一个护心镜。以前仓颉像里面的护心镜是用铜做的，很亮，和咱现在的镜子一样，能烧着②人。

① 三眼铳是中国古代一种短火器，使用铁或粗钢浇注而成。外形为三根竹节状单铳联装，每个铳管外侧都有个小孔。使用时在铳管内添加火药，最后装填钢球或者铸铁块、碎铁砂等，在小孔处添加火帽，使用时将火帽朝石头等发射台敲击，引爆装填火药将弹丸发射出去，三个铳管可轮番射击。

② 烧着，照见。

仓颉庙后殿里的仓颉塑像

记得在我七八岁的时候，连着下了四十天雨，碾不成麦子。有一天，我和庙里的住持，我管他叫爷，我们爷孙两个发现仓颉庙里到处都是各种颜色的蛇，大小不一，庙外、庙内、中殿、后殿，每个地方，每个角落都有。当时住持让我端着香盘跟着，见一条蛇，我俩就烧一根香，磕一个头，到后来太阳偏西的时候，一条蛇都没有了，这是我在庙里经历过的一次奇怪的事情。

庙里有很多古老的柏树，每棵树都有自己的名字，每棵树都有自己的故事。我小时候，有一天晚上在"柏抱槐"①底下玩，无意中向后面的窨里看了一眼，里面好像有月亮一样，特别亮，能看见窨里的东西。但是，等我专门到跟前去看的时候，又啥都看不见，相传这就是宝莲灯发出的光。不是人人都能看到宝莲灯的，传说只有十二岁以下的孩子才能看到。为啥现在小孩子都看不见了？这有一个故事。我也记不清哪一年了，庙里来了个华山道士，他进了房子以后，坐在一个草垛上面，眼睛一直闭着，一连七天七夜不吃不喝。我当时年龄小，好奇心很强，就想看看这个道士是不是被饿死了，从门缝底下看了一下，道士还是老样子，没啥变化。到第七天，那个道士出来，吃了些粗茶淡饭就走了，从那以后，宝莲灯再也没有发光了。

仓颉庙门口的照壁上面有一个神兽——獬豸②。咱白水经常天旱，一不下雨，附近的老百姓就用泥巴把獬豸的眼睛糊起来，到天降了雨以后，可③把眼睛亮出来，这个法子很灵验。虽然仓颉庙在"文革"中遭到了严重的破坏，但我们当地老百姓对仓颉崇拜的信念从来没有变过。在"文革"期间，老百姓把照壁和墓两边的砖雕都用泥巴糊上了，这才瞒过了红卫兵，将这些珍贵的文物都保存了下来。

咱白水人家里如果有学生念书，老人望子成龙，就会到仓颉庙来烧香、许

① 柏抱槐，仓颉庙内一大奇景——"柏抱槐死活不离抱疙瘩"，柏树与槐树抱在一起，共生共长，其中柏树距今已四千多年，槐树也已逾一千余年。
② 獬豸，中国古代神话传说中的神兽，体形大者如牛，小者如羊，类似麒麟，全身长着浓密黝黑的毛，双目明亮有神，额上通常长一角，俗称独角兽。
③ 可，陕西话『又』的意思。

愿,祈求孩子能学业有成。也有求医的,有些人得病在医院看不好,到这求神领点药,也是常有的事。家庭闹纠纷的话,老人没有办法了,也会偷偷到仓颉庙来,求仓颉保佑家庭和睦。

烧香祈福

据老辈人传说,仓颉用石猪、石羊驮石头,在洛河南边修了一个造字楼。当时,仓颉的母亲每天去送饭,他跟母亲"约法三章":你送饭的时候,到门口不要进来,给我摇一下铃就行了。他母亲开始每次都按仓颉说的做,但时间长了以后,不太放心,想看看娃到底在里面干啥呢,有一天没摇铃进去了,结果一看石猪、石羊在驮石头呢,一着急,说了一句话:"你小心把石猪、石羊压死了。"这一句话泄露了天机,石猪、石羊卧到那,再也不动了。于是仓颉的造字楼就没有修成,这就是造字楼的传说。

不管是1949年以前还是1949年以后,民间对文字都非常尊重。我小时候在仓颉庙生活这一段时间,凡是写错了的字纸,都要收集起来,在仓颉庙里的化字炉中烧掉,不能随便乱扔,这是对文字发自内心的尊重。

仓颉庙里原来有一个化字炉,由三部分组成,上边那部分就像现在农村用的铛①锅的样子，稍微小一点，口面是向外的，中间是八角形的样子，底下的座子有三条腿，是生铁铸成的。20世纪70年代以后，仓颉庙住着渭南地区渭石库②指挥部，水库修成之后，变成渭石库的回收物资库了，当时住了两个管理人员，把那个化字炉当成生铁卖了，再也找不到了。化字炉上铸有铭文，和钟楼上那个字是一样的，是楷书，内容是对修建仓颉庙历史的记载，可惜失传了。"文革"的时候，仓颉庙里边好多东西都遗失了，庙里有一组用楠木雕刻的八仙像，就是八仙过海的那个八仙③，红颜色，每个雕像都有一尺多高，每年祭祀的时候，在中殿和贡品一块摆着，敬献给仓颉，现在找不到了。还有后殿里东西两边摆放的刀、长矛这些古代武器，也被破坏了。

① 铛，读 chēng 时，指烙饼或做菜用的平底浅锅。

② 指陕西省渭南市石堡川水库。

③ 八仙是中国民间传说中广为流传的道教八位神仙。八仙之名，前说法不一，有汉代八仙、唐代八仙、宋元八仙，所列神仙各不相同。至明代吴元泰《东游记》始定为：铁拐李（李玄）、汉钟离（钟离权）、张果老（张果）、吕洞宾（吕岩）、何仙姑（何琼）、蓝采和（许坚）、韩湘子、曹国舅（曹景休）。

访谈时间:2014 年 4 月 18 日

访谈地点:陕西省渭南市白水县仓颉庙

受 访 人:韩文学(陕西省渭南市非物质文化
遗产代表性传承人)

采 访 人:满鹏辉

　　我出生在史官镇贺苏村,从小就经常听祖爷讲起仓颉的传说故事,他本身就是仓颉庙的门管员。一直以来,白水都有谷雨节祭拜仓颉的仪式。以前,"十大社"每年轮流主办祭祀活动。"文化大革命"的时候,破"四旧",庙会中断了一段时间,从"文革"以后又开始延续。2010 年,我们着手寻找在"文革"中被破坏的仓颉像的样子,最后从咱白水尧禾镇那个地方,找到了"文革"之前仓颉像的照片,照片中仓颉是四眉四眼。仓颉的传说故事在白水流传很广,仓颉庙周边的村名都跟仓颉造字有关系,像贺苏村、武庄村、史官村,等等。现在,白水每年在谷雨节的时候,都会举行大型的仓颉祭奠仪式。

　　我们当地不管男女老少都知道谷雨节来历的传说:仓颉造字之后,感动了天帝,老天就下了一场谷子雨,后来,老百姓为纪念仓颉造字的功德,就把这一天叫作谷雨节,这也就是我们当地老百姓经常说的"天雨粟,鬼夜哭"。"鬼夜哭"的意思是:仓颉创造了文字之后,人类自此有了灵智,鬼神再也不能统治人类了,因此号啕大哭。

　　仓颉庙附近有个地方,名叫"三条沟畔",关于这个名字的来历有一个传说。仓颉跟他舅同时看上了这一块地,当作他们百年以后的坟地,大概就是现在仓颉庙这个地方。但是仓颉他舅这个人心术不正,想把这个坟地独自占用了,两个人发生了摩擦,他舅就祈求天神,用洪水把这块地淹了,结果水快到仓颉庙跟前的时候,仓颉用三个手指头在地上一划,划出来了三条深沟,洪水就顺

仓颉庙后殿"天雨粟"壁画

三条沟畔

着这三条沟流走了,这个地方就是现在仓颉庙跟前那个"三条沟畔"。另外还有仓颉智斗黄狼的故事,仓颉造"日"字、"月"字等一些传说故事。

我从小听祖爷和其他老人讲这些故事,也经常到仓颉庙来,对仓颉文化有着非常深的感情。走上工作岗位以后,我就一直想着怎么挖掘和整理有关仓颉的资料、传播仓颉的传说故事,现在一共整理了三十多篇。

从 2006 年开始，我就想把仓颉文化通过各种方式弘扬光大。我做了几件事情：通过建立网站传播仓颉文化；出版仓颉造字的故事；通过戏剧的形式传播仓颉造字的故事。我们陕西这一块有眉户戏①，我们编写了《眉户仓颉颂》进行演出，把仓颉造字的故事唱出来，还有用皮影、碗碗腔②、秦腔等形式传播仓颉文化；通过仓颉学堂的形式向大家传授仓颉造字的故事，包括仓颉庙的文化；注重培养仓颉志愿者。我想，通过这些形式，就能逐步把仓颉文化传承下去。

① 眉户戏，即眉鄠，或称「迷糊」「迷胡」「曲子戏」「弦子戏」，是陕西省主要的传统戏曲剧种之一，国家级非物质文化遗产代表性项目。眉户盛行于关中，而山西、河南、湖北、四川、甘肃和宁夏等部分地区也有流行。眉户以其曲调委婉动听，具有令人听之入迷的艺术魅力而得名。

② 碗碗腔又称时腔、阮儿腔，以小铜碗主奏击节而得名，历史剧目一直都是用皮影戏的形式演出，流行于陕西渭南（及其下属的大荔县、白水县）和西安、户县、绥德米脂、洋县、西乡等地。2006 年，碗碗腔入选第一批国家级非物质文化遗产代表性项目名录。

洛南仓颉造字传说

访谈时间：2014 年 4 月 28 日
访谈地点：陕西省商洛市洛南县
受 访 人：倪长贵（洛南县退休教师）
采 访 人：满鹏辉

我叫倪长贵，1936 年 3 月生，出生在保安①，保安就是我的故乡。后来上师范，1956 年参加工作，从事教育工作四十余年，先是中学教师，后来当过小学校长、中学校长和督学，1995 年退休以后，从事楹联研究，现在洛南县老年大学教楹联课。

我从小就听老人说仓颉的故事，说是仓颉在咱保安造字。据我听到的故事，还有从各地收集的一些资料，我知道的大致情况是这样的：仓颉是黄帝的史官，跟随黄帝南巡，来到洛河②畔，就是咱保安。保安有个元扈岩，原来叫玄扈岩，为啥改成"元"字呢？是为回避皇帝的名字，才改的字。仓颉就在元扈岩那块儿造字呢。我们洛南元扈山那有一个"灵龟负书"的传说：洛河畔里有一个孤立的岩石，长得就像一只立起来的乌龟，乌龟的头扬得很高，背部有不规则的岩石纹路。传说仓颉在这地方造字的时候，有个神龟浮上水面，给仓颉传授龟文，现在河畔边上那块岩石就是神龟的遗迹，这就是"灵龟负书"的传说。

①保安镇，地处秦岭南麓，位于陕西省商洛市洛南县城西北 25 公里处。
②洛河，黄河重要支流，流经陕西省东南部及河南西北部，在河南省巩义市注入黄河。

元扈岩仓颉授书处

灵龟负书

　　据说，仓颉当时把造的字刻在元扈岩上，中间遭到过破坏，现在还能模模糊糊地看到一些字迹，看不清原文了。为啥要破坏这些字呢？造了字以后，元扈岩这里就成了名胜了，各级官员，还有远近前来的游客都要去看一下。当时元扈岩下面就是湍急的河流，看的时候又到不了跟前，地方官就发动群众搭架子，时间长了，老百姓实在不堪重负。有一个雨天，老百姓就在元扈岩下面架起柴火烧，滚烫的石头遇到雨水这么一激,崩开了,就这样把这些字全都毁了。后来清朝的时候,咱们洛南有个知县叫王文森,到村民中间去调查,了解到有一个农民还保存着元扈岩上仓颉造的那些字的拓片呢,就这样才把那些字收集回来,在黑潭村那立了个碑。过去好多人出门骑骡子,把骡子拴在碑上,时间长了,那通碑子就给拉断了,断碑现在在咱县文化馆收藏着。

还有很多故事,说造字以后,"鬼夜哭",惊动了鬼神,"天雨粟",天上下谷子,传说谷雨节就是从这儿来的。黑潭那地方,原来还有仓颉庙,后来毁了以后,又在咱县城东街修了个仓颉祠,院子里还有一个烧字炉。凡是写字的纸,不能随便乱扔,要搁到烧字炉里烧了,老百姓非常重视这些字纸。

洛南县之前没有祭祀仓颉的传统,前几年,政府重视以后,修了个仓颉园,园里头有仓圣殿,两边修了配殿,立了仓颉像,仓颉造的那二十八个字就在那刻着,从前几年开始,每年谷雨节都要在仓颉园搞祭奠活动。

仓颉出生在白水,咱这块儿是仓颉造字的遗址之一,仓颉造字在河南灵宝等地也有遗迹。咱这次和白水一起将仓颉造字传说申报为国家级非物质文化遗产代表性项目。据文化馆的同志说,这次合作得很好。

访谈时间：2014 年 4 月 28 日
访谈地点：陕西省商洛市洛南县
受 访 人：刘新民（洛南县城关镇柏槐村原村支书）
采 访 人：满鹏辉

我叫刘新民，是咱洛南县城关镇柏槐社区二组人，今年六十八岁。我当了几十年村干部，当过村长、村支书、县人大代表，现在是咱洛南县诗词楹联学会会长，也是咱中国诗词楹联学会的会员，基本情况就是这样。

在我很小的时候，老年人经常讲仓颉造字的传说，但我主要还是从书上知道的。我这里有一本《山海经》①，提到了仓颉在洛南造字。据《山海经》记载，玄扈水和洛水相交的地方，也就是咱洛南眉底这一带，是当年仓颉发现灵龟、创造文字的地方。另外，《水经注·洛水》②在写洛河时指明仓颉造字就在咱洛南："仓颉文帝南巡，登阳虚之山，临玄扈洛汭③之水，灵龟负书，丹甲青文以授之，即此水焉。"写得清清楚楚，说明在古代已经传说仓颉在洛南造字了。

咱县上对仓颉造字也很重视，前几年修建了仓颉园，从 2011 年谷雨节就开始祭祀仓颉。祭祀的仪式流程大概是这样的：第一项是鸣礼炮，二十八响，代表仓颉造的二十八个字；第二项击鼓鸣二十八响，也代表那二十八个字；第三项奏长乐，乐器用的是唢呐，一共有二十八个唢呐，然

① 《山海经》是先秦时期的重要古籍，也是一部荒诞不经的奇书，内容包罗万象：从山川地理、植物、医药、矿产，到神话、人物、祭祀、风俗，各卷著作年代无从定论，具有非凡的文献价值，堪称研究上古中国社会历史的宝库，在古代地理资料上的价值尤其突出。
② 北魏郦道元《水经注》是我国古代的历史地理名著，记载了一千多条水道及其所经地区的自然地貌、人文遗迹、建置沿革和有关的历史事件，神话传说、人物典故、民俗物产等，引书四百余种，记述众多汉魏碑铭。
③ 汭：河流汇合的地方或河流弯曲的地方。

后是击鼓鸣金,鼓乐齐鸣。下来就是敬献祭品,前面打的是仓颉日月伞,跟着武士,接着是青龙、白虎、朱雀、玄武四灵旗和仓颉造的那二十八个字的旗帜。下来是上祭品,由十六个人敬献全猪全羊,八个宫女献时令鲜果,二十八个宫女敬献二十八个花馍。结束后再由咱洛南县县长宣读祭文,然后是奠酒。祭奠结束以后是以乐侑食①,有二十八个唢呐伴奏,然后由鼓和铙进行引导,跟着是舞蹈祭祀,还有文艺演出等。每年都要组织谷雨节祭奠仓颉的书画展览。

当年仓颉是黄帝的左史官,黄帝三年,命仓颉造字,用大铙做甲子,有天和地之分,到1984年是七十八个甲子,六十年一甲子,总计四千六百八十年,再加上1984年到现在(2014年)刚好是三十年,也就是说仓颉造字到现在一共是四千七百一十年。当年仓颉跟随黄帝南巡的时候路过咱洛南县,再没有继续跟着黄帝南巡,留在洛南安心造字。咱洛南有个阳虚山,仓颉当时在山洞里住着,碰到一个姑娘叫五谷,民间传说五谷帮助他造字,谷雨节的来历和五谷姑娘有关。还有一个故事是《墨染黑潭》,这个黑潭就在现在咱眉底那个地方,潭水是黑的。关于黑潭有两种传说:一说是仓颉当年造字涮笔,把潭水都染黑了;另外一种传说是文人去传拓、临摹仓颉造的那二十八个字,墨汁把潭水都染黑了。

关于仓颉造字的传说有很多,咱洛南编写了《仓颉造字传奇》系列民间故事,包括《黄帝战败走洛州》《仓颉遇洛神奇遇记》《五谷和谷雨的来历》《仓圣显灵毁石碑》等。

仓圣造的那二十八个字原本就在元扈岩上刻着,后来有个县长,那时候叫州官,把这些字的拓片献给皇帝,结果升了官,事情传出去之后,很多官员都效仿他,到这里拓印这些字。当地老百姓要管吃管喝,还要给他们服务,那些字刻在石岩很高的地方,每次都要搭架子,真是祸害当地的老百姓哩。时间长了,群众不堪其扰,叫苦连天，就给仓圣磕头烧香，祈求把那二十八个字毁了。传说后来仓圣显灵，响雷闪电，把那些字给打掉了。还有一种民间传说，是当地群众拿火把那些字烧毁掉了。那是一个雨天，当地群众在元扈岩下面架着柴火烧，上面雨水一激，石头就崩开了，就这样把这些字都毁了，但当年那二十八个字的拓片还保留着。据说拓片流传到日本，从日本又传回到中国。再一个就是宋代《淳化阁帖》里有仓颉造的那二十八个字，据说也是在咱洛南元扈岩上拓的。

我听老人说过，字纸代表圣人的文化，过去咱洛南就有几个老人，一天①专门在街道拾字纸，送到烧字炉里面烧了，表达对孔圣人及仓颉和他所创造的文字的尊敬。

① 一天，陕西话「每天」的意思。

长安仓颉造字传说

访谈时间:2014 年 4 月 15 日
访谈地点:陕西省西安市长安区郭杜镇长里村
受 访 人:周博学(长里村村民)
采 访 人:满鹏辉

仓颉造字台

我叫周博学,就出生在仓颉造字台①附近的村里。我曾经跟别人开玩笑说,我是真正的仓颉门生,因为我家就在仓颉造字台的东边,知道一些情况。

陕西省考古研究院曾经考察过仓颉造字台,说这里是一个史前遗址。过去,站在造字

① 仓颉造字台遗址位于西安市长安区郭杜街道办长里村,高约十米,外面包围一层青砖。有考古专家发现,造字台夯层中有陶片、石斧、鹿角化石等遗迹。

台上可以看见，西边是一个芦苇荡，看着很荒凉。原来大门前面有遗留的石礅、石壁，但是没有人管理，后来各地盖房，都拉走了。唐代中宗①等人曾经到这里来祭奠仓颉。岑参有一首《题三会仓颉造字台》："野寺荒台晚，寒天古木悲。空阶有鸟迹，犹似造书时。"造字台附近群众中流传下来一首仓颉造字的民谣："仓颉造字一石粟，孔子认得九斗七，剩下三升无处用，撒到海外训蛮夷。"

这个地方前头原来有一个石碑，是清代陕西巡抚毕沅②题的字，我记得过去每年谷雨前后，周围有好多读书人，带着香到那通石碑前边祭拜，据有的老人说康有为也来这祭奠过。可能离西安太近了，城市化推进得太快，这里已经被"淹没"了。所以现在年轻一代中，很多知道白水，知道洛南，但是不知道这个地方。据说，当时蒋介石到陕西来的时候，杨虎城、张学良陪他到这个地方来祭奠。蒋介石当时还想在这建一个学校呢，后来因为"西安事变"，也没有实现。自从20世纪六七十年代以后，这个地方就慢慢冷落下来了。

① 唐中宗李显(656—710)，原名李哲，唐朝第四位皇帝，唐高宗李治第七子，武则天第三子。683年至684年、705年至710年两度在位。章怀太子李贤被废后，李显被立为皇太子。弘道元年(683)即皇帝位，武后临朝称制。光宅元年(684)被废为庐陵王，先后迁于均州、房州等地。圣历二年(699)召还洛阳复立为皇太子。神龙元年(705)复位。唐中宗李显前后两次当政，共在位五年半，公元710年去世，终年五十五岁，谥号大和大圣大昭孝皇帝(初谥孝和皇帝)，葬于定陵。

② 毕沅(1730—1797)，字纕蘅，一字秋帆，自号灵岩山人，江苏镇洋(今太仓)人。乾隆二十五年(1760)进士，乾隆三十八年(1773)擢陕西巡抚，官至湖广总督。富著述，博综金石，嗜书、画，收藏甚丰。间亦染翰，士气盎然。卒年六十八。

访谈时间:2014 年 4 月 15 日
访谈地点:陕西省西安市长安区郭杜镇
受 访 人:王智(陕西省西安市非物质文化遗产保护中心副主任)
采 访 人:满鹏辉

传说仓颉在造字台这里仰观天象,俯察地脉,创造文字,东边不远的地方就是周穆王^①陵。民间传说,仓颉造字的时候,在这里先修一层小土台,上面是夯土,他将创造的文字用炭条——就是烧过火的木炭,在夯实打平的土层上写下来,然后跟弟子商量看行不行,确定之后,让大家都记住了,再添一层土夯实,打平……这样,土台就越来越高。我想,经过四五千年风沙的侵袭,造字台现在肯定是比以前矮很多了,可是它现在还是很雄伟。据说仓颉造了一石粟的字,所以这个土台子非常高,历代文人都记述过这个地方。

在陕西,不光有圣人造字这样的传说,还有帝王造字的传说,比如说秦始皇命李斯造字,武则天造字等等。民间也创造了大量的文字,比如说长安八景字,道士造的道家真言等这种组合字。民间老百姓创造了我们中国最复杂一个字,𰻞,繁体总共五十六画,反映出陕西民间对文字的崇尚。

上古有一个结绳时代,人类通过结绳来交流,文字的创造是人类文明一次非常大的进步。我们把仓颉、黄帝叫作人文始祖,就是因为有了他们,我们才有了文化。我们陕西不光有仓颉造字这样的传说,还有女娲补天、黄帝和炎帝等传说,历史文化遗迹非常多。我们陕西这个地方是中华文明最重要的发祥地之一,这种文化底蕴随着文化惯性一直延续到今天。我们陕西民间,不管是文人还是老

① 周穆王(约前 1054—前 949),姬姓,名满。周昭王之子,西周第五位君主。在位五十五年,是西周在位时间最长的君主。

百姓，对文化都非常重视。我们有枕书驱邪的民间习俗，因为书本中有文字，还有敬惜字纸这样的习俗。这些都说明文字对人的重要性，以及人们对仓颉的崇尚，对文字的崇尚。

仓颉虽然是上古传说中的一个人物，但是我们老百姓是相信有这样的故事、有这样的圣人的，大家也崇尚他，过去年年祭拜，这充分说明了文字在老百姓心目中的地位。

王羲之传说

王羲之传说，浙江省绍兴市地方民间传说故事。

王羲之传说以东晋时期的历史与文化为背景，以王羲之学书法的逸事趣闻为基础，其中不少传说还是一些成语、典故、地名的出典，内容丰富，特色鲜明，历史悠久，流传地域广泛。

代表性传说故事有：《戒珠讲寺》《入木三分》《笔飞弄》《躲婆弄》《题扇桥》等。

2011 年，王羲之传说入选第三批国家级非物质文化遗产代表性项目名录。

杨乃浚

YANG NAIJUN

国家级代表性传承人

杨乃浚（1929—　），男，国家级非物质文化遗产代表性项目王羲之传说代表性传承人。杨乃浚1949年毕业于绍兴县立师范学校，1979年1月至1989年8月，在绍兴县文化馆工作，1989年8月退休。

杨乃浚自幼在其祖父杨蓉塘、父亲杨又奇等前人的传授下，对王羲之传说故事产生浓厚兴趣，进而继承发展；在绍兴、嵊州等地开展数次田野调查，搜集、整理大量王羲之相关资料；在文化馆与学校多次进行王羲之传说的讲解与传播，充实当地文化生活、传承王羲之传说。

杨乃浚主要讲述的王羲之传说有：《墨池》《入木三分》《一笔鹅字》《鹅碑》《戒珠讲寺》《天下第一关》《飞狐笔》《笔飞弄》《躲婆弄》《题扇桥》《兰亭集序》等。

采访手记

访谈时间：2014 年 6 月 3 日
访谈地点：浙江省绍兴市非物质文化遗产馆
受 访 人：杨乃浚
采 访 人：范瑞婷

　　杨老师看起来特别平和，很符合他讲故事人的身份，是个一见面就让人忍不住亲近的爷爷。访谈中，他就是以"你们要不要听故事啊"，来开始对王羲之传说的讲述。听他讲故事是一种很愉悦的体验，你感觉他的手势、他的表情都充满着故事，让你跟着他去想象、去畅游，让人仿佛亲见故事中的场景。

　　通过他的讲述，我们也了解了民间更多面的王羲之形象：他跟小狐仙的情谊，他帮助卖扇子的老婆婆，他喜欢大白鹅引发的种种故事，等等。故事是一个连一个，很有意思，而且与当地的巷道、山水、塔庙息息相关，当地好多的名字都由此而来，可见它已经融入人们的日常生活。

　　杨老师平时经常被请到社区、学校，给社区百姓还有孩子们讲故事，认识他的人见面也都喜欢让他来讲故事。

杨乃浚口述史

杨宵宵 整理

在绍兴，我小的时候听到王羲之的故事比较多，后来老一辈的人去世以后，会讲王羲之故事的人就比较少了，所以王羲之传说成为非物质文化遗产了。王羲之留下来的遗迹主要有这样一些地方：兰亭、戒珠讲寺、题扇桥、卓笔塔等。

我是绍兴本地人，1929 年农历五月初二（6 月 8 日）生的，今年（2014 年）虚岁是八十六岁，前两天刚刚过了小生日。父辈们都会讲王羲之的传说，奶奶讲故事很好听，我从小就听奶奶给我讲。你想不想听我给你讲个故事？

飞狐笔与卓笔塔

我们称王羲之是书圣，他很爱写字，而且他的字越写越好，可身体却越来越瘦，有点儿面黄肌瘦的样子，眼睛也凹下去了。这件事情他自己没有留意，却引起了隔壁和尚寺（指佛寺）里边一个和尚师父的注意，这个和尚师父就想："王羲之怎么这几天脸越来越黄，人也越来越瘦，什么道理啊？ 本来是经常到我这里来谈经论佛的,现在怎么也不来了呢?"

他就动了一个脑筋,什么脑筋呢? 因为王羲之很爱鹅,他就去买了一只大鹅,放在河边树荫里,让它叫起来。有一天王羲之听到鹅的叫声,想到了:"哎呀,已经好多日子没有去看隔壁的和尚师父了,今天他们那里怎么有鹅的叫声? 我不妨去看看。"王羲之到了方丈室里边,两个人聊起天来,老师父一边问他:"王先生,你这几天怎么身子那么差啊?"一边拿出一面擦亮的铜镜子给他,"你照照看,你自己看看"。王羲之一照,自己也吃了一惊,眼睛也凹下去了,面颊也凹进去了,但是他也讲不出什么缘由来, 只是说最近睡眠时间比较少。从农历七月初三起,每逢三六九这三天里边,他夜里写字的时候,都有一个姓洪的姑娘①敲门进来,跟他探讨书法,往往要聊天聊到五更,直到天要亮了她才走。

有一天,洪姑娘给王羲之带来了一颗大珠子,叫他拿在右手里,用五个手指摩挲,并提醒他要经常摩挲这粒珠子,摩挲一阵写一阵字,写一阵字再摩挲一阵,这样可以锻炼腕力。不仅手腕的力量可以锻炼出来,手指的力量也可以锻炼出来,对练字是有好处的。那么每逢三六九日,姑娘都交给他一颗珠子,让他这样子练。王羲之写字的时候,洪姑娘就在一旁看,还不断地跟他讨论书艺:"你这个字写得很好,真的很美,很好。"而且每逢三六九三日,这个姑娘每天都来跟王羲之讨论字的结构和布局,一天都不间断。

有一次,他们两个讨论到"引"字时,她说:"整篇来说要属这个'引'字写得最好。"王羲之说:"那你说,你怎么看出来的呢?"她回答说:"这个'引'字的这一竖本不应该离得那么开,应该还要跟'弓'字靠近一点儿,而你写的这个一竖却离得比较远。这是因为当时你心中有一股力,就好像有一股风吹过,所以这'引'字才这样,这正是书法的艺术。"王羲之听她讲得很有道理,所以王羲之觉得洪姑

① 传说这位姑娘其实是一只红毛狐狸所变,这只狐狸只有尾巴上一圈毛是白色,其他地方全是红色,又因为『洪』与『红』是同音字,所以民间相传这位姑娘姓洪。

娘对这个"竖"的理解很到位,两个人越谈越兴奋,又谈到了天亮。

听完之后,老和尚说:"是不是这件事使身体健康受影响了?每到三六九日你基本上整晚都没有睡觉。我的看法,第一,你要跟这位女子断交,因为她是个妖魔,你不能再接近她了。第二,你应该把她这颗珠子咽下去,吃下这颗珠子,你能够睡七七四十九天,睡个长觉,等到四十九天以后再醒来,你的身体就全好了。"但王羲之始终就想不明白,这样一位女子怎么会是妖魔?他绝对不相信,当然也舍不得跟她断交,两个人继续往来,每到三六九日继续聊天到天亮。

过了几天,洪姑娘又带来一条老长的红绸,红绸这面打了一个球,那面也系了一个球。她说:"这个红绸是舞蹈用的,今天我不看你写字,我给你表演舞绸,然后你来评我的舞蹈。"舞完以后,王羲之说:"舞蹈我不懂,但是我能从你这个舞蹈当中领悟到一点,我们写字也要这样空灵,写得空灵,写得活泼。你这个舞蹈,对我写字很有启发。"

正当天快亮的时候,有人来敲门。开门之后,进来个小沙弥:"我师父叫我端来一碗汤圆,知道天要亮了你还没睡觉,肚子已经饿了,所以师父叫我送来给你吃的。"这个时候王羲之非常高兴,把珠子放下,端起这碗汤圆给洪姑娘吃,两人相互推让:"你先吃,你先吃。"一推两推,不小心把这碗汤圆倒在桌上了。小沙弥一面说"罪过罪过",一面就把汤圆一粒一粒都吃到自己的嘴巴里去了。吃完了以后,天亮了,洪姑娘要走了。每次走的时候,她都要把这粒珠子带走,这次却找来找去,怎么也找不到了。王羲之这才知道中了圈套,原来这粒珠子被小沙弥吃到肚子里去了。洪姑娘说道:"看样子这个珠子是不会有了,失掉了这个珠子,我就活不成了,我和你君子之交的缘分看来也是到头了。你明天中午到蕺山①上来看看我,我有一个很贵重的东西要送给你,是一

① 蕺山,是绍兴古城内三座主要小山之一,也是绍兴的主要历史名山。蕺即蕺草,也叫作岑草。蕺山小学是绍兴城区第一所公立高等小学,位于蕺山脚下,毗邻王羲之故居和蔡元培故居。

圈白色的毛。我其实不是人，是个狐狸精，我的尾巴上有一圈白毛，你把它拔下来做成一支笔，用这支笔写字，你的字就会越写越好。"

王羲之也很难过，第二天恍恍惚惚地来到葰山，果然看见山上有一只红毛的狐狸趴在那里，但它的尾巴不是倒在地上的，而是竖起来的。王羲之想："这一定是洪姑娘在启发我，叫我把她的一圈白毛拔下来。"他就把这一圈白颜色的毛拔下来放在口袋里，然后亲手把洪姑娘葬了。但是葬来葬去，这个尾巴一直竖在那里，葬不了，他想了想，也许以后它就会自己进入土里的，也就算了。回来之后他把拔来的毛做成了一支笔，起了个名字叫"飞狐笔"。

时间久了，山上葬狐狸的地方都变成了岩石，而这个尾巴化成了一座宝塔，这个塔就是"卓笔塔"，现在还叫这个名字，也还立在那里。而那个吞吃了珠子的小和尚，吞下珠子之后就再没醒过来。因为那不是一颗普通的珠子，而是一颗有仙气的珠子，小和尚吞吃之后化作东庑楼的一尊卧佛。以前我们到这个地方参观的时候还经常可以看到这尊卧佛，现在没有了，房子基本上也都拆了，之后变成了葰山小学的校址，现在这个小学也搬走了。

躲婆弄与题扇桥

有了这个飞狐笔以后，王羲之的字越写越好，名气也越来越大，人人都想要他的字。他写的字有时候还可以帮助穷人。他家附近有一个卖扇子的老婆婆，因为扇子买来好长时间都可以用，所以老婆婆的生意不是太好，日子过得也不富裕。

王羲之就给老婆婆出主意："你把扇子拿来我给你写几个字，你再去卖。"这个老婆婆心里想扇子上面写上字还能卖吗？以为他是跟自己开玩笑，就说不不不。王羲之说："你不妨先拿三十把过来，我给你写上几个字，然后你试试拿去卖。"老婆婆信以为真，真的给了他几把扇子,王羲之随手一写,这些扇子马上就抢手了,很快就卖完了。

躲婆弄

题扇桥

这个老婆婆就想既然生意那么好,不如明天再叫他写几个字吧,所以老婆婆以后就经常要王羲之给她写字。但一而再,再而三,王羲之受不了了,后来老婆婆一来找他写字,他就躲起来。所以这条他经常躲藏的弄就叫作"躲婆弄",当时王羲之给题字的那座桥现在还在,叫作"题扇桥"。

笔飞弄

王羲之帮老婆婆题扇这件事情,被天上的玉皇大帝知道了,玉帝也想请王羲之写几个字,写什么字呢?他派人去找王羲之:"玉皇大帝有块匾,写有'凌霄宝殿'四个字。因为年代久远,'殿'字还好,'凌霄宝'这三个字看不清楚了,麻烦你给写'凌霄宝'三个字,可以吗?"王羲之却不愿意写,给拒绝了。之后玉皇大帝跟太白金星商量:"有没有办法请王羲之给我写几个字,就写'凌霄宝'这三个字?"太白金星说:"这我有办法。"

有一天,太白金星化成一个老农民,挑了一副担子,前面一个担子都是草,后边用竹笼装了两只大白鹅。挑到王羲之住的地方,然后让鹅叫起来。王羲之非常喜欢鹅,一听到鹅叫,他说:"你能不能卖给我这两只鹅?"

"好的好的,卖给你,反正我也是要卖掉的,"老农民说,"不过你如果要养的话,是有点儿困难的。"

"为什么呢?"

"我是山上面放羊的,这两只鹅只吃我这座山上面的草,要是你买去以后,我每天给你送我这的草好了。"

"那谢谢你,这样最好了。"

就这样,太白金星每天化成农民给他送草,王羲之很高兴。送了几天,老农民提出来:"王先生,我有块牌子被人偷去了,牌子上面'霄凌山宝鸡'这几个字没有了,能不能帮我写一幅呢?"王羲之拿起飞狐笔:"写几个字有什么麻烦的,有没有布或者纸?有的话我给你写。"老头子拿出一块大布请他写"霄凌山宝鸡"这几个字。写了以后,第二天这个老头就不来了,第三天也不来,第四天也不来,总之一去不复返了。

有一天,王羲之到朋友家里做客,人家想请他写字,他就想:"我买了这两只鹅以后,原先那个老头每天来给我送草,这几天怎么不来了?那天写了'霄凌山宝鸡'这几个字以后,他就再也不来了。想想,我上当了!被人家把字骗走了!玉帝叫我写'凌霄宝殿'里面的三个字我不写,现在变成五个字'霄凌山宝鸡',这五个字其中有三个字被他骗去了!"王羲之气坏了,一气之下把那支飞狐笔扔了,一扔出去,这支笔竟飞起来了,找不到了,所以现在这个地方就叫作"笔飞弄"。

笔飞弄

笔飞弄是一条很小的弄,现在还在,是民间一个居住的地方,后面是个医院,旁边是蔡元培先生的故居。而霄凌山一传两传成什么了呢?小亭山。后来老百姓都叫它小亭山,但实际上写起来是"霄凌山"这几个字。笔飞弄和小亭山现在都还有,也都还可以参观游览,两个地名的由来都是源于王羲之的故事,是我们绍兴老百姓一代代流传下来的。

戒珠讲寺

　　戒珠讲寺的由来也和鹅有关,也是因为一颗珠子而来。王羲之喜欢养鹅,养起来还不是一只两只,而是一群一群的。王羲之跟隔壁寺里的和尚很合得来,是好朋友,大家经常谈经论佛,这个和尚也经常到王羲之家里来喝茶聊天。有一天,王羲之清点家具的时候,发现少了一颗珠子,但这颗珠子不是刚才卓笔塔故事中小和尚吞吃的那颗,是另外一颗珠子不见了。王羲之想:"是不是这个老和尚给我拿走了?"所以他跟老和尚的关系也逐渐疏远起来。后来老和尚发觉王羲之对自己的怀疑,感到很委屈,从此就绝食死掉了。

　　老和尚死了之后,王羲之养的一只鹅也死掉了,在解剖的时候,发现鹅的肚子里面竟然有一粒珠子。王羲之想:"啊呀!我冤枉人家了,我不应该怀疑人家,珠子原来是被鹅误吃了。"后来王羲之晚年的时候把房子搬到嵊州去了,这里的房子全部捐给了旁边的这个寺庙,并起名为戒珠讲寺,意思是拿珠子这件事要引以为戒,现在我们所说的王羲之故居,也就是戒珠讲寺这个地方。

戒珠讲寺

鹅境与鹅碑

绍兴还有一个地方叫"鹅境"，村名的由来也是一个关于鹅的故事。王羲之有一次在去南京的路上，碰到一个孩子在放鹅，便想从小孩子那买这只鹅。小孩子说：我拿不定主意，你要跟我妈我爸说。王羲之就跟着小孩子到村子里去了，发现这个村子每一户人家都是养鹅的，所以王羲之给他们这个村子起了个名字叫"鹅境"。

关于鹅的故事还有"鹅碑"，鹅碑上写的是"兰亭一笔鹅"。你到兰亭去看，有一块碑，上面有一个"鹅"字，这个字不是王羲之写的，

鹅池

是他的儿子王献之①写的,叫作"一笔鹅"。

流觞曲水

　　流觞曲水是一种文艺活动,很文雅,实际上也是一种踏青的形式。水上面有一个小酒杯,过去不叫作酒杯,叫作"觞",觞里边有一点儿酒,当这个觞流到你面前停下来的时候,你就可以把这杯酒喝下去,但是相应地你要做一首诗或者写几个字。

　　兰亭这里,流觞曲水是王羲之那个时候流传下来的习俗,三月初三,上巳节②的时候,绍兴的一些文人墨客都要到兰亭去流觞曲水。过去王羲之他们几个文人朋友,就在这里搞流觞曲水,觞流到你的面前喝酒之后作诗。现在会写诗的人不一定多,但是会写字的人不少,所以现在流觞曲水的游戏里除了作诗,还可以写字。

　　起初流觞曲水是民间活动,由老百姓自发组织,像抗日战争的时候,兰亭谁还去?就只有当地老百姓会过来。1949年以后,流觞曲水成为政府组织的活动。1985年,绍兴市提出了举办兰亭书法节的提议,把这个民间活动变成了一个国家级活动。1988年,我第一次参加这个书法节,那次全国来了许多有名的书法家,包括当过山东省委书记的舒同,他都是老革命了。

①王献之(344—386)"王羲之第七子,字子敬,会稽山阴(今浙江绍兴)人。其代表作品有:楷书《洛神赋十三行》,行草《鸭头丸帖》等。后自创一格,与父齐名,人称"二王"。

②上巳节,魏晋以后定于农历三月初三,旧俗是在此日洗濯污垢,祭祀先祖,后成为春游踏青、水边饮宴等习俗。

入木三分

　　我们不是有一个成语"入木三分"吗? 这个成语其实也来源于王羲之的传说故事。传说王羲之借了人家一张桌子,在上面练字,写字的时候墨就一点点渗透在桌子上面。把桌子还回去的时候,这个墨迹擦不掉,得用刀刮,刮来刮去就变成了这个成语"入木三分"。

这个成语也正说明他写字很有力,能够力透纸背,也刚好对应了卓笔塔的故事,洪姑娘每次要跟他谈论书法,让他用珠子练习手腕的力量,就是这个道理。他确实手腕有力量,字确实写得很好。

王羲之与儿子故事二则

王羲之和他的儿子王献之字写得都很好,父子二人被称作"二王"。我们有两个传说是关于王羲之教儿子写字的故事,一直流传至今,鼓励并指导孩子学习书法。

王献之小时候练字的时候,王羲之从背后偷偷地过去,突然把他手中握住的笔抽走了。王羲之说:"这笔能被抽走,说明你握笔的力度还不够,要练到你手握笔的时候,笔拔不出来,这样写起字来才有力量。"一直到现在,小孩子学习写字的时候,老师都会提醒:握笔的时候要几个手指用力,把笔拎起来,要有力量。

第二个故事是:有一天,儿子在写字的时候,认为自己已经写得很好了,就写了一个"王"字,拿去给父亲看。父亲认为还差得远呢,就给他点了一下字,"王"字下面点了一点,变成了"玉"字。儿子把这个字给母亲去看,母亲跟他说:"你这个字啊,写得不好,只有一点,这个'玉'字其中的这一点像是你爸爸写的。"

王字的沿袭与传承

在我们小的时候,老师教我们写毛笔字,一定会推荐学王羲之

① 沈定庵（1927— ），号小山，浙江绍兴人，曾在绍兴鲁迅纪念馆、绍兴鲁迅图书馆工作。书画方面，沈定庵曾师从徐生翁、临汉魏诸碑，善于兼收并蓄，曾担任中国书法家协会理事、书协浙江分会常务理事，中国书法家协会浙江分会副主席等。代表作品：《沈定庵书法作品选》《沈定庵书法集》。

的书法，学习写王字。我们绍兴有位有名的书法家沈定庵①，沈先生在我抄写《兰亭序》的时候，曾经跟我商量说，想叫我当培训班的班主任。但因为我当时还没退休，没有领导的同意，自己不能随便去，所以也就婉言拒绝了。但沈先生为什么要叫我去当那个培训班的班主任呢？他说："我看来看去，认为你写的字有点儿王的味道。"这是他恭维我的，给我吹吹牛，但是有一点可以确认，就是我们小时候首先要学"王"字。

兰亭序石碑

绍兴的书法是很普及的，几乎人人都能写几个字，而且刚刚学写字的时候普遍都临摹过王羲之的帖子，他的字在我们这一带的影响是很深的。王羲之的字被老百姓认为是书法中最了不起的字。但是我们临摹的并不是王羲之的真迹，真正是他写的《兰亭序》已经没有了，都是后人临摹的，我们再去临摹后人的，这样一代一代地传下来。

既然说我是王羲之传说的传承人，那我就要讲王羲之的故事给人家听。一般来说都是由非遗馆来组织街道里的居民，请他们来听故事，我主要讲王羲之故事，但也会讲些其他的故事，充实文化生活。

2016 年，我虚龄已经八十八岁了，自觉讲故事已力不从心，但又不甘心就此停止。于是我动了个脑筋，把王羲之传说故事一个个抄写下来，塞进一个一个红包之中。请老伴、邻居、学生、朋友拿到车站、码头、剧院、会场等人员聚集处一一分送。这方法效果不错，可以更大范围地传播王羲之故事，除了中国人看，外国人收到红包特别高兴。下一步，我准备做更多的红包，最好能有不同语言版本，这样更有利于把王羲之的传说故事传播到海外。①

我出去的机会挺多，认识我的人也不少，所以在外面经常有人让我讲故事。旅游的时候，一帮人中间一定有人叫我讲故事，所以这就是得天独厚的机会，别的我就不讲了，只讲王羲之的故事，这样传承的范围就可以广一些。我给小孩子们讲故事也有好几次了，给一

① 本段内容为 2017 年编辑本书稿时，对杨乃浚老师进行补充访问所得。

王羲之传说红包封面

王羲之传说红包信件（第一批）

些小学生讲，给居民讲，但是不知道有没有人跟我一样，再去讲给
别人听。

施钰兴
SHI YUXING

浙江省嵊州市民间文艺家协会主席

施钰兴（1959— ），男，本名施玉兴，浙江省嵊州市人，绍兴市民间文艺家协会副主席、嵊州市民协主席、嵊州诗社副社长、嵊州市佛教协会副会长兼秘书长、《嵊州故事》杂志主编，《嵊州政协》杂志执行副主编。施钰兴曾任嵊州市旅游局副局长、崇仁镇党委副书记、民族宗教事务局局长，在《中国文物报》《东南文化》《风俗》等杂志上发表多篇论文，其代表作品有《嵊州『麻鸟饭』风俗》《清朝乾隆年间〈戏田碑记〉》《嵊州乞丐『唱书讨饭』风俗》《嵊州风俗考源》《家乡戏文》《乡土嵊州》等书，并著有《王羲之的传说》等书。

采访手记

访谈时间：2014 年 6 月 3 日
访谈地点：浙江省绍兴市非物质文化遗产馆
受 访 人：施钰兴
采 访 人：范瑞婷

　　施老师是一个会讲故事的人，他给人的感觉更多的是博学，让人觉得他非常了解当地的文化，知道很多。他讲的王羲之的故事内容也非常丰富，他总结当地王羲之的故事主要有这么几类：神话故事、勤学苦练、惩恶扬善、游山玩水。

　　王羲之对当地文化的影响的确非常深。施老师带我们去看了桃源乡乡主庙，在这里，王羲之被奉为乡主菩萨，他们在很小的时候正月里都会跟着父母亲去拜菩萨，而且这里在秋收后还有一个庙会。小孩子拜菩萨的最多，因为从老一辈传下来说，去拜过王羲之你就会读书了，以后赶考会中状元的。而现在，乡主庙里的"羲之菩萨"也仍旧在。

　　施老师还带我们去看了王羲之墓，还有王家祠堂。他们这一片王姓的清明节和过年的祭祖习俗仍井然有序，祠堂也很好地被轮流管理着。置身这样的环境，眼见为实，再听施老师讲王羲之的故事，讲当地的各种习俗，有更真切的认识。通过这次拍摄，我感受到施老师的博学和认真，也感受到王羲之对当地文化影响的深远。

施钰兴口述史

杨宵宵 整理

我是 1959 年出生的，家在嵊州。我从小就听爷爷、奶奶、父母讲过王羲之的故事，因为在我出生的那个地方的山下边有一个桃源乡①乡主庙，庙里面供奉着王羲之，每年正月和秋收以后，老百姓都要到那边去拜羲之菩萨。正月是拜菩萨的时候，农历九月初十是参加乡主庙庙会的时间。这个庙会同其他的庙会不一样，它没有舞龙舞狮的活动，就只是烧香、拜菩萨。来这边拜菩萨的小孩子特别多，因为我们这里的老人一代一代传下来一个传说：去拜过王羲

① 桃源乡，古地名，位于浙江省嵊州市甘霖镇。甘霖镇宋时属桃源乡，因嘉庆初年遇大旱，知县率众求雨，幸得甘霖，遂改名为甘霖，以示纪念。

小知识：

根据传说，每个乡都有乡主庙。庙里的乡主大王均是由乡人共议推举的当地德高望重的名人高士，尊其为"菩萨"，并为其塑起金身，常年供奉。嵊州最著名的乡主庙有两个：一个是桃源乡乡主庙，奉祀"书圣"王羲之；另一个是太平乡乡主庙，奉祀宋朝宰相王安石。太平乡乡主庙大殿一柱上有上联"遥遥两独秀峰，右军祠、荆公祠，明爽普昭，剡曲名山为一姓"，正说明王羲之与王安石，一位称右军，一位尊荆公，同为王姓，同在异乡为乡主，两祠遥遥相对，受嵊州人敬仰。

之的小孩子就会读书好,以后去赶考就能中状元。

乡主庙

乡主庙正月告示

　　在我们很小的时候,父母亲就会抱着我们到那边拜乡主菩萨,一边拜乡主菩萨,一边听父母亲给我们讲故事:这是王羲之做什么事的地方啊,这里有王羲之的什么故事啊。就这样,我们从小就在听王羲之的故事。

欢快的小猛

王羲之隐居金庭的时候有两个好朋友:一个叫许询[1],是一位文学家;另一个是大和尚,叫支遁[2]。他们三人是住在附近的邻居,关系也挺好。三个人经常一起到山上挖草药,喝喝茶。有一次他们三人到山上去挖草药,突然听到一种非常厉害的"哞哞"的叫声,然后就看到一头很高大的野牛,在山岗上奔跑,一会儿就跑掉不见了。这三个人都是见多识广的,他们想野牛会跑肯定是受到了惊吓,就决定去看个究竟,往野牛奔跑的那个地方去找。一找两找,在一个草丛里面发现了一摊血,血里面有个血球,血球里面还有东西在动。三个人就想:这是什么东西,会不会是蛇? 是凶猛的野兽,还是妖魔鬼怪?

小知识:

　　金庭观,位于金庭乡金庭山麓,道教宫观。原为东晋书法家王羲之旧居,羲之五世孙衡舍宅为观。建筑共分四进:头进为山门,上署"第二十七洞天";二进为天王殿;三进为大殿,上署"桐柏禅院";四进为后殿,又称"三清殿",两侧为禅堂、僧寮。观东为右军祠,祀王羲之。整组建筑占地约二十亩。现仅存山门、大殿及右军祠前几棵古柏,其余在"文化大革命"中被毁。[3]

[1] 许询,生卒年不详,字玄度,东晋文学家,高阳(今河北蠡县)人,寓居会稽(今浙江绍兴)。
[2] 支遁(314—366),字道林,本姓关,陈留(今河南开封)人,初隐余杭山,后于剡县(今浙江新昌)一带小岭立寺行道。支遁世称支公,东晋高僧、佛学家、文学家。
[3] 嵊县志编纂委员会:《嵊县志》,方志出版社"2007年",第511页。

他们三个人看了好一会儿,王羲之说:"这肯定是个生命,如果不把血球弄破,小动物出不来怎么办?"三个人商量过后,就用刀子把血球捅破,一只小动物突然跑了出来。这只小动物长得很吓人,两只眼睛像铜铃,头上有三个角,两边各一个角,中间还有一个角,腿也有五条,四条是正常的,中间还有一条腿。三个人不知道这是个什么东西,也不敢接近它,它性情是好还是坏,是不是要伤害人,谁都不知道。他们就远远地看着,看了大概一个时辰。这只小动物出来以后吃不到奶,倒在血泊里,奄奄一息。王羲之想:如果我们不把它救回去,它马上就死掉了。最后他们三人把自己的长袍脱下来,把这只小动物背回去了。

金庭观

背回来以后,王羲之开始精心地喂养这只小动物,这只小动物也一点点地恢复了。三十天以后,王羲之突然想到了一句流传在当地的民间谚语:鸡孵凤凰鱼化龙,马生麒麟牛生猛。凤凰是鸡孵出来的,龙是鱼变的,麒麟是马生的,那么牛生的,是不是这只猛呢?王羲之还确定不了,就去请支遁大和尚和许询过来,经过一番讨论后,三人一致认为这只小动物就是野牛生的猛。

猛同麒麟、凤凰、龙一样,都是寓意吉祥的动物,王羲之得到这样一只吉祥的动物,非常开心,很精心地饲养它。这只猛也非常通人性,平常活蹦乱跳,王羲之走到哪里它就跟到哪里,王羲之到山上放鹅,鹅要到旁边去吃庄稼,这只小猛就去赶鹅。王羲之到山上采药的时候,这只小猛就走在前面,把路上的露水、虫子都赶走。王羲之也非常喜爱它,给它起了个名字叫"欢猛",意思就是欢快的小猛。后来"欢猛"也逐渐演变为我们嵊州的一种方言,嵊州人说小孩子很乖、很听话,就说"欢猛"。

祭祀时带一把鲜苜草

一年之后,这只猛长得比马还要高大,非常神气、威武,王羲之就开始像骑马一样骑猛。过了一段时间,王羲之突然发现,只要把猛肚子下面的脚扳起来,它就会跑得像箭一样快;如果把猛额头中间的角扳起,它就能腾云驾雾了。

这件事情一传十,十传百,传到了皇帝耳边。皇帝听说王羲之有这么神气的一只猛,也想要看看,就下了一道圣旨让王羲之到京城里面去做官。但王羲之已经隐居,不想再到外面做官,便以老母亲年迈,需要人照看为由婉言谢绝了。不久,皇帝又下了一道圣旨,一定要让王羲之到京城做官,仍被王羲之谢绝:"我五十多岁了,身体也不好,不便再去做官。"但皇帝非常想见到这只猛,就是不肯罢休,下了第三道圣旨,让宰相谢安①带着诏书去金庭请王羲之。因为王羲之与谢安是好朋友,再加上谢安宰相的身份,宰相到了我们嵊州,王羲之也不好意思了,就骑着猛跟着谢安到京城做官去了。

一晃半年过去了。有一天,七十多岁的老母亲早晨起来听到媳妇的房间里有男人的声音。她一想:"不对!我儿子到京城去做官了,家里根本没有男人,我媳妇很守妇道。可能是我年纪大了,耳朵聋了。"第一天就这样过去了。第二天一早,老太太起来后又听到媳妇的房间里有男人的声音。第三天早上又听到有男人的声音,老太太就起疑心了。

晚上一到,老太太就跑到媳妇的房间去敲

① 谢安(320—385),字安石,别名谢太傅,东晋政治家。谢安曾隐居会稽郡的东山,多次拒绝朝廷任命;与王羲之、许询、支遁等名士为好友,经常一起游山玩水,吟诗作赋。后经郡县官吏督促,不得已再入朝为官。有《兰亭诗二首》《与王胡之诗》等作品传世。

门,过了一会儿媳妇来开门,老太太往里面一看。不对!里面果然有个男人!老太太火冒三丈,拿着拐杖就冲进去,正要敲打下去的时候,那个男人回过头来恭恭敬敬地向老太太叫了一声妈,原来是他的儿子王羲之在房间里。老太太觉得奇怪,就问了:"你不是在京城做官么?你怎么回来的?"

王羲之说:"在京城做官也没有多少事情,皇帝就是要看看我的猛,还有一些疑难的事情来询问我,其他的也没有多少事情。我每天就在外面骑骑猛,散散心。有一天,我在外面散心的时候,想到了老娘和老婆、儿子都在金庭,就想家了。就对猛说,'你能不能日行万里,夜行八千,如果能够把我驮到金庭,你就叫三声吧'。猛非常通人性,它就昂着头'猛猛猛'地叫了三声,意思是它能够日行万里、夜行八千。我就把猛肚子下面的脚扳起,把额头的角扳起,腾云驾雾,一个时辰从京城返回了金庭。回到金庭以后,第一件事情就是去看望老母亲您,但因为那个时候您已经睡觉了,就没去打扰您,直接回到了夫人的房间。第二天起来梳洗以后,我骑上猛赶到京城上早朝,所以还没有时间去看望您。一连三天,都是如此。"

"原来是这样,那我错怪媳妇了。"老太太得知了事情的缘由,对这只小猛好奇起来,"这只小猛我知道的,现在有这么神奇,能不能给我看看?"

"好好好,这个很简单。"王羲之马上叫家人把猛牵到空地上,扶着母亲去看猛。

看到猛的时候,老太太又说:"我年轻的时候也骑过马,能不能也给我骑骑?"王羲之把母亲扶到猛上面,对老母亲说:"您要想骑得快,就把肚子下面的脚扳起,您要想腾云驾雾就把额头的那个角扳过来……"老太太是个非常心急的人,还没有等到王羲之跟她说怎样下来,她就扳起这个角,腾云驾雾起来了。

王羲之看到猛驮着老太太去得无影无踪,等了一天没有回来,等了一个月老太太还是没有回来。等了一年,王羲之意识到可能永远回不来了。王羲之非常伤心,在老太太一周年祭祀的时候,他号啕大哭:"罪过啊!是我养了这只猫,如果说我没有养这只猫,就不会失去我的老娘。罪过,我的罪过都是因为这只猫,罪过猫。"现在,嵊州人遭受委屈的时候会说"罪过猫",就是出自王羲之的这个传说。

根据嵊州《王氏宗谱》记载,嵊州的王姓大部分都是王羲之的这个王姓。王羲之有七个儿子,他的第六个儿子王操之就留在金庭,所以金庭的王姓子孙都是王操之的后代,而且根据记载,金庭镇华堂村是嵊州王氏最大的聚集地。每年,王羲之的子孙清明去上坟的时候,供桌上一定要放一盆新鲜的苜草。这是因为传说王羲之在祭祀老太太的时候,特意在桌子上放了一把新鲜的苜草,祭祀他的那只猫,这个风俗一直延续到今天。

化鹤飞来

我们嵊州很多地名、山名、村名来自王羲之的传说故事,比如离金庭不远的一个地方叫作"灵鹅"。

王羲之住在金庭观,离金庭观一里是支遁大和尚住的银庭观,也是他修行的寺庙,再过银庭观一里就是石鼓庙。

王羲之经常到银庭观、石鼓庙游玩。有一次,王羲之赶着一大群鹅去银庭观后面的山上放鹅,他把鹅放到山上,自己就到银庭观支遁大和尚那里喝茶去了。就在这时,天上飞来一只白鹤,这是只有灵性的白鹤。它看到下面有一大群白鹅,就飞下来跟鹅一起戏耍,玩了一会儿,这只白鹤又飞了起来,那些大白鹅竟也跟着飞了起来,飞向石鼓庙那边。之后这群鹅随着白鹤一起落在了石鼓庙前面的一条小溪流里,在溪水里面戏耍。

小知识：

灵鹅，位于嵊州市东部，属于金庭镇。根据民间传说，灵鹅村原为"石鼓庄"，因环绕其四周的山似石鼓而得名，后因王羲之"化鹤飞来"的传说而更名"灵鹅村"。而灵鹅村名字的书写也发生过变化，因村庄坐落于石鼓山下，山上青石嶙峋，山势峻峭，且"鹅"字与"峨"字同音，也曾被写为"灵峨村"。大概于20世纪六七十年代，村人认为带有山字旁的峨字不雅，便选取其同音"鹅"字。后于20世纪末，在编写《嵊县地名志》时经过仔细考证，确定"鹅"字才能真正解释"灵鹅村"的由来与渊源，就正式定名为"灵鹅村"。

①庙祝：指寺庙中掌管香火的人。

这时候，石鼓庙的庙祝①恰巧看到了这群鹅，非常高兴。因为这一天正好是农历二月十二，石鼓庙的庙会时间。在嵊州有这样一个风俗：在庙会祭祀菩萨的时候，一定要有一个猪头和一只大白鹅。而今天准备好要祭祀菩萨的那只鹅，被这个庙祝昨天晚上喝酒的时候给吃掉了，庙祝正愁找不到鹅呢！这时候刚好来了一群鹅，他当然高兴，马上叫七八个小青年去抓。他们在水上东抓西抓，花了很长时间才抓到一只，但那个时候良辰吉时已经到了，已经没有时间杀鹅了，庙祝就直接抱住这只鹅，然后马上敲敲打打开始祭祀仪式。

这时候，王羲之喝完了茶，从观里出来找大白鹅，找了半天没有找到。旁边的人跟他说："你那些鹅刚才往石鼓庙那边飞去了。"王羲之纳闷了："我的鹅都不会飞的，怎么能飞走啊？"那人告诉他说："有一只白鹤带头飞过去的。"王羲之马上就赶往石鼓庙。当他赶到石鼓庙的时候，祭祀刚好结束。

庙祝看到王羲之来了，非常开心："王先生，你来了！我们本来要去请你的。我们做了一块匾，还没人给我们题字，要不你给我们写写？"

王羲之说："写匾是可以的，但是我的鹅不见了。"

庙祝心虚,心里想着:这只鹅已经被我放在祭桌上了。连忙糊弄过去说:"你先给我写字,鹅总会有的!"

就在这个时候,祭桌上的那只鹅忽然叫了起来。

王羲之一听,马上说:"这只鹅是我的!"

庙祝只好解释说:"你的你的,你把我们的字写好,我把这个鹅还给你。"

王羲之想:"写什么好呢?我这只鹅是化作天上的鹤飞来的。"他拿起笔写下"化鹤飞"三个字,正当他要写第四个字的时候,祭桌上的那只鹅突然张开翅膀,挣脱绳子,向天上飞去了。王羲之一看自己的鹅飞到天上了,把笔一丢就追鹅去了。结果这个匾就只有"化鹤飞"三个字,庙祝觉得一个匾总要有四个字,他就自己拿起笔写了一个"来"字,组成"化鹤飞来"四个字。旁边一个小青年说:"庙祝,这只鹤是飞去的,怎么写来呢?"庙祝就说:"这些鹅是化鹤飞到我们这个地方来的,是有灵性的灵鹅,它们能飞来意味着我们这块风水好,是吉利的象征啊。"后来人们就把"化鹤飞来"这块匾挂在石鼓庙里面了,庙的下面慢慢形成了一个村,村名就叫"灵鹅村",现在还在。村前面鹅戏耍过的那条小溪就取名为灵溪。

后来那只天上飞来的白鹤,就和王羲之的那群白鹅一起生活在金庭观里面。有一次,王羲之和支遁大和尚、许询三人一起到一座山里面去玩,三个人在山顶喝喝小酒,看看风景,很安逸。就在这个时候,忽然飞来一群白鹅。其实就是王羲之的那群鹅跟随着白鹤飞到山顶上来了,因为天上的那只鹤要回去了,就带领其他的白鹅一起飞了起来。王羲之看到之后,对这只鹤依依不舍,抱着它不放手。后来他想:这只鹤是天上来的,地上的环境留不住它,如果真的留下了,它这只天上的仙鹤也终究要变成凡间的白鹅的,最终也就把它放掉。放飞白鹤之后,王羲之在这山上建了一个亭子,取名"放鹤亭",这个山峰叫作"放鹤峰"。这山峰就在金庭观的后面,如今这个亭子没有了,山峰还在。

海和尚偷匾

还有一个故事叫《海和尚偷匾》，是有关王羲之子孙的故事。唐朝的时候，日本有一个海和尚，作为遣唐使到中国来学习佛教文化。这个海和尚特别喜欢王羲之的书法，专程赶到绍兴金庭来学习王羲之的书法。

在王羲之的祠堂里面有一块匾，写着"木本水源"四个字。王羲之为什么要写木本水源呢？他是为了教导子孙：木有本，才能茂盛；水有源，才能源远流长；人不能忘记祖宗，是祖宗将文化的精髓一代一代传下来，才有今天。所以现在好多祠堂里面，都有一块写着"木本水源"的匾①，这也是起源于王羲之。

这块匾就是王家的至宝，不肯送给朝廷，也不肯送给官府，就放在祠堂里面，祠堂里面还专门有人值班。有一年，海和尚在金庭观里学佛的时候，就经常到祠堂里面去看那块匾，还用手比画着临摹。管理祠堂的人感觉这个人行为举止很奇怪，也不知道是小偷还是神经病，于是就多次把他请出去，不让他再来。后来一连三四天，海和尚都没能进到祠堂里面。

有一天，海和尚趁着很早的时候，溜进了祠堂里面，把桌子、凳子搭起来，爬到上面捧着这块匾学习书法。正当这个时候，管理祠堂的人进来一看，这个海和尚在"偷匾"！他就大声叫了起来："有人偷匾了！有人偷匾了！"这块匾是他们王家的传家之宝，他这么一叫旁边王姓的人马上拿着锄头和刀，统统赶到祠堂里面。海和尚受了一惊，从桌子上掉了下来，管

① "木本水源"大多题于祠堂之中，意在提醒子孙后代勿要忘记先祖，勿要忘记做人的根本，既体现对祖先的缅怀和尊敬，也进一步加深宗族的观念。朱熹题写的东溪祠匾额和王庭栋题写的子乔阁匾额均为"木本水源"四个字。

理祠堂的那个人说了："赶快请家长太公,叫家长太公来处理这件事情。"

木本水源匾额祠堂

家长太公来了就问:"海师父,你为什么要偷我们这块匾啊?你知道不知道这块匾是我们的太公①一代一代传下来的?是我们的宝贝!你偷了我们的宝贝,是要被送去官府,要坐牢的!"这个海和尚就说自己不是来偷匾的,但是话又说不清楚,因为他从日本来,中文说得本来就不好,方言就更加说不明白。他除了向太公说自己不是来偷匾的,其他话一句也说不来。家长太公看看匾,又看看海和尚,就把他放掉了。放走之后,管理祠堂的人对家长太公的做法非常有意见:"我把这块匾看得很牢,今天好不容易抓到一个偷匾的贼,你却把他放掉了。"但家长太公说:"人还是厚道一点儿好,人家不一定是来偷匾的,即便他真是来偷匾的,也要允许他改正,这次就这样算了。"

又过了两天,家长太公跟管理祠堂的人说:"你去叫海师父到祠堂里面来。"管祠堂的那个人一听以为这就是要处理偷匾的海和尚了,非常高兴,马上就跑

① 太公:古代对长辈的尊称,多用于我国南方地区。

到金庭观里面去了:"海和尚,海和尚,我们家长太公叫你到祠堂里面去,我们要处理你偷匾的事情。"海和尚一听到要处理他就害怕了,因为他根本没有想偷匾的,但也没有办法,只好跟着那个人到了祠堂里面。

进到祠堂里面,看到祠堂中间搭了一个很高的台子,这是干什么呢?只见家长太公坐在一把椅子上,对海和尚说:"海师父,你上次就是要爬上去偷匾,今天你不用偷偷爬上去,我已经把台子给你搭好了,你请上去吧。"

一听家长太公这么说,那这个海和尚还敢上吗?不敢上了呀。

家长太公接着又说了:"你上去吧,我们都是善良之辈,不会对你怎么样的,而且我知道你是上去临摹书法的。"旁边管祠堂的那个人可是不服气了:"太公,你怎么知道他是在临摹,他分明是来偷匾的。"家长太公跟他说:"你看看匾额上面的几个字,几百年下来早已蒙上了灰尘,现在却变得很光亮了,这正是由于海师父的手指在临摹的时候,把灰尘擦掉了的缘故。如果说他是来偷匾的,直接把这个匾搬下来就好了,不需要触摸上面的字迹。"听到这话,海和尚感动得眼泪都掉了下来,扑通一声跪在家长太公面前,说:"我以前非常惊叹你们的祖宗王羲之的书法,现在不但敬重王羲之,也敬重王羲之的子孙。"

这个故事一直在我们金庭流传。2000年,由我主编的一本《王羲之的传说》印刷出版了,其中收录了海和尚偷匾的故事。2003年,日本有一个书法代表团来到我们金庭,来祭拜王羲之,看到书里面的这个故事,很感兴趣。后来他们把这本书带回去研究考证,发现海师父其实就是日本非常有名的空海法师,并且他还确实来过绍兴金庭。空海法师是日本的书圣,他在中国的时候,不但了解中国佛经,还学习了王羲之的字帖。

小知识：

空海法师(774—835)，亦名遍照金刚，日本僧人，中日佛教文化传播使者。空海于唐贞元二十年(804)随遣唐使入唐学书法，806 年 10 月回国。空海法师在唐期间，学习王羲之书法，后在日本被称为书圣，有"日本的王羲之"称号，其编纂的三十卷《篆隶万象名义》成为日本第一部极为珍贵的汉文书法词典。空海与最澄、宗睿、惠运、圆行、常晓、圆仁、圆珍等八人被称为"入唐八家"，将由中国传来的佛教本土化，融合日本文化，使其成为符合皇室与民众的教派体系。空海创立真言宗教学体系，主张"即身成佛"，并著有《辨显密二教论》《即身成佛义》等佛教著作和《文镜秘府论》等文学作品。

　　空海所创立的真言宗①，现在有很多信徒，他们真言宗的人经常到金庭来朝圣，同我们民间进行文化交流，但他们不称王羲之为菩萨，他们就是叫"书圣"，这一点跟我们不一样。对他们来说，王羲之不仅是中国的书圣，也是日本的书圣，他是空海的老师，空海已经是日本的书圣，那么王羲之就是书圣的书圣，更担得起"书圣"一名。朝圣的起因正是海和尚的传说，正是这个民间传说引起了日本人的注意，挖出了这段历史，这也体现出民间传说的现实作用。

① 真言宗，日本佛教主要宗派之一，密宗的一种，空海法师入唐学法，归国后以东寺为道场弘法，故称东密。

后记

　　中国的文字承载着中华民族祖先的智慧，也体现着中华文明无可取代的独特性。文字传承着文明，文字也在中国非物质文化遗产中代代传承。这其中既有书法艺术，也有笔墨纸砚的制作技艺；既有传说故事，又有民俗活动。这些非物质文化遗产和它们的传承人，赋予了文字更鲜活的表达形式。

　　2014 年，国家图书馆与文化和旅游部非物质文化遗产司共同启动了中国记忆项目"我们的文字"专题的建设，通过梳理和收集相关文献资料，采集非物质文化遗产代表性项目的影像资料和代表性传承人的口述文献，为这些与文字相关的非遗项目和传承人建立文献资源库，也为理解文字、审视文化架构一个新的"非遗视角"。

　　2014 年至 2017 年期间，国家图书馆中国记忆项目中心团队去往包括西藏自治区、新疆维吾尔自治区在内的十六个省、自治区和直辖市进行影像资料和口述史料的采集拍摄，采集了与文字相关的三十七个非遗代表性项目及其代表性传承人的影像资料，涉及民间文学、传统体育游艺与杂技、传统美术、传统技艺、民俗、传统音乐共六个类别，维吾尔族、哈萨克族、藏族、布依族、满族、傣族、彝族、锡伯族、蒙古族、纳西族、水族共十一个少数民族，同时对七十一位代表性传承人和相关专家进行了口述史访问。在这些口述史的受访人中，白向亮、高式熊、黑扎提·阿吾巴克尔、张英勤和康朗叫等五位先生现在已经永远离开了我们。

　　通过这几年的持续建设，中国记忆项目"我们的文字"专题积累了超过四百小时的影音文献，制作了四十六部非遗项目专题片和传承人口述片，建设了"我们的文字"专题资源库，在中国记忆项目实验网站发布。2014 年年底，国家图书馆中国记忆项目中心举办了"我们的文字——非物质文化遗产中的文字传承"跨年大展，并出版了《我们的文字》一书。该书是一部介绍我国各民族文字相关知识的普及类读物，曾被列入"首届向全国推荐中华优秀传统文化普及图书名单"。2015 年年初，"我们的文字"专题"挤"进了北京的 4 号线地铁，在地铁里向乘客展示中国文字的魅力。在这些工作的基础上,我们将此专题所采集的代表性传承人口述史料整理出来,按照"中国的文字""书写的工具""文字的传播"三条脉络,编写成三部以非物质文化遗产为视角的口述史著作。

这三部书的整理编写工作持续了两年有余,在这一过程中,作为口述史受访者的代表性传承人和相关专家对书稿进行了细致的审订,各地非遗保护中心在联络传承人、资料补充与文稿核对等方面也给予了鼎力协助和热情配合,在此首先对他们表示感谢!同时,我们要特别感谢中国社会科学院刘魁立研究员、北京师范大学王宁教授欣然命笔,为本书作序;感谢中国民族图书馆的吴贵飙馆长等各位专家的学术支持;感谢云南省丽江市东巴文化研究院李静生研究员在病中依然坚持审订书稿;感谢陕西省西安市非遗保护中心王智副主任、国家图书馆古籍馆卢芳玉副研究馆员审订部分书稿;感谢北京一得阁墨业有限责任公司向国家图书馆捐赠"一得阁"传承人张英勤先生的口述史料;感谢天津人民出版社任洁、赵子源、张璐、金晓芸等几位编辑组成的编辑团队,他们认真严谨的工作态度,让我们对这些史料成果以口述史著作的形式面世有了很大的信心。

在这三部书即将付梓之际,我们依然清晰记得,在前期资源采集过程中,我们中心的各位项目负责人和拍摄团队的同事们奔赴祖国的大江南北,用全身心投入的状态和规范的学术方法,记录下这些可敬可爱的传承人们的技艺和记忆,那些高耸入云的盘山公路和世外桃源般的美丽村庄是我们共同的美好回忆。

最后,衷心祝愿各位代表性传承人和非遗专家身体康健,正因为他们的辛勤付出,我们祖先留下的传统文化遗产在当代得到弘扬和振兴。希望我们继续携手努力,让非物质文化遗产绽放出中华优秀传统文化的夺目光芒!

国家图书馆中国记忆项目中心

2019 年 3 月